家族の関わりから考える

生涯発達心理学

尾形和男 編著

北大路書房

はじめに

　人間の発達は従来，青年期以降は衰える方向にあるととらえられがちであった。しかし，少子高齢化社会を現実として迎え，老人について医学，心理学をはじめとする諸分野の研究が重ねられるようになってから多くのことが明らかになってきている。年齢にともなって種々の経験を積み重ね，事柄を大局的にとらえる力や，表現力などがますます豊かになることなど精神機能の発達が見られ，単なる衰えの時期ではないことが指摘されている。

　また，成人期の発達については，今まであまり関心が向けられておらず，ほとんど知られていないのが現状である。最近になり，ようやく成人期の発達・適応に研究の目が向けられるようになった。しかし，その中でも一足先に父親の存在に改めて目が向けられるようになっており，父親は母親と同様に家庭やその成員に種々の影響をもたらす一方で，子育てを中心とする関わりをとおして自ら人間として大きく成長・発達していることも明らかになっているのである。

　従来，発達心理学の中心課題として乳幼児，児童，青年などの成人期以前の発達に焦点が当てられることが多かったのであるが，成人期以降も人間は成長・発達を遂げていることが徐々に解明されており，人間の発達は誕生の瞬間から死を迎えるときまで長いスパンでとらえるのが一般的である。

　私たち人間は一人で生活し人間らしく成長・発達することはあり得ず，常に人との関わりを媒介とし発達し続けている。この世に誕生してからすぐに父親，母親から構成される家庭環境の中で生きはじめ，幼児期，児童期，青年期では家庭環境の影響を強く受けながら，幼稚園・保育園，学校を主とする教育環境や友人関係あるいは社会環境などの影響も強く受け続けている。また，父親・母親としての成人期は職業との関連から影響を受けるのみならず，子どもの誕生に関連して父性・母性が徐々に発達する一方で，子育てをとおした親子関係，夫婦関係など家族成員との相互の複雑な関わりの中で成長・発達を遂げてゆく。このことは，家族には家族成員相互の関わりが展開し，いわゆるシステムとして機能しながら，システムそのものが常に変化し続けていることを意味するのであり，その中で生活している子ども，父親，母親をはじめとする家族成員個々も刻々と常に変化し

続けていることになる。しかも，老年期は，エリクソンの指摘する「人生の統合」に向けて家族との関わりをはじめとした今までの自己の人生をふり返り生きていくことになる。このようにとらえると，人間の成長・発達は家庭環境をはじめとする諸環境との関わりを抜きに論じることはできない。

　本書は，子どもがこの世に誕生してから人間として成長・発達していく過程について，各種の精神機能が獲得されて人間としての高度な機能を身につけていく基本的なプロセスの説明に焦点を当てる一方で，家庭環境を中心とした環境との関わりの中で各発達段階で展開される発達と問題点についてもできる限り焦点を当てた。とくに，乳幼児期の発達・適応に関しては親との愛着関係に焦点を当てて論じた。また，成人期の発達・適応に関しては，父親の子育てへの関わりにより派生するダイナミックな家族成員相互の関わりの中で生ずる父親自身の発達・適応を含めて，子どもや母親の発達・適応についても触れた。そして，老年期の人生の統合へ向けて，家族としてどのように関わったらよいのかについても若干触れた。

　父親の関わりをはじめとして，家庭環境がもたらす影響力について関心のある方に参考になれば幸いである。

　本書を構成するうえで，人間の発達・適応を主として家族との関わりに焦点を当てた観点から書き下したが，各章の執筆者はこの難しい課題について，人間の基本的な発達について理解できるように配慮しつつ，できうる限り家族をはじめとする諸環境との関連性を念頭において執筆して下さった。

　また，本書を作成するうえで，北大路書房の薄木敏之，服部和香両氏に大変お世話になった。心から御礼申しあげる。

2006年8月

編者　尾形　和男

目次

はじめに　i

第1章　子どもの誕生と家族　1

1節　生命の誕生　1
1. ヒトの誕生　1
2. 妊娠にともなう母親の精神的変化　5

2節　出産と母親　9
1. 母親の精神的安定に及ぼす影響　9
2. 産後に発生する精神障害　13

第2章　乳児の潜在能力　17

1節　乳児のもつ能力　17
1. 乳児の能力　17
2. 注視する力　18
3. 顔の認識　22
4. 原始反射　25

2節　乳児の世界の広がり　27
1. 歩行に向けて　27
2. 運動発達の拡大　30

第3章　家族の関わりと乳幼児の世界　33

1節　乳幼児の発達課題　33
1. 発達段階と発達課題　33
2. 乳幼児の発達課題　36

2節　微笑と社会性の発達　39
1. 乳幼児に対する「かわいらしさ反応」　39
2. 乳幼児の微笑　40

3節　ことばの発達　41
1. 胎内での準備　41
2. ことばの発達をうながす要因　42
3. ことばの発達段階　43

4節　心の発達　45
1. 自己の芽生えと発達　45
2. 心の理論　47

5節　情緒（情動）の発達　48
1. 情緒（情動）を介した親子のコミュニケーション　48
2. 情緒（情動）的コンピテンスの発達　49
3. 情緒（情動）のコントロールと表出ルールの獲得　50

第4章　家族の中の関わりの発達　53

1節　親と子の絆の形成　53
  1. 愛着関係の始まり　53
  2. 愛着関係の発達　56
  3. 愛着の発達に与える影響　59
  4. 愛着関係と親の変化　61

2節　仲間関係の始まり　63
  1. 親子関係から仲間関係への移行　63
  2. 仲間関係の形成と親の役割　64

3節　乳幼児期の仲間関係の発達　65
  1. 初期の社会的相互作用　65
  2. 遊びの発達的変化　66
  3. 自己主張・実現と自己抑制の発達　67

第5章　学校生活の始まりと仲間関係の広がり　69

1節　学校生活の特徴　69
  1. 地域の広がり　69
  2. 年齢の広がり　70
  3. 生活と行動のきまり　70
  4. 学級中心の集団的生活　71
  5. 教科の学習　71
  6. 部（クラブ）活動　72

2節　仲間関係の発達　72
  1. 仲間関係の始まり　72
  2. 仲間関係の形成　72
  3. 仲間関係の展開　74

第6章　子どもの思考の発達　79

1節　ピアジェの思想　79
  1. ピアジェの認知的発達理論　79
  2. ピアジェの発達段階　80

2節　未分化な思考の発達　81
  1. 感覚運動的知能　81
  2. 前操作的思考　84

3節　抽象的思考の発達　88
  1. 具体的操作期から形式的操作期への移行　88
  2. 大人の思考へ　93

第7章　アイデンティティの形成　95

1節　自我の目覚め　96
2節　自我と自己概念　97
3節　青年期におけるアイデンティティ　100

　　　　　1. 青年の生活　100
　　　　　2. 同一性と拡散　101
　　　　　3. 家族とアイデンティティ　103
　　　4節　中年期・老年期におけるアイデンティティ　106

第8章　社会生活の開始　109

1節　社会の変化と子ども・青年　109
1. 小学生・中学生・高校生の労働観・職業観　111
2. 労働意欲をむしばむ青年の無気力　112
3. 無気力・モラトリアムの克服　113
4. 労働意欲の育成　113
5. 経済的自立に向けて　114

2節　恋愛・結婚と仕事　115
1. 現代青年の恋愛と結婚　115
2. 就職難と結婚　117
3. 進学率の上昇と晩婚化　117

第9章　親になること　119

1節　養育者としての父親・母親の存在　119
1. 母親と父親の存在　119
2. 父親像と母親像　120

2節　親としての変化　123
1. 母性の発達　124
2. 父性の発達　128

3節　父親の存在感　130
1. 家事・育児への関わり　131
2. 夫婦間のコミュニケーション　132

第10章　家族と子どもの発達　133

1節　家族としてのシステム論　133
1. 家族システムとは　133
2. 家族システムの特徴　134

2節　父親の子育てへの関わりと母親の子育て　137
1. 父親の家庭への関わりと母親のストレス　137
2. 母親の子育てを規定する要因についてのモデル　138

3節　父親の家族への関わりと夫婦関係　143
1. 夫の妻への関わりと夫婦関係　143
2. 父親の関わりについての夫婦の認識のずれと夫婦関係　145
3. 父親の関わりについての母親の認識と夫婦関係　147

4節　夫婦関係と子どもの心理的発達　148

5節　夫婦関係と家族機能　155
1. 家族機能とは　155
2. 夫婦関係と家族機能　156

第11章　家族と父親の発達　　161

　1節　子育てと父親の成長発達　161
　　　1. 子育てと父親の人格的発達　162
　　　2. 子育てと父親のストレス・コーピング　166
　2節　これから求められる父親像　168

第12章　家族の発達　　171

　1節　家族の発達段階と発達課題　171
　2節　家族機能と家族成員の発達的変化　176
　　　1. 家族機能と家族成員　176
　　　2. 家族機能と子どもの共感性の発達　178

第13章　中年期から老年期へ　　181

　1節　中年期から老年期への変化　181
　　　1. ライフサイクルにおける中年期と老年期の位置づけ　181
　　　2. 中高年の発達を考える　182
　　　3. 中年期の特徴　183
　　　4. 老年期の特徴　183
　2節　中年期・老年期の発達課題　184
　　　1. 発達課題とは何か　184
　　　2. 中年期の発達課題　185
　　　3. 老年期の発達課題　186
　　　4. 家族と発達課題　187
　3節　家族関係の変化と中年期以降の変化　188
　　　1. 定年退職と子どもの独立　188
　　　2. 家族との死別　189
　　　3. 中年期以降の精神的特徴　192
　4節　老年期の発達的変化　194
　　　1. 身体・生理的変化と特徴　194
　　　2. 知的側面の変化と特徴　197
　　　3. 心理的・人格的変化と特徴　200

引用・参考文献　205
事項索引　219
人名索引　233

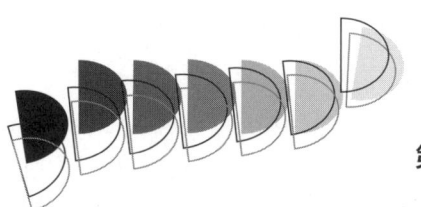

第1章 子どもの誕生と家族

1節　生命の誕生

1. ヒトの誕生

▶(1) ヒトの誕生の特殊性

　有蹄類（ウマなど）や猿類のような高等哺乳類は1胎ごとの子の数が少ない。また，これらの種は妊娠期間が長いことから感覚器官や運動能力が十分成熟した状態で誕生し，そのため，誕生直後からその種独特の行動様式を示すようになる。それに対し，イタチ類やネズミのような下等哺乳類は，1胎が出産する子の数が多く妊娠期間が非常に短い。そのため，誕生直後にその種独特の行動様式は見られない。スイスの動物学者ポルトマン（Portmann, 1951）は，前者のような特徴を離巣性（nidifugous），後者を留巣性（nidicolous）と呼んだ。

　彼によれば，ヒトの場合，1人が出産する子の数は少なく妊娠期間が長いという点では他の高等哺乳類と同様に離巣性の特徴を有しているが，感覚器官や運動能力が未熟な状態で誕生する点では，留巣性の特徴を有しているという。ヒトが他の高等哺乳類と同程度の発達段階に達するには，さらにあと1年ほど妊娠期間を延ばす必要がある。このようにヒトが未熟な状態で生まれてくることを生理的早産（physiological premature delivery）という。こうした状態で生まれる理由は，ヒトの大脳皮質の発達が著しいこと，二足歩行によって骨盤が狭小化したことにより，十分な成熟を待って出産すると難産になる確率が高まるためであると

考えられている。また，二足歩行は十分に成熟した胎児の体重を支えることができないともいわれている。

このように未熟な状態で子が誕生するというヒトの特徴は，逆に親子の関係性を強めることに有効にはたらいている。つまり，しばらくは自力で生存できない子に対して，親は献身的に子の身の回りの世話を行なう必要があり，こうした密接な関わりが親子の絆を深めていくことにつながるのである。

▶ (2) 胎児の発育に及ぼす親の影響

胎児はおよそ40週の間，母親の胎内で発育する。まず，受精からおよそ7日間，受精卵は細胞分裂をくり返して子宮内膜に着床し，妊娠が成立する。そして，妊娠7週の末頃にほぼ人間の形になる（それ以前を胎芽，それ以後を胎児と呼ぶ）。妊娠12週で胎児はおよそ身長9cm，体重20gとなり，妊娠満期の40週にはおよそ身長50cm，体重3,000g〜3,300gにまで発育する（図1-1，図1-2）。

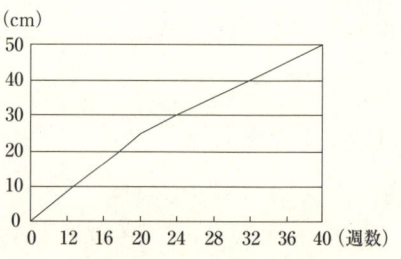

図1-1 ●妊娠週数における胎児の身長
（名取・山崎，2005より作成）

ヒトとして生きるための器官を形成している途上にある胎児は，母親の体内外からさまざまな影響を受けやすい。以下に，親の喫煙・飲酒，母親の精神状態を取り上げ，それらが胎児に及ぼす影響を見ていく。

① 親の喫煙・飲酒と胎児の発育

着床後，胎児（胎芽）は，絨毛・胎盤を介して母体の血液中から酸素や栄養物を受け取り発育する。そのため，母親が体内に取り込んだ物は，良かれ悪しかれ胎児に影響を与える。当然，母親の喫煙も，胎児の発育に大きな問題を引き起こす。先行研究によれば，喫煙する母親は喫煙しない母親より胎児死亡のリスクが高く，その率は，1日1本〜19本の喫

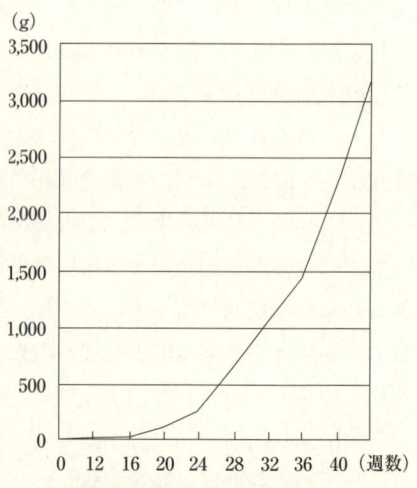

図1-2 ●妊娠週数における胎児の体重
（名取・山崎，2005より作成）

煙者で1.36倍，20本の喫煙者で1.62倍といわれている（Kleinman et al., 1988）。また，喫煙する母親では，子宮内発育遅滞（IUGR：intrauterine growth retardation）や早産も高頻度に発生する（Davies & Abernethy, 1976；Jaakkola et al., 2001）。さらに，喫煙量と出生児の先天異常のリスクは相関し（Kelsey et al., 1978），非喫煙者と比較して，脳，呼吸器，循環器，消化器，泌尿生殖器，骨格における先天異常のリスクが高まることが報告されている（Himmelberger et al., 1978）（表1-1）。

また，母親のみならず，父親の喫煙と出生児の先天異常との関連も報告されている。それによれば，喫煙しない父親より喫煙する父親の方が，鼻骨欠損，二分脊椎，横隔膜ヘルニア，内反・外反足，皮膚色素異常といった先天異常のリスクが高まるという（Zhang et al., 1992）（表1-2）。

表1-1 ●喫煙母親の胎児の各種異常リスク
（Himmelberger et al., 1978 より作成）

異常器官	非喫煙者のリスクを1とした場合の喫煙者のリスク比率
脳	1.13
呼吸器	1.26
循環器	1.40
消化器	1.42
泌尿生殖器	1.35
骨格	1.21

表1-2 ●喫煙父親の胎児の各種異常のリスク
（Zhang et al., 1992 より作成）

疾患名 \ 本/日	非喫煙者のリスクを1とした場合の喫煙者のリスク比率	
	10本～19本	20本以上
鼻骨欠損	1.8	2.7
二分脊椎	1.4	3.2
横隔膜ヘルニア	2.6	3.4
内反・外反足	1.8	1.9
皮膚色素異常	4.1	3.7

さらに，妊娠中の母親の飲酒も胎児に悪影響を及ぼすといわれている。妊娠中にアルコールを摂取した母親から生まれた子に見られる先天的な異常として，特徴的な顔貌（小さな目，薄い唇など），発育遅滞，中枢神経系の障害（学習，記憶，注意の持続，コミュニケーション，視覚・聴覚の障害など）が見られる。これらは胎児性アルコール症候群（FAS：fetal alcohol syndrome）と呼ばれる（Jones & Smith, 1973）。また，FASの基準をすべて満たさないが行動や認知の異常といった症状を呈するものをアルコール関連神経発達障害（ARND：alcohol-related neurodevelopmental disorder），心臓・腎臓・骨・聴覚の障害を呈するものをアルコール関連先天異常（ARBD：alcohol-related birth defects）と呼ぶ。そして，これらのアルコールに起因する胎児の障害の総称を，胎児性アルコールスペクトラム障害（FASD：fetal alcohol spectrum disorder）と呼ぶ。

以上のように，親の喫煙・飲酒は胎児にさまざまな悪影響を及ぼす可能性がある。喫煙については，妊娠中の母親はもちろんのこと，家族も喫煙を控えることが得策であろう。また，飲酒については現在のところ，どの程度の酒量が胎児に影響を及ぼすかという明確なデータがないが，妊娠中の母親（妊娠を計画している女性も含め）は飲酒を控えることが望ましい。

②母親の精神状態と胎児の発育

母親が実際に口にしたり吸い込んだりした物質に限らず，母親の体内に分泌された物質も胎児に影響を与えることが知られている。小林（2000）は，妊娠中の母ザルが強い恐怖にさらされたときの胎児の影響に関する先行研究を引き，同様のことが人間にも起こりうることを示唆した。それによれば，母親が強い不安や恐怖を感じることによって瞬間的に分泌されるアドレナリンは母親の血流量を減らし，さらに胎盤を介して胎児の血流量をも減らし，胎児を酸欠状態にするという。また，そのような強いストレスは，子宮を収縮させるホルモンを分泌させ，流産という最悪の事態が起こる可能性を高めるとしている。もちろん，現代の日本で母親がこうした強度の恐怖を体験することはきわめて稀かもしれない。しかし，この報告は，ネガティブな母親の精神状態が胎児に悪影響を及ぼす可能性を示唆している。つまり，父親（夫）との不仲など日常的に起こりうる母親の長期的な情緒不安定が，胎児に悪影響を及ぼすことは否定できないのである。こうしたことから，家族や周囲の人たちは，母親ができるだけ安定した精神状態を保てるよう配慮する必要がある。

▶(3) 出生前検査をめぐる問題

妊娠が明らかになったとき，それが望まれる妊娠であれば，親は生まれてくる子どもの健康を第一に願い，胎児の状態をできるだけ早く知りたいと感じるだろう。出生前検査は，そのような親の心理をついて現在普及しつつある。

確かに，出生前検査は，胎児の状態に適合した分娩方法の選択や，出生以後のケアや心の準備ができるというメリットがある。しかし，現在，胎児治療が行なえる疾患は限られていることから，出生前検査が人工中絶の選択につながる可能性もあり，大きな問題を呈している（水谷ら，2000）。また，検査によっては，かなり低い確率であっても陽性と判定されるものや，流産の恐れのあるものもある。

出生前検査は，遺伝的，倫理的，法的問題といった大きな問題も絡んでいるが，まずは，検査を受けることの是非，検査結果に対する心積もりなどを前もって家族で話し合っておくことが肝心である。

2．妊娠にともなう母親の精神的変化

▶(1) 妊娠の経過と母親の精神的変化

妊娠が判明してから出産にいたるまでの期間，母親の生活行動や身体的状態は刻一刻と変化し，それにともなって母親の精神的変化も生じる。母親は，それまでの趣味や仕事，社会的交流の制限や妊娠前のプロポーションの喪失などに対して否定的感情を抱きつつも，徐々に母親になることへの自覚を高めていく（新道・和田，1990）。三澤ら（2004）は，妊娠の経過にともなう母親の心的状態の変化パターンとその変化をもたらす要因について図1-3のように示している。

以下に，妊娠の経過にともなう母親の精神的変化の特徴を見ていく。

①妊娠初期（妊娠0週～15週）

妊娠が判明したときの母親の心情は，その母親のおかれた状況によって大きく異なる。妊娠が本人や周囲の人たちにとって待ち望んだものであれば，妊娠の事

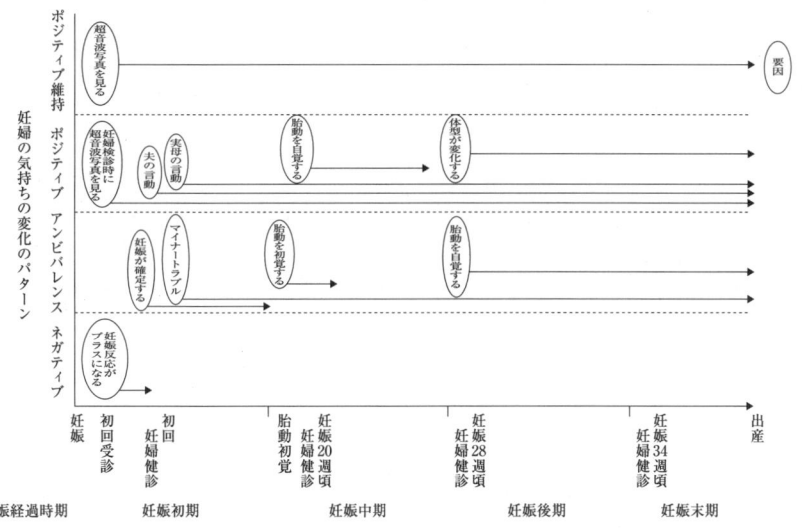

注）要因と矢印は開始の時期からの継続をあらわし，各妊娠経過時期内における要因の位置はとくに意味をもたない。

図1-3 ●妊娠経過にともなう母親の心的状態の変化パターンとその影響要因（三澤ら，2004）

実は喜びをともなうものとなる。また，周囲から妊娠に対する過度な期待をかけられていた母親にとっては，妊娠は喜びとともに安堵感を得るものとなる。その一方で，予定外の妊娠の場合，母親は不安や困惑，さらには出産すること自体の選択を迫られることとなり，さまざまな葛藤に苛まれる。また，これまでに流産などを経験した母親にとっては，妊娠に対する不安は他の母親より大きく，非常に神経質になるかもしれない。

　本人や周囲が期待した妊娠であっても，妊娠初期に見られるつわりや頻繁な尿意，だるさや眠気などに対する母親の不快感は大きい。さらには，上のきょうだいを育てながらの妊娠であれば，日常生活の煩雑さと妊娠による体調不良とによって母親のストレスはよりいっそう高まるだろう。また，仕事をもつ母親であれば，これまでと同じ仕事量がこなせないことへの焦りや苛立ち，あるいは，職場での妊娠に対する理解のなさ，待遇の悪さへの憤りなどが高じ，妊娠に対して否定的な感情を抱いてしまうこともある。

　ただし，妊娠にともなうこれらのさまざまなネガティブな感情は，周囲の配慮やサポートによってある程度改善されうるものである。多くの母親は，体調の変化に戸惑いながらも，まだ見ぬわが子への期待をふくらまし，周囲からのアドバイスやサポートを受けながら，体調や栄養に気を配るようになる。

　この時期は，体調不良以外の目に見えた身体的変化がなく，検診で目にする胎児の姿もまだまだ小さいため，母親自身も周囲の人たちも妊娠の実感があまりわかないことが多い。

②妊娠中期（妊娠16週〜27週）

　この時期は，つわりなどの症状が軽くなったり，胎盤形成によって流産の危険性が低減したりすることにより，母親は心身ともに安定してくる。また，胎動を感じたり，お腹のふくらみが目立つようになったりすることで，母親となることへの意識や妊娠に対する肯定感が高まってくる。母親の身体的変化は周囲の目にも明らかになり，この頃になると夫も父親になることへの実感が少しずつわいてくる。また，超音波検査では胎児の姿が明確になり，顔や手足が確認できるようになることで，ますます生まれてくるわが子への期待が高まる。

　しかし，つわりの軽減にともない食欲が旺盛になり，急激な体重増加が生じるのもこの時期である。そのうえ，お腹が大きくなることで以前より身軽に動くことができなくなり，外出がおっくうになるなど運動不足になる場合もある。体重

の増加はさまざまな病気につながるため，母親は食事制限や軽い運動の必要性に迫られ，それが母親のストレスにつながることもある。

さらに，若年の母親や予期せぬ妊娠であった母親の場合などはとくに，プロポーションの変化で今までの衣服が着られなくなること，おしゃれができなくなることへの不満が高まることがある。

③妊娠後期（妊娠28週～39週）

出産が近くなるこの時期は，出産への不安（「出産できるのだろうか」「痛みはどれくらいなのだろうか」）や生まれてくる子どもへの不安（「五体満足で生まれるだろうか」「元気に生まれるだろうか」）など，これまで漠然とした不安が明確な形で現われてくる。

そのうえ，胎児の成長にともなう胃部圧迫感や腰痛がひどくなるなどの身体的不快感も高まる。お腹が大きくなることでうつ伏せや仰向けでの睡眠が困難になり，睡眠不足に陥ることもある。また，身動きの不自由さや早産の危険性から行動が制限され，それがストレスにつながることもある。

しかし，もうすぐわが子に会えるという喜びも日増しに大きくなり，母親は家族とともに子どもの名前を考えたり，子どもの衣類や布団，ベッドなどを買いそろえたりする。胎児がお腹を蹴ったり動いたりすることに対して不快感を感じる母親もいるが，「（胎児が）早くお腹から出たがっている」「自分（母親）がお風呂に入ると胎児も気持ちが良いようでよく動く」などと胎児の心情を推察して楽しむ母親も多い。

▶ (2) ソーシャルサポートと母親の精神状態

このように，妊娠中の母親の精神的変化はポジティブな感情とネガティブな感情が交錯し非常に複雑である。妊娠，出産にともなう不安や身体的不快感は避けて通れないが，周囲のサポートのありようによって，こうした母親の負担を軽減することは可能である。たとえば，父親（夫）の情緒的サポートは母親のイライラ感を軽減し，夫以外の人からの情報的サポートは緊張や混乱を軽減すること（岩田ら，2000），実母からのサポートが多い母親は抑うつが軽減すること（瀬戸・眞鍋，2004）などが報告されている。友人が話し相手となっている，友人からの気づかいを受けているといった友人からの情緒的サポートは，妊娠の経過や胎児の状態に対する母親の不安軽減に有効である（安田，2001）。また，津田ら（2004）

によれば,妊娠後期に身近な人の支えや社会的な支えが少ない場合,出産後に情動の変わりやすさや抑うつ感といったマタニティーブルーズの症状を示すことが多いという。これらのことから,精神的に不安定になりやすい妊娠中の母親にとって,周囲からのサポートは非常に重要であることがうかがえる。

(3) 妊娠期の母親役割取得に及ぼす要因

妊娠期は,母親役割を取得する準備期としても重要な時期である。この時期母親は,自分の幼少の頃をふり返り,実母と思い出話をし,乳幼児をもつ友人・知人や妊婦と交流し,父親(夫)と子どもの将来や新たな生活について語り合い,両親学級に参加し,胎児に話しかけるなどの行為をとおして,母親像を作り上げていく(図1-4)。体調の変動によって,母親像のイメージが強くなったり弱くなったり,あるいは否定されることもあるが,しだいに母親という役割に関する自己像を自分自身に組み入れ,新たな自己像を形成していく。これらの経験が少ない母親は,母親像のイメージが乏しいため,育児書などの間接経験をもとに母親像を構成しなければならない。しかし,それらは断片的な情報であるため,母親の全体像の形成が難しく,母親役割の取得を困難にさせる(新道・和田,1990)。

母親にとって,幼少期のふり返り,家族との語り合いや友人・知人との交流,出産・育児についての情報収集は,出産後の母親役割へのスムーズな移行がなされるために大切な妊娠期の仕事なのである。

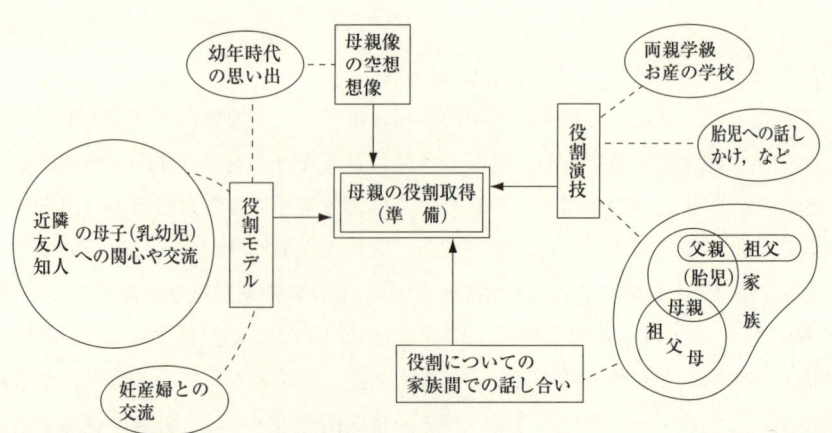

図1-4●母親役割取得の過程(新道・和田,1990)

2節　出産と母親

1．母親の精神的安定に及ぼす影響

　出産後の母親の精神状態を左右する要因はさまざまである。以下におもな要因について見ていく。

▶(1)　出産状況と母親の精神状態

　出産がどのようなものであったかによって，出産後の母親の精神的状態は大きく異なる。

　分娩直後，母親は生まれてきた子どもの状態を気にかけ，無事に生まれたことを確認すると，大きな仕事を成し遂げた満足感と安堵感に浸る。今まで自分のお腹の中にいたわが子とようやく対面できた喜びは大きい。中には，イメージしていた子どもとのズレ（性別・顔・産毛・大きさ・色・産声など）から喪失感情を抱く母親もいる（新道・和田，1990）が，多くの母親はこれから何があってもこの子を守っていこう，親としての責任を果たそうと心に誓うのである。

　その一方で，流産，死産の体験は，母親に悲しみだけではなく，身体の不調や行動の異常も引き起こし，日常生活にさえ支障をきたす。このような母親の精神状態を回復するためには，喪の過程を経ることが重要であることが知られている（仁志田，2005；小此木，1979）（表1-3）。

　最悪の事態は免れても，超未熟児・未熟児を出産した母親は，決して母親自身の不注意によるものでなかったにせよ，子どもを小さく生んでしまったことに対

表1-3 ●喪の過程（仁志田，2005より作成）

段階		特徴
第1段階	感情麻痺の時期	ショックが大きく，現実の受入れができない状態。
第2段階	思慕と探索の時期	子どもが亡くなったことに対する悲しみが湧くとともに，子どもの面影を求める段階。
第3段階	混乱と絶望の時期	頭では理解できていても，心では受け入れられない状態。
第4段階	脱愛着と再起の時期	自分で自分を納得させ，死の事実を思い出しても取り乱されない状態。

する罪悪感をもったり，自分を責めたり，子どもの成長に対する不安を強めたりする。また，帝王切開分娩をした母親のほとんどが自己への喪失・嫌悪感を示し（細川，1990），膣経分娩でも吸引や児圧出などの分娩では「自然に生むことができなかった」「妊娠中どこも異常がなかったのに，最後になってこんなことになって」などと分娩・娩出能力や身体的に完全ではなかったということでの自己への喪失・嫌悪が見られる（細川，1991）。

表1-4 ●乳児の気質 （Thomas & Chess, 1977 より作成）

気質のタイプ	特徴	出現率
手のかからない子 （easy child）	睡眠・食事・排泄等の生活リズムが規則正しく，新しい食べ物・人・おもちゃ等への接近や慣れやすさが見られる。また，物事への反応が中程度であり，喜んだり楽しがったりといったポジティブな行動が比較的多く見られる。	約40%
取り扱いが難しい子 （difficult child）	生活リズムが不規則で，新しいものを回避しがちであり，慣れるのに時間がかかったりする。また，物事への反応が激しく，不愉快さを示したり泣きといったネガティブな行動が多く見られる。	約10%
エンジンがかかるのに時間のかかる子 （slow-to-warm-up child）	活動性が低く，新しいものを回避したり，慣れるのに時間がかかったりする。また，物事への反応は激しくないが，ネガティブな行動が多く見られる。	約15%
気質の次元	内容	
活動の水準 （Activity level）	子どもの行動に運動成分がどの程度見られるか。	
周期の規則性 （Rhythmicity）	睡眠，食事，排泄，動きと休息のリズムなどのように，反復される機能の規則正しさの程度。	
接近／退避 （Approach or Withdrawal）	食べ物，人，場所，おもちゃ，やり方など，何であれ新しい刺激パターンに対する最初の反応。	
慣れやすさ （Adaptability）	新しい場面または状況の変化に対する最初の反応が社会的に好ましい方向へ変化し易いか，し難いか。	
反応の強さ （Intensity of Reaction）	反応のエネルギーの問題であって，その方向ではない。	
気分の質 （Quality of Mood）	嬉しい，楽しい，親和的な行動の量と，不愉快な，泣くような，親和的でない行動の量を比較して，どちらが多いか。	
気の散り易さ （Distractibility）	今進行中の行動の方向を変更させるのに，またはそれを中断させるのに，外からの刺激がどれほど有効か。	
注意持続と固執性 （Attention Span and Persistences）	注意の持続とは特定の活動が時間的にどれほど長続きするかで，固執性とは特定の活動が何かに邪魔されても変わらずに続けられる程度。	
敏感さ （Threshold of Responsiveness）	反応を引き出すのに要する刺激のレベルが高いか低いか。	

▶ (2) 乳児の気質と母親の精神状態

　子どもには生まれつきの反応傾向が見られ，それは気質と呼ばれる。トーマスとチェス（Thomas & Chess, 1977）は，9つの気質カテゴリーの特徴に基づき，乳児の気質を「手のかからない子」「取り扱いが難しい子」「エンジンがかかるのに時間がかかる子」の3タイプに分けた（表1-4）。

　これらの乳児の気質は，母親の精神状態に影響を与える。たとえば，乳児が感情的，うつ的，未熟／頑固といった気質を有していたり，順応性が悪かったりして世話がしにくいと，母親の育児ストレスは高くなり（本城ら，1994；水野，1998；両角ら，2000），中でも，夜泣きがひどい，なかなか泣きやまないなどの特徴は母親の睡眠不足にもつながって，ますます母親はストレスフルになると予測される（西海・喜多，2004）。また，乳児が一度ぐずるとなだめにくい，かんしゃくを起こしやすい，気が散りやすいなどの気質を有する場合，母親の乳児に対する否定的愛着感が高まるという報告も見られる（菅原ら，1999）。逆に，「状態の読みとりやすさ」，行動の「予測しやすさ」，はたらきかけに対する「反応の現われやすさ」は親としての有能感を高める（Goldberg, 1977）。

▶ (3) ソーシャルサポートと母親の精神状態

　妊娠や出産，そして育児を経験していく中で，母親は徐々に母親としての意識を高めていく。こうした意識は女性であれば生まれつき身についているというわけではない。母親意識は，周囲のサポートによりもたらされる母親の精神安定が基盤となって形成されるともいえる（図1-5）。

　以下に，母親の精神的安定を図るソーシャルサポートについて見ていく。

①父親（夫）のサポート

　母親にとって最も身近な存在である父親（夫）からのサポートは，母親の精神的安定に有益な影響をもたらす。先行研究においても，父親（夫）の家事協力や育児の悩みを聞くといったサポートは母親のストレスや育児負担感を軽減するはたらきがあることが示されている（海老原・秦野，2004；尾形・宮下，1999）。

②両親のサポート

　出産後しばらくの間，家事や育児を実家の母親（子どもにとっては母方祖母）に頼るケースが多い。出産後の母親は身体的疲労が大きいため，こうした家事，育児の手伝いは，母親にとって大きなサポートとなる。こうしたサポートによる

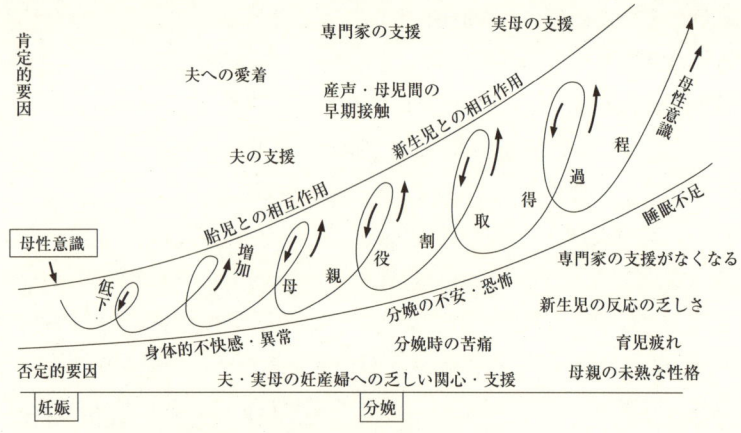

図1-5 ●母親役割取得に及ぼす影響要因（新道・和田，1990）

貢献は祖母にとっても新たな役割取得となり，母親，祖母ともにポジティブな意味づけがなされる。

③友人のサポート

同世代の出産経験者である友人からの助言や体験談は，初産の母親にとって有益な情報となる。友人からの話を聞き，「自分の子どもだけが夜泣きがひどいわけではないのだ」「自分の子どもは発達が遅れているわけではないのだ」と，安心することもある。しかし，その一方で，友人からの育児に関する情報に振り回されたり，友人と自分の子どもを比較して発達の遅れを懸念したりすることもある。母親にとって友人からのサポートを有益なものにするためには，自分が欲しい情報のみを友人からの情報で補ったり，自分の育児を見直す良い機会として，あるいは，日常のストレスを発散する機会として友人との交流を位置づけておくことが大切である。

④専門家のサポート

子どもの発育や自分の子育てなどについて心配事があれば，専門家の保健指導や育児指導を受けることも必要である。積極的に専門家に相談することで，子どもへの適切な対処法を知り得たり，心配事が自分の思い過ごしであったことが明らかになったりするなど，母親の精神的安定を維持するのに有効であると考えられる。

2. 産後に発生する精神障害

▶(1) 早期発病の精神病

ブロッキントン（Brockington, 1996）は出産早期に発病する精神病について，複数の事例報告を以下の4つに分類している。

①突発性錯乱状態

非常に稀なケースであるが，分娩中あるいは出産直後から錯乱状態に陥る母親がいる。中には暴力が生じるケースもある。この病因は不明であるが，大半は自然消失する。ただし，岡野（2004）によれば，中には娩出後も持続するケースもあるため，慎重な経過観察が必要であるという。

②昏迷

これも非常に稀なケースであるが，出産直後から周囲のはたらきかけにまったく反応がなく，母親自身の自発的行動もほとんど生じないという症状が報告されている。ただし，この症状も早々に自然回復する。

③子癇

出産の前後に浮腫とタンパク尿と関連して痙攣が生じ，この症状を示した母親の多くには多発性発作が見られる。発症の大半は分娩中であるが，妊娠中期や出産直後に発症する場合もある。500回の出産に1回の頻度で見られ，うち約5%が精神病に移行するという報告もある。

④せん妄

のたうち回ったり，蹴ったり，叫び声を上げるという興奮のほか，高揚感，陽気な気分をともなうケースもある。この症状が現われる背景として，感染症やアルコールの影響が指摘されている。

▶(2) 産褥期に発生する精神障害

産褥期（産後から約6週〜8週間）は，さまざまな精神障害が発症しやすい時期といわれている。この時期に発症する精神障害はおもに①マタニティーブルーズ，②産後うつ病，③産褥精神病の3つに分類されている（Gelder et al., 1994）。これらはそれぞれ発症率や時期，持続期間が異なるが，相互に関与する可能性がある（表1-5）。

①マタニティーブルーズ

表1-5 ●産褥期に発生する精神障害 (岡野, 1998を一部改変)

	マタニティーブルーズ	産後うつ病	産褥精神病
頻度	50〜70%	10〜15% 感情障害の再発	0.1〜0.2% 重篤な精神病様症状 感情障害圏：一般的 統合失調症：まれ(増悪) 器質性障害：脳動脈血栓, Sheehan症候群
発病時期	産後3〜5日	産後2〜3週以降	産後1〜3週目
持続期間	通常, 数日間	2〜3ヶ月(治療の場合) 通常のうつ病より経過が遷延	数ヶ月
関連	重症のブルーズ ➡	産後うつ病 ⬌	感情障害
専門家との遭遇	産科医, 助産婦	産科医, 助産婦, 内科医, 保健婦 まれに小児科医	産科医, 助産師, 精神科医
精神科への依頼	ほとんどなし	少ない (潜在例は多い)	激しい精神症状の場合多い
治療	必要なし 重症の場合は経過観察	抗うつ薬 抗不安薬	抗精神病薬 ECT(electric convulsive therapy) など

　マタニティーブルーズは，理由のない涙もろさ，気分の易変性，不安，焦燥感を主症状とした症候群である。欧米では産褥期の母親のおよそ50%〜70%が体験するといわれているが，日本の調査を概観すると6.5%〜26%であり，欧米諸国の発生頻度より低くなっている。通常，産後3日〜5日に発症し，1週間前後で自然消滅することが多いといわれる（岡野，1998，2004）。廣瀬ら（2001）によれば，従来から報告されてきたマタニティーブルーズ（これを早期発症型と呼んでいる）以外に，産褥7日以降に遅発性に発症するもの（遅発発症型マタニティーブルーズ）もあり，とくに初産婦に発症することが多いとしている。また，これには産褥早期からの睡眠の量的・質的障害が深く関与していることが指摘されている。一般に，マタニティーブルーズには，分娩直後のホルモン変化が関連している（神崎，2002）が，母親自身の不安傾向の高さといった性格因子（Kendell, 1984）や家庭の不和のような環境因子（Cutrona, 1983）が関与しているという報告も見られる。
　マタニティーブルーズは精神疾患ではなく，一過性の症状であるため，とくに治療を要しないが，後述する産後うつ病のリスクファクターであるという知見も

あることから，マタニティーブルーズを経験した母親は，その後の心の状態に留意する必要がある（岡野，2003）。したがって，症状の悪化を防ぐため，母親の育児負担を軽減するよう父親（夫）や両親など周囲の人たちが積極的にサポートに入り，母親が過度の疲労や不眠状態に陥らないよう配慮するとともに，母親の話し相手となって不安や心配事に耳を傾けることが必要であると考えられる。また，専門家による保健指導や育児指導もマタニティーブルーズの予防法として有効であるといわれている（新道・和田，1990）。

②産後うつ病

産後うつ病では，抑うつ気分，興味の喪失，意欲の低下，食欲の低下または亢進，落ち着きのなさ，不眠または過眠，自己不全感，過度の自責感，思考力の低下，集中困難，自殺念慮といった症状が見られ，通常のうつ病と大差はない。ただし，産褥期であることから，当然，母親としての育児に対する過度の責任感，育児に対する自信喪失など，育児に絡んだ問題が表出する（岡野，2003）。産褥期の母親のおよそ10％〜15％に生じるといわれており，通常，産後2, 3週〜3ヶ月に出現する。この発病時期は，実家への里帰りから戻る頃，あるいは手伝いに来ていた実母が帰る頃，つまり，母親に育児の責任が大きくのしかかる時期と一致しており，母親の不安や緊張も発病の一因となっていると考えられる（岡野ら，1991）。実母からのサポートが打ち切られ，それに代わるサポートが得られない状況の中，とくに核家族化や隣近所との交流がほとんど見られない現代の育児環境では，母子が2人きりで部屋に閉じこもりがちになる。慣れない子育てと格闘する母親は，氾濫する育児情報に振り回され，心身ともに疲労していく。もともと真面目で几帳面といった母親の性格や育てにくい子どもの気質などの要因が重なれば，母親の精神状態は非常に不安定になることは想像に難くない。

産後うつ病は，2, 3ヶ月継続する。治療法として，抗うつ薬などによる薬物療法が有効である（岡野，2004）が，それと同時に上述のような育児環境を改善すべく，周囲の人々が子育てのサポートに入ることも必要である。

③産褥精神病

2, 3日いらいらや不眠が続いた後，急に普段と様子が違って落ち着かなくなり，話がまとまらず興奮したり困惑したりするような状態になる。幻覚や妄想，奇妙な行動なども出現する。とくに，初産婦の発症が多く，産褥期の母親のおよそ0.1％〜0.2％で見られる。通常，産後1週〜3週目頃に出現し，数ヶ月間継続する（岡

野,1998)。産褥精神病への対応として,早急に母子分離を行ない,専門医に診察を依頼することが必要である(岡野,2004)。治療法としては,抗精神病薬による薬物療法,無痙攣性電撃療法(ECT)などが有効である(佐々木,2003)。

▶ (3) 喪失体験
①流産・死産による喪失体験

　流産や死産に対する悲哀の心理過程(喪の過程)は先述したとおりだが,こうした喪失体験〔妊娠後期の胎児の喪失,新生児の死,自然流産,胎児喪失,乳幼児突然死症候群(SIDS:sudden infant death syndrome)〕をもった母親は,心の病気に移行することが多い(岡野,2004)。自然流産の女性がうつ病を発症したり,悲哀反応が外傷後ストレス障害(PTSD:post traumatic stress disorder)に移行したりすることが報告されている(岡野,2000)。

　こうした体験をもつ母親に対しては,医療関係者が子どもの死について詳細な事実を伝えるとともに,母親が悲しみを抑圧したり,逃避したりしないよう,父親(夫)など周囲の人々が母親の心情を汲みながら,ありのままの感情を表出するよううながしたり,そばについていてあげるなどのサポートが必要である(新道・和田,1990)。その他,同様の体験をもつ母親が集う自助グループへの参加,症状によっては精神科の専門治療を受けることも必要である(岡野,2004)。

②先天異常児の出生による喪失体験

　障害の程度などによっても異なるが,ドローターら(Drotar et al., 1975)は障害児の出産に対する親の反応を,ショック,否認,悲しみと怒り,適応,再起の5段階に分類し,図1-6のように示している。障害児を出産した母親は,アイデンティティの喪失,期待の喪失,分娩・母親能力の喪失,役割の喪失といった喪失体験をもつが,わが子との接触や周囲のサポートによって,子どもと親密な関係性を形成する(新道・和田,1990)。

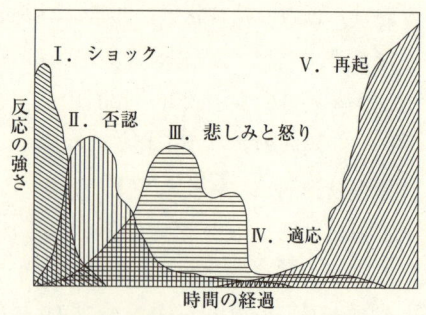

図1-6 ●障害児出産に対する親の反応経過
(中田,1995)

第2章

乳児の潜在能力

1節 乳児のもつ能力

1．乳児の能力

　19世紀の哲学者であり心理学者であるジェームス（James, 1892）は，新生児の心理的世界について，「眼，耳，鼻および内臓など全てのものに一度にとらえられ，ざわついた大変な混乱の状態である」という記述を残している。この記述が示すように，従来の心理学では，乳児が運動能力はもちろん視覚や聴覚などの感覚・知覚能力も未熟で，親などの外界からのはたらきかけに対し受動的な存在であると考えられてきた。実際，私たちが新生児を観察してみると，自ら移動することもできず，行動のレパートリーは少ない。また，視線はうつろで，宙を漠然と見つめているように感じられる。

　しかし，近年の乳児研究の結果，運動能力は別として，新生児は感覚・知覚能力がかなり発達しており，視覚や聴覚などを通じて外界の刺激を受け止め，注視する，微笑むなどの行動を特定の対象に積極的に向けること，そしてこれらの能力に基づいて新たな行動のレパートリーを拡大する潜在能力をもつことが明らかにされている。本章では，乳児の感覚・知覚と運動についての潜在能力について解説する。

2. 注視する力

(1) 乳児の視力

乳児の視力は，生後2ヶ月で0.02，5〜6ヶ月で平均0.04〜0.07，12ヶ月で0.08〜0.15，24ヶ月で0.17〜0.36であり，3歳でようやく約1.0に達し（望月，1994），大人と同程度の視力になるのは4〜5歳である。乳幼児の視力が低い理由として，視覚系の末梢・中枢機能の未発達がある。

ヒトが対象を視覚として知覚するためには，まず眼球で対象から反射した光（映像）を水晶体でピントを調整し，網膜に投影する必要がある。フィルム・カメラで例えるならば，水晶体はレンズに，網膜はフィルムに相当する（図2-1参照）。さらに網膜に投影された映像は網膜上の受容器である錐体細胞（光が十分でないと機能しないが，対象の細かい映像を伝達できる。映像が投影される網膜の中心部に多く存在する）と桿体細胞（光がわずかでも機能するが，細かな映像を伝達できない。網膜の周辺部に多く存在する）によって電気的信号に変換され，その信号は外側膝状体を経由して，大脳皮質の後頭葉に送られ，知覚されることになる。

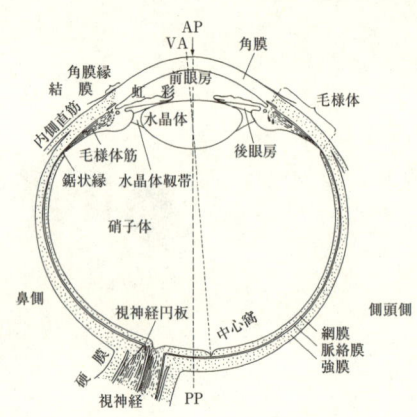

注）右眼の水平断面図，AP：前極，PP：後極，VA：視軸

図2-1 ●ヒトの眼の構造

新生児の場合，水晶体が小さいためレンズの焦点が網膜の後ろで結ばれる。そのため，大人でいう遠視状態になっている。さらに，受容器の発達は桿体細胞がはやく，錐体細胞は遅い。3歳になっても錐体細胞は大人の半分未満しか発達しない。さらに，外側膝状体が大人と同じように成長するのは生後9ヶ月，大脳皮質は11歳である。これらの生理・解剖上の諸要因が乳児の視力低下を引き起こしているといえよう。

(2) 注視

視力が低いからといって，乳児は外界を漠然と無意味に眺めているとは限らない。むしろ，生後まもない頃から対象を弁別し，見たいものを見ようとする傾向があることをファンツ（Fantz, 1963）は明らかにしている。彼は，生後5日以

内の新生児と2ヶ月～6ヶ月の乳児に対し，顔，標的，新聞の切り抜き，色などの刺激を提示し，各刺激に対する注視時間を測定した。その結果，図2-2に示すように，顔や標的の注視時間は長く，色に対しては注視時間が短いことが示された。また，ファンツ（Fanzt, 1961）は，ふつうの顔，目や鼻や口などの構成部分が「福笑い」のようにデタラメに配置されている顔，白と黒からなる単純な図形の三種について，生後4日～6ヶ月の乳児の注視時間を測定した。その結果，ふつうの顔とデタラメな顔の注視時間が長く，単純な図形のそれが短いことが明らかになった。

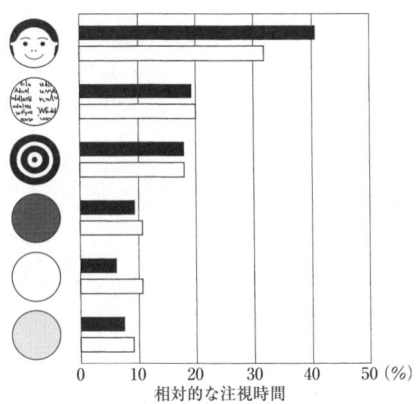

注）横棒は赤ちゃんが左の図形を見ていた相対的な注視時間を示す。

図2-2 ●赤ちゃんの眼球運動の実験結果
（Fantz, 1961）

これらファンツが実施した実験の結果は，乳児が外界を漠然と眺めているのではなく，生後まもない頃から，単純な刺激と複雑な刺激を弁別できる能力をもっていること，単純な刺激より複雑な刺激を選好して注視する能力をもつことを示唆している。

▶ (3) 立体視・奥行き知覚

乳幼児でも大人でも，水晶体で調整され網膜に投影された像は写真にプリントされた画像のように二次元（平面）である。一方，私たちは外界を二次元ではなく奥行きのある三次元（立体）として知覚する。この立体視や奥行き知覚を実現するためには，網膜からの情報だけでなく，その他の奥行き知覚の手がかり（図2-3）を用いて対象を知覚する必要がある。すなわち，私たちが知覚する立体視は，網膜からの二次元情報と奥行き手がかりを脳内の認知システムの中で再構成したバーチャルなものである。

この立体視について，ピアジェ（Piaget, J.）は，新生児の視覚的世界は二次元的で奥行きが欠如しており，生後数ヶ月にわたって触覚と視覚を関連づける（協応する）ことによって奥行きを知覚できると考えた。この考えは，ルソー（Rousseau, J.J.）やバークレイ（Berkeley, G.）など17・18世紀哲学の認識論を

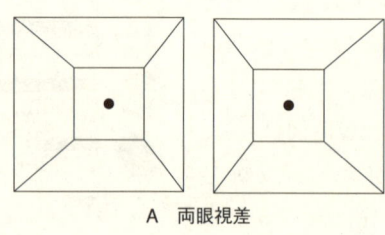

A 両眼視差

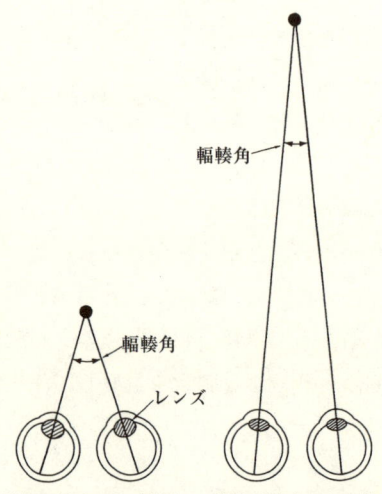

対象が近くにある場合　対象が遠くにある場合
B　レンズの厚みと輻輳角 (Lindsay & Norman, 1977)

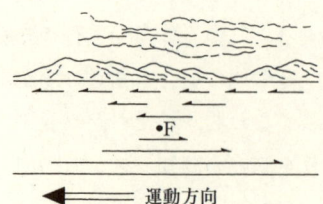

C　運動視差（渡部ら, 1975）
注）注視点Fより遠方は運動方向と同じ方向に, 近い所は逆方向に移動する。

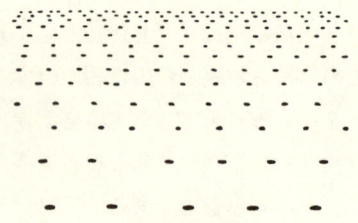

D　きめの勾配

図2-3 ●おもな奥行き知覚の手がかり

ふまえたものである。

この伝統的な考えに対し，ギブソンとウォーク（Gibson & Walk, 1960）は視覚的断崖（visual cliff）を用いた実験により，乳児でも奥行き知覚が可能であることを明らかにした。その実験は，図2-4のような厚いガラスの台が用いられる。その台の半分には市松模様のリノリュームが貼られて下の床が見えないが，もう半分にはガラス越しに床が見える。その台の上に生後6ヶ月のハイハイができる乳児を乗せると，乳児は床の見える箇所に来たときに止まることが観察された。これは，この頃の乳児が奥行きを知覚する能力をもっていることを示している。さらに，バウアーら（Bower et al., 1970）は，生後6日〜21日の新生児の顔に向かってさまざまな速度で対象を近づかせ，その反応を観察した。その結果，急激に近づいてくる対象に対しては，目を大きく開き，頭を後ろに引いて顔を守るように手をあげるというような防御反応を示した。このことは，生後まもない頃から，立体視が可能であることを示している。

図2-4 ●視覚断崖 (Gibson & Walk, 1960)

バウアー（Bower, 1974）は，これらの実験から立体視や奥行き知覚がほぼ生得的に備わっていると考えた。しかし，先天性白内障などで生まれつき眼の不自由な人に角膜移植を行ない，正常な視機能を回復させても，すぐには奥行き知覚ができないことが知られている（鳥居, 1977）。また，生後8週〜12週のネコを図2-5のような装置に入れ，1匹は自由に歩くことができるが，もう1匹は自由に動くことを制限して育てたところ，

図2-5 ●初期経験と歩行の発達
(Held & Hein, 1963)

後者のネコは段差の縁から落ちたり，リーチング（目の前のものに手を伸ばす能力）がひどく劣ったりすることが明らかになった（Held & Hein, 1963）。これらは，立体視や奥行き知覚の能力が生後まもない頃の経験の影響を受けることを示している。

▶ (4) 感覚間の協応

見たものを手を伸ばして掴む，音が聞こえた方向をふり返って見る。これらは，私たちが，視覚や聴覚，触覚といった各感覚機能でとらえた刺激を，ばらばらに処理し，それぞれの世界を形成しているのではなく，それらを統合していることを意味する。とくに後者のような各感覚機能を協調させるはたらきを感覚間の協応（coordination）という。メルツォフとボートン（Meltzoff & Borton, 1979）は，新生児について，視覚と触覚との間の協応が成立するか否か検討した。彼らは生後29日の新生児に，ふつうのおしゃぶりとイボのあるおしゃぶりのどちらか一方を暗闇の中で与え，吸わせた。その後，それら新生児に両方のおしゃぶりを見せると，新生児は暗闇で吸綴したおしゃぶりを好んで，長時間注視することが明らかになった。これは，口唇感覚を通じて得られた触覚的情報と視覚的情報を統合する能力が新生児に備わっていることを示している。

3．顔の認識

▶ (1) 顔の識別

新生児が顔や複雑な刺激パターンを好んで注視することは，前述した通りである。そして，生後6ヶ月程度になると，顔のパーツがデタラメに配置されている顔より実際の位置に配置されている顔を，写真や画像の顔より実際の顔を，動きのない顔より動きのある顔を好むことが知られている。このことから，新生児は顔に注目する能力があるようである。

では，ある人の顔と別な人の識別はいつ頃できるのであろうか。これについて，ブッシュネルら（Bushnell et al., 1982）は，生後5日の新生児が母親と髪型や顔の色が似ている見知らぬ女性との顔の識別が可能かどうか検討している。その際，聴覚的手がかりや嗅覚的手がかりを排除するため，2人には実験中沈黙してもらい，匂いが新生児に届かないようにした。その結果，新生児は見知らぬ女性より母親を長時間注視することが示された。ただし，この母親の顔に対する好みや識

別能力は，生得的というわけではない。ブッシュネル（1998）は，生まれてから2日間，新生児と母親との接触行動を観察しつつ，4時間おきに母親の顔を好んで注視するか測定した。その結果，新生児が母親の顔を見る時間が11〜12時間を越えると，母親の顔を好んで注視することが明らかになった。すなわち，母親の顔を見た具体的な経験が顔の好みを決定するようである。

▶ (2) 表情の識別

私たちは自分の感情状態にしたがって，さまざまな表情をつくる。この感情と表情の関係は生得的のようである。たとえば，まだ母乳もミルクも与えられたことのない生後数時間の新生児に，甘い味覚刺激を与えると微笑み，苦い刺激や塩辛い刺激に対しては顔を歪め，酸味に対しては口をすぼめることが確認されている（Steiner, 1979）。

では，表情を認識する能力はどうであろうか。これについて，メルツォフとムーア（Meltzoff & Moore, 1977）は，生後数時間新生児の目の前で，舌を突き出したり，口を大きく開けたり，唇を突き出すといった比較的単純な行動を何度もくり返し提示する実験を行なった。すると，図2-6のように，新生児はわずかではあるが，大人と同じ顔の動きを模倣したのである。さらに，フィールドら（Field et al., 1983）は，生後36時間の新生児の目の前で，微笑んだり悲しんだり驚い

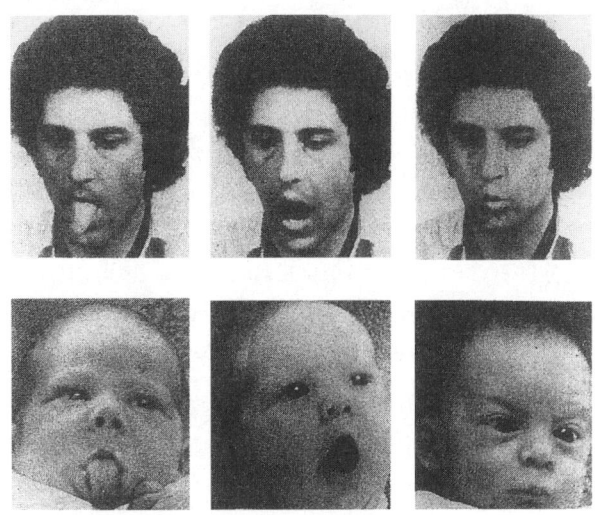

図2-6 ●新生児の模倣（Meltzoff & Moore, 1977）

たりするような複雑な表情をつくり，新生児の注視行動を観察した。その結果，新生児は表情が変化する時に注視することが示された。このことは，新生児が表情の変化を認識できることを示している。

　ただし，私たち大人と新生児との表情の認識の仕方には違いがあるようである。バウアー（Bower, 1989）は，生後3日の新生児に実際の顔を示す条件と顔に光のドットをつけてそのドットの動きをのみを示す条件とで模倣が行なわれるかどうか調べた。その結果，両条件で模倣が観察された。これは，新生児が表情を認識しているのではなく，顔の各部分の動きを認識していることを示唆する。さらに，新生児は表情が示す感情内容を，認識していないことも明らかにされている。アーレンズ（Ahrens, 1954）は，微笑み，怒りの表情が描かれている絵を乳児に見せ，それに対応する反応が示されるか否か調べた。その結果，生後5ヶ月程度の乳児では表情画に対応した反応は示されず，生後8ヶ月でようやく怒りの表情に対し不快・回避反応を示すようになった。これらのことから，新生児は表情の動きや変化を認識しているのであり，表情そのものについて認識できるようになるのは，その後であるといえよう。クリンネートら（Klinnert et al., 1983）によれば，生後2ヶ月～5ヶ月までは，表情の違いが区別できても感情としての意味は理解できないとし，5ヶ月～7ヶ月になって表情から肯定的あるいは否定的意味を理解できるようになり，2歳でようやく他者の感情を表情から読み取ることができるようになるとしている。

▶ (3) 顔の認識と経験

　表情の表出は生得的な要素が強いのに対し，表情を読み取る能力は，視覚的な学習に強く依存しているようである。たとえば，7歳～11歳の弱視の児童を対象とした実験では，弱視の子どもたちと健常児とでは表情表出は同じであるが，他者の表情を見分けることでは違いが見られた（Ellis et al., 1987）。また，先天的白内障で，生後6ヶ月目に外科手術によって正常な視力を回復した者に対して，10年経過した後に表情や顔の向きの変化を検出させる実験を行なったところ，わずかではあるが顔の識別に困難がともなうことが示された。すなわち，同じ人物でも，表情や顔の向きが変化すると，同一人物と認識することができず，別人の顔のように感じてしまうのである。

　さらに，虐待経験が顔の識別に影響を与えるという報告もある。ポラックとト

レイーシェル（Pollak & Tolley-Schell, 2003）は，虐待の中でも3歳～5歳の身体的虐待を受けた幼児と養育放棄された子どもに対して表情を認識する能力を調査した。その結果，身体的虐待を受けた子どもよりも養育放棄された子どもの方が表情を識別する能力が低下していた。また，養育放棄された子どもは表情を「悲しみ」と，身体的虐待を受けた子どもは表情を「怒り」と認識する傾向が高いことが明らかにされた。これは，養育放棄された幼児が親の顔に接することが少ない，あるいは親の「悲しい」表情に接する機会が多いこと，また身体的虐待を受けた子どもが親の「怖い」表情に接する機会が多いことと関連しているかもしれない。

以上のことから，顔や表情の認識は，単純な「モノ」を視覚的に認識する能力と異なり，新生児の早い段階から備わっているものではなく，その頃の経験や親と子の情緒的つながりの中で，比較的ゆっくり形成されていくと考えられる。

4. 原始反射

(1) さまざまな原始反射

ヒトの新生児は，感覚機能が比較的発達しているのに対して，運動機能は未熟のまま生まれてくる。そのため，自らの意図で自発的に運動することができない。その一方，特定の刺激に対して自動的に反応する反射（reflex）と呼ばれる運動は，胎児期の頃から現われる。新生児の反射の中には，生後4ヶ月～5ヶ月で消失す

表2-1 ●おもな原始反射

反射の種類	特徴
手掌把握反射 （ダーウィン反射）	指を新生児の小指側から手の中に入れ，手掌を圧迫すると，全指が屈曲し，指を握りしめる。
足底把握反射 （バビンスキー反射）	新生児の母趾球を圧迫すると屈曲する。
吸啜反射	口唇に何かが触れると，舌や口唇を使ってそれを吸引する。
モロー反射	突然大きな音を聞かせたり，持ち上げて手を放したりすると，何かにつかまろうとするように，手足を外側に伸展し，つづいて内側に屈曲させる。
非対象性緊張性頸反射	仰臥位の新生児の顔を右（左）の一方に向けるとき，顔の方の手足を伸展し，頭の方の手足を屈曲させる。
自動歩行 （足踏み反射）	新生児を直立させ，ゆっくりと前方に傾けたり，足を軽く床面に触れさせたりすると，歩いているかのように左右交互に足踏みをする。

るものがある。これをとくに原始反射 (primitive reflex) という。原始反射には表2-1のようにさまざまな種類がある。

▶(2) 原始反射と脳の発達

原始反射の出現と消失は、新生児の脳の発育と関連する。ヒトの場合、出生時の脳重量は300g〜400gで成人の25％程度である。その後、急速に増え、2歳で成人の約80％に達する。脳重量の増加は、おもに、脳を構成する神経細胞（ニューロン）の樹状突起や神経線維が伸びたり、神経線維が髄鞘化（神経線維をミエリンと呼ばれる脂肪性物質が取り囲むこと。髄鞘化によって神経線維は絶縁された電線のようになり、神経伝達が効率化する）したりすることによって生じる（図2-7）。この髄鞘化は胎生6ヶ月頃から生じるが、それらは脊髄や橋と

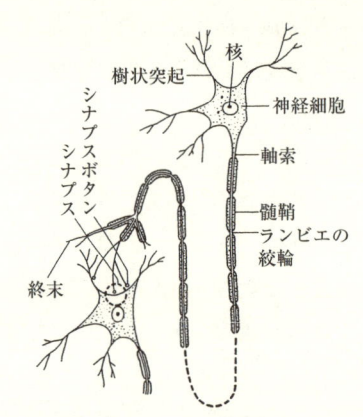

図2-7 ●脳のミクロ構造 （八木，1997）

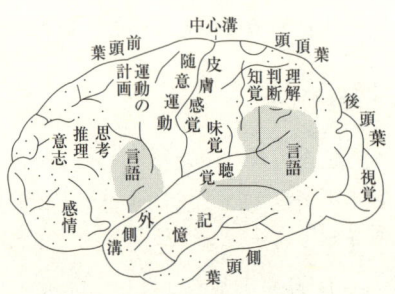

図2-8 ●脳のマクロ構造 （八木，1997）

いった原始的な中枢神経系に限られており、中脳や大脳皮質は未熟なままである（図2-8）。したがって、胎児期から新生児期に観察される原始反射は、吸啜反射や把握反射など脊髄を反射中枢とするもの（図2-9）や、モロー反射や非対称性緊張性頸反射などの脊髄と橋を反射中枢とするものである。その後、中脳や大脳皮質の発達にともない、原始反射は抑制されるとともに、自発的で意図的な随意運動が取って替わり、遅くとも生後6ヶ月には消失する。したがって、原始反射が消失する時期になっても残存する場合、脳の発育が正常でない可能性があり、注意する必要がある。

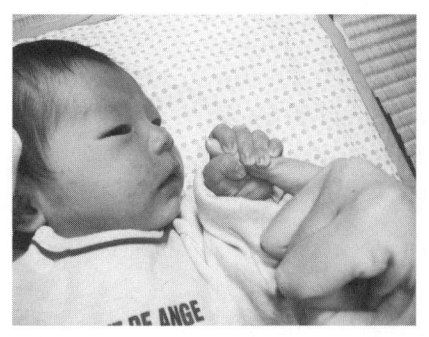

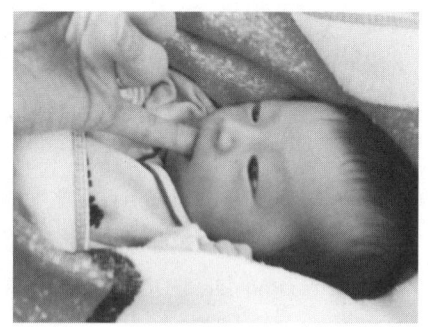

A 把握反射　　　　　　　　　　　　　　B 吸啜反射

図2-9 ●原始反射の例（生後2週間〜3週間）

▶ (3) 発達の雛形としての反射

　反射は非随意的で目的のない運動であるが，だからといってその後の乳児の発達にとって無意味な運動ではない。たとえば，吸啜反射は，出生直後は食事の摂取となんら関わりのない事象として始まるが，この反射をくり返すうち，乳首を適切にとらえるシェマ（Schema：環境にはたらきかけ変化させる行動の型）が形成される。また，モロー反射については，鋭い音を聞いたり，落下の感覚が生じたときに現われることから，恐怖を感じたときに母親などを求め，抱きつく愛着行動へと発達していく基礎となる。これらの例が示すように，原始反射自体は非随意的で目的もない行動であり，生後数ヶ月で消滅してしまう反応であるが，その後の行動の発達や親子間の愛着関係を構築するための雛形となる（なお，原始反射からシェマの形成については6章を，微笑反応と母子のコミュニケーションとの関係については3章を参照されたい）。

2節　乳児の世界の広がり

1．歩行に向けて

▶ (1) 運動発達の基礎

　仰向けに寝ているだけであった新生児は，生後14ヶ月〜18ヶ月を過ぎる頃までには，立ち上がったり，座ったり，あるいは指を使って小さなものをつかんだり，スプーンを使ったりするようになる。このような運動をコントロールする能

力には，身体の骨格や筋肉，神経系などが成熟し，バランスの取れた身体が形成される必要がある。それと同時に，いろいろな学習は運動をコントロールする能力を発達させるので，成熟に応じた運動の機会も重要である。

ところで，この運動発達には，一定の方向性がある。一つは，頭から手，体幹，脚の順序で進んでいく頭部から尾部への勾配（Cephalo-Caudal Direction），もう一つは胴から腕や脚，そして手先や足先の順序で進んでいく中心部から末端部への勾配（Proximo-distal Direction）である。したがって，乳幼児の運動発達は，頭部のコントロールから始まり，つづいて体幹部，手，脚という順序に上から下へ，身体の中心部から遠方に及んでいくことになる。

▶ (2) 歩行までの発達の順序

生後12ヶ月を過ぎる頃から，多くの乳幼児は，最初の一歩を踏むようになる。歩行までの運動能力は，おおよそ図2-10に示すような順序で発達していく（Shirley, 1931）。以下に順を追って説明しよう。

まず，最初の4ヶ月までは，ベッドに寝転がっている姿勢しかできない。生後

0ヶ月	1ヶ月	2ヶ月	3ヶ月
胎児の姿勢	あごを上げる	胸を上げる	ものをつかもうとするができない
4ヶ月	5ヶ月	6ヶ月	7ヶ月
支えられてすわる	膝の上にすわるものを握る	高い椅子の上にすわるぶら下がっているものをつかむ	ひとりですわる
8ヶ月	9ヶ月	10ヶ月	11ヶ月
助けられて立つ	家具につかまって立っていられる	はう	手を引かれて歩く
12ヶ月	13ヶ月	14ヶ月	15ヶ月
家具につかまって立ち上がる	階段を昇る	ひとりで立つ	ひとりで歩く

図2-10 ●誕生から歩行までの運動発達（Shirley, 1931）

1ヶ月で頭をもち上げることができるようになり，2ヶ月になると首がすわるとともに，腹ばいで胸まであげることができるようになる。また，生後4ヶ月くらいになると，仰向きから横向きに姿勢を変えることを積極的に行なうようになる。

つづいての，5ヶ月～8ヶ月は，自分で直立姿勢を保ち，それに必要な身体のコントロールが取れるようになる。すなわち，立ったり，座ったりができるようになる。6ヶ月では支えがあれば座姿勢を保つことができ，7ヶ月ではひとりで座れるようになる。8ヶ月には，足で心身を支えるだけの筋力がつくようになり，支えをして立ち姿勢にしてあげるとその姿勢を保つことができるようになる。なお，座る・立つ姿勢の発達は，前者の方が後者よりも早い。これは，前述した発達の方向性における頭部から尾部への勾配と一致している。

9ヶ月～10ヶ月になると，積極的に身体を移動する努力をし，つかまり立ちやハイハイをするようになる。最初，腹ばいにしておくと手足を動かし，そのうちに前に出たり，後ろにさがったりといった経験をする。このような経験からハイハイが始まる場合が多い。したがって，ハイハイも発達にともない変化する。バーンサイド（Burnside, 1927）は，ハイハイの型を這い（Crawling），四つん這い（Creeping），いざり這い（Hitching，お尻を着いた座位の状態でお尻で前後左右ずりずりと移動したり，手を着いたままお尻を擦るように移動する，またお尻で飛び跳ねるようなハイハイのこと）の3つに区分し，この順番で発達することを示した。

11ヶ月～13ヶ月になると，つかまって歩くことができるようになる。最初，つかまり立ちができるようになり，それから移動する意欲がでてくると，つかまり立ちの姿勢で移動しようとする。ただし，この段階ではハイハイでの移動の方が容易であり，立ち上がったり転んだりをくり返しながら歩行を習熟していく。そして，14～15ヶ月になると，ひとりで立ち上がり，歩くようになる。このようになると幼児は，歩くことに喜びを感じ，道路を歩くときでも，抱かれるよりも自分で歩くことを好む。自分で歩くのを嫌がるようになるのは，歩行が完成し，歩くことに新しみを感じなくなった後のことである。

▶ (3) 運動発達の要因

乳幼児が歩行を始めるまでの経過は，あまり個人差がなく，おおよそ同じ順序をたどる。このことは，運動発達の重要な要因は成熟（maturation）であること

を示している。ここでいう成熟とは，遺伝的に規定され，環境の違いの影響を受けない発達の要因をいい，学習（learning）とは正反対の概念である。

しかし，運動発達において学習や経験，環境の要因がまったく関与しないわけではない。たとえば，デニスとナジャリアン（Dennis & Najarian, 1957）は，イランの孤児院でひどい環境的剥奪の状態にある乳幼児について調査を行なった。その結果2歳になっている幼児が座る，立つといった基本的な運動技能さえ獲得していないことを発見した。

これについて，彼らは孤児院における社会的な刺激の欠如が原因であると考えている。その他，原始反射の一つである歩行反射を練習させた場合，練習させなかった乳幼児よりも少しではあるが歩行を始める時期が早まるといった研究（Zelaso et al., 1972）や，母親が乳児の運動を奨励するような育て方をした場合の方が奨励しない場合に比べ運動発達がすぐれているという研究（Williams & Scott, 1957）もある。これらの研究は，運動発達において成熟の要因も重要であるが，学習や経験や社会的環境の要因も無視できないことを示している。

2．運動発達の拡大

▶(1) 幼児期の運動発達

前述のとおり，14ヶ月から遅くとも18ヶ月には自立歩行は可能になる。ただし，この頃の歩行は，蛇行が見られたり，転ぶことが多かったりと，不安定である。これは，この時期ではまだ骨格や筋肉・神経系が成熟していないこと，身体をコントロールするための初歩的な運動技能が確立されていないことなどが原因である。しかし，2～3歳頃になると走行の際の蛇行は見られなくなる。さらに，この頃には，「走運動」「投運動」「跳運動」の動作ができはじめる。以下にこれらの動作の発達について見てみよう。

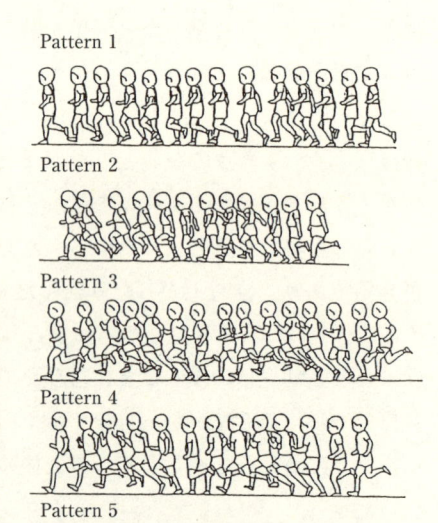

図2-11 ●走運動の発達（宮丸，1975）

▶ (2) 走運動の発達

　幼児期初期の走運動の特徴は，図2-11のパターン1やパターン2のように，腕を振らず，上体は垂直のままで，大腿の引き上げが少なく，後足のキックがない。歩行の際の姿勢に類似している。しかし，年齢を経るにしたがい，パターン3からパターン5のように変化し，腕がよく振られ，前傾姿勢が保たれ，大腿がよく引き上がるようになり，それとともにスピードがあがる。20メートル走のゴールまでの所要時間は，3歳後半男児の場合では平均7.97秒，女児では平均7.11秒であるのに対し，5歳後半男児の場合では平均5.40秒，女児では平均5.87秒である（勝部ら，1971）。ただし，幼児期では疾走が安定せず，スピードを上げたり下げたりしながらゴールに向かうという特徴がある。

▶ (3) 投運動の発達

　2歳～4歳頃の投運動のフォームは，図2-12のパターン1のように両足をそろえたまま，腕を後ろに引いて下投げするものが多い。しかし，3歳～5歳頃になると，パターン2やパターン3のように，両足はそろえたままであるが上投げができるようになる。さらに，4歳～5歳になると，パターン4やパターン5のように片足を一歩下げて上投げするが，パターン6のように横向きに構えて上投げするようになるのは5～6歳になってからである。年齢が経過し，フォームが整うにつれて遠投距離も延長する。小型ボールの遠投距離を測定した調査によると，3歳後半男児の場合では平均4.02m，女児では平均3.18mであるのに対し，5歳後半男児の場合では平均7.98m，女児では平均6.50mであった（勝部ら，1971）。この調査からも示されている通り，投運動については，女児よりも男児の方が得意なようである。これは，フォームにも関係がある。3歳～9歳までの幼児の投球フォームについての調査によると，男児の場合は5歳までに横向きに構

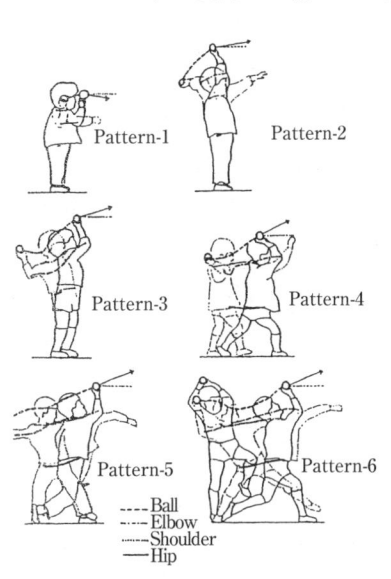

図2-12 ●投運動の発達（宮丸，1980）

えて上投げする段階に達するが，女児では両足はそろえたままの上投げの段階や，ステップはあるが横向きの構えのない上投げしかできない段階にとどまっているという（桜井・宮下，1982）。

▶ (4) 跳運動の発達

　幼児期初期の立ち幅跳びのフォームは，腕を振らず，腰は落ちたまま前に出し，両足のキックはなく，上に跳ぶのではなく前に出ようとするものである。しかし，幼児期の終わりになると，予備動作で腕を振り，それとともに膝を深く曲げて，本動作では腕を前に振り上げるとともに両足のキックが生じるようになる。距離も年齢とともに延長し，3歳後半男児の場合では平均 66.20 m，女児では平均 59.46 m であるのに対し，5歳後半男児の場合では平均 98.30 m，女児では平均 87.74 m である（勝部ら，1971）。

▶ (5) 幼児期の運動発達に影響を及ぼす要因

　以上に示したように，幼児期初期では，運動としては全体的なまとまりが見られないが，幼児期の終わりになるとフォームは大人のそれと近いレベルに達する。このような幼児期の運動発達は，遺伝と環境の要因が複雑に関与している。運動能力について遺伝と環境の影響について計数的な算出を試みた研究によると，50メートル走やバーピーテスト（直立姿勢から腕立て伏せの姿勢をし，また直立する動作をすばやくくり返し行なう）のような敏捷性が必要な運動の場合では，環境的要因よりも遺伝的要因の方が強く影響する。一方，立ち幅跳びや垂直跳びのような筋力を必要とする運動では，遺伝的要因よりも環境的要因の方が優位に影響する。

　しかし，いずれにせよ，乳児期の運動発達に比べて幼児期のそれは，環境的要因が深く関与している。とくに交友関係と遊びの環境との関係が強い。友だちとグループになって遊ぶことにより，遊ぶ時間は延長し，運動量が増大するとともに遊びの内容も多様になる。これによって，運動能力の量的側面だけでなく質的側面においても促進がなされる。遊び友だちが多いほど，女児よりも男児の友だちが多いほど，運動能力は発達するといわれている。また，一戸建て，外での遊びの多さも運動能力を促進する要因となる。

　遊びの中には，子どもの社会性，情緒，言語，共感的理解力などの精神的機能の発達を促進する要素が含まれていることを考えれば，子どもの遊びをいかにして拡大してやるかということは重要な課題である。

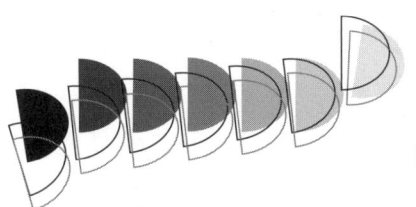

第3章

家族の関わりと乳幼児の世界

1節　乳幼児の発達課題

1．発達段階と発達課題

▶(1)　発達段階

　発達は連続的な過程であるが，時期や領域によって，その時期のその領域に共通した独特の質的な特徴を見いだすこともできる。たとえば，0歳から1歳までの乳児と4歳から5歳までの幼児の特徴は明らかに違いがある。このように発達の質的特徴を年齢によって区分したものを発達段階（developmental stage）という。ただし，発達段階は，厳密に区分されているのではなく，図3-1のように，基準とする特徴や領域によってさまざまな区分が多くの研究者によって試みられている。もっとも一般的なものは，乳児期（歩行開始・離乳・初語などの特徴が出現する1歳まで），幼児期（小学校就学前の6歳まで），児童期（中学校就学前の12歳まで），青年期（中学入学から就職まで），成人期（就職以後）である。また，乳児期の前に新生児期（出生から1ヶ月あるいは4ヶ月）を設ける場合や，定年以後に老年期を設ける場合もある。

▶(2)　発達課題

　それぞれの発達段階において解決しておくべき心理・社会的な課題を発達課題（developmental task）という。この発達課題は，適切に解決できればその後の

区分の観点	研究者	年齢(歳)	発達段階
身体発達	Stratz, C.H. (1922)	0-20	乳児期 / 第一充実期 / 第一伸長期 / 第二充実期(男) / 第二伸長期(男) / 第三(男) / 6)成熟期 / (女)/ (女)/ 第三/ 7)
	Cole, L. (1922)		乳児期 / 児童前期 / 児童中期(男) / 児童後期(男) / 青年前期(男) / 青年中期(男) / 青年後期 / (女) / 児童後期(女) / 青年前期(女) / 青年中期(女)
特定の精神機能	松本亦太郎(用箸運動)		幼児期 / 児童期 / 青年期
	楢崎浅太郎(握力)		幼児期 / 児童期 / 少年期 / 青年前期 / 青年後期
	阪本一郎(読書興味)		昔話期 / 寓話期 / 童話期 / 物語期 / 文学期 / 思想期
	Piaget, J.(物活論的世界観)(思考)		1)第一期 / 2)第二期 / 第三期3) / 第四期4) / 感覚運動 / 前概念期 / 直観的思考 / 具体的操作期 / 形式的操作期
	Sears, R.R.(動機づけ)		基礎的行動の段階 / 二次的動機づけの段階 / 家族中心の学習 / 家族外の学習
	Maier, N.R.F.(対人関係)		一次的依存の確立 / 自己看護の確立 / 意味ある二次的関係の確立 / 二次的依存の確立 / 依存と独立のバランスの達成
	Nowogrodzki, T.(唯物論)		幼児期 / 就学前期 / 学童期 / 成熟期 / 青年期
精神構造の変化	Stern, E.(1923)(人格)		乳児期 / 未分化融合期 / 分化統一期 / 成熟前期 / 分化統一期
	Kroh, O.(1928)		幼児期 / 第一反抗期 / 児童期 / 第二反抗期 / 成熟期
	Bühler, Ch.(1937)(自我の性格)		第一期 客観の時期 / 第二期 主観化の時期 / 第三期 客観化の時期 / 第四期 主観化の時期 / 第五期 客観化の時期
	牛島義友(1941)		身辺生活時代 / 想像生活時代 / 知識生活時代 / 精神生活時代
	武政太郎(1955)		乳児期 / 幼児期 / 児童期 / 青年期
	フロイト(リビドーの発達)		口唇 / 肛門期 / 生殖期初期 / 潜伏期 / 生殖期後期
	エリクソン(葛藤解決の発達)		信頼不信 / 自立疑惑 / 自発性罪 / 勤勉劣等 / 自我同一性 自我同一性拡散 / 親密孤独 / 世代性5) 自己陶酔
社会的習慣	Meumann, E.(1913)		児童期 / 少年期 / 青年期 / 少女期 / 処女期
	Spranger, E.(1924)		児童期 / 中間期 / 少年少女期 / 中間期 / 成熟期(男) / (女)
	Goodenough, F.L.(1945)		言語前期 / 幼児期 / 幼稚園期 / 児童期(男) / (女) / 青年期
	Hurlock, E.B.(1924)		新生児 乳児期 / 児童前期 / 児童後期(男) / (女) / 思春期 / 青年期
	青木誠四郎		新生児 乳児期 / 幼児期 / 児童後期(男) / (女) / 青年期
	文部省教育心理(1945)		乳児期 / 幼児期 / 児童期 / 青年期

注) 1) 万物に意識ありとする時期 2) 動く物すべてに意識ありとする時期
   3) 自力で動く物には意識ありとする時期 4) 動物だけに意識ありとする時期
   5) 第7期(成人期)では,生殖性VS自己吸収というのもある。
      第8期(成熟期)では,自我統合(完全性)VS絶望(嫌悪・願望)
      なお,第7期以前は上・下が対立
   6) 充実期(男) 7) 充実期(女)

図3-1 ●発達段階の区分(高野・林, 1975)

段階の発達は適応的に進んでいくが，解決できない場合には，後の段階で多くの発達上の困難に出会うことになる。ハヴィガースト（Havighurst, 1953）は，身体的な成熟，社会からの要求や圧力，個人の達成しようとする目標や努力の3点から発達課題が成り立つとし，乳幼児期から老年期にいたるまでの発達課題を示した（表3-1）。具体的な例として，乳幼児期は歩行や話すこと，児童期には読み書き算の基礎技能や友人関係，青年期には親からの情緒的独立や職業の選択，成人期には職業生活や結婚への適応，中年期には経済生活や子どもとの生活への適切な対応，老年期には収入や健康の衰退への適応などがあげられている。

表3-1 ●発達課題 （Havighurst, 1953 より作成）

発達段階	発達課題
乳・幼児期	①歩行の学習 ②固形食をとることの学習 ③話すことの学習 ④排泄の学習 ⑤性の相違を知り，性に対する慎みを学ぶこと ⑥生理的安定を得ること ⑦社会や物事についての単純な概念を形成すること ⑧両親や兄弟姉妹と情緒的に結びつくこと ⑨善悪を区別することの学習と良心を発達させること
児童期	①普通の遊戯に必要な身体的技能の学習 ②成長する生活体としての自己に対する健全な態度を発達させること ③友達と仲良くすること ④男子として，また女子としての社会的役割を学ぶこと ⑤読み・書き・計算の基礎能力を発達させること ⑥日常生活に必要な概念を発達させること ⑦良心・道徳性・価値判断の尺度を発達させること ⑧人格の独立性を達成すること ⑨社会の諸機関や集団に対する社会的態度発達させること
青年期	①同年齢の男女との洗練された新しい交際を学ぶこと ②男性として，また，女性としての社会的役割を学ぶこと ③自分の身体の構造を理解し，身体を有効に使うこと ④良心や他の大人から情緒的に独立すること ⑤経済的な独立について自信をもつこと ⑥職業を選択し準備すること ⑦結婚と家庭生活の準備をすること ⑧市民として必要な知識と態度を発達させること ⑨社会的責任のある行動を求め，それを成し遂げること ⑩行動指針としての価値や論理の体系を学ぶこと
壮年初期	①配偶者を選ぶこと ②配偶者との生活を学ぶこと ③第一子を家族に加えること ④子どもを育てること ⑤家族を管理すること ⑥職業につくこと ⑦市民的責任を負うこと ⑧適した社会集団を見つけること

この発達課題という概念は，教育的なはたらきかけの適時性を発見できること，どの課題が達成されているかを検討することにより発達過程の評価ができることなどに有用である。ただし，表3-1に示すような各発達課題は固定的で不変なものではなく，時代や文化，社会，地域によって具体的内容が異なってくることに注意する必要がある。

2．乳幼児の発達課題

ハヴィガースト（1972）は，乳幼児期および早期児童期の発達課題として，8項目をあげている。それらについて，以下に簡単に解説しよう。

▶(1) 歩行の学習

生後9ヶ月から1歳3ヶ月にかけて，ほとんどの幼児は歩行をするための骨格，筋肉，神経などの生物学的準備が整う。このとき，他の人々から適切な刺激や援助を受けて歩行を学ぶようになる。その後，走る，ジャンプする，スキップするなどの複雑な歩行パターンを学習していく。

▶(2) 固形食摂取の学習

1歳くらいまでに，幼児の咀嚼器官は成長し，固形食を処理できるまで成長する。一般に，2～3ヶ月で果汁や野菜スープ等の摂取が可能になり，5ヶ月くらいになると，大人が食べているものに興味をもつようになる。この興味のサインが離乳スタートの目安となる。離乳の時期やその突然さ，食事のスケジュールは，幼児のその後の人格に影響を及ぼす。

▶(3) しゃべることの学習

乳児は生後直後，言語的音声を発する発声器官が成長していない。おおよそ，3ヶ月をかけて発声器官が成人と同様の様式へと変わっていく。さらに，5～6ヶ月頃から喃語（babbling）が活発になってくる。この喃語は当初伝達の意図をもたない"音声遊び"的なものであるが，周囲の大人が喃語に対してタイミングよく微笑んだり，語りかけたりすることによって社会的な意味をもつようになる。さらに，1歳～1歳半頃には，大人の言語を取り入れた一語文を話すようになり，たとえば「マンマ」という一つの語によって，「ご飯がたべたい」というような

意図を伝達することを学ぶ。つまり、意味のある音声を発し、その音を声用いて他の人々とコミュニケーションをとることを学ぶ。

▶ (4) 排泄の統制を学ぶ

随意的な排尿・排便のコントロールは、2歳から4歳にかけて可能となる。この時期のトイレット・トレーニング（toilet training）によって幼児は、社会的に受け入れられる時と場所とで排泄を行なうことを学習する。排泄のコントロールは、幼児に社会的規制の遵守と、それを守ったことによる有能感や達成感を学習させる。そのため、トイレット・トレーニングの時期ややり方、大人側の態度は、乳児の後年の人格に影響を及ぼすと考えられる。

▶ (5) 性差および性的な慎みを学ぶ

幼児は早い段階から、人間には2つの性があることを知るようになる。そして、異性間の行動の違いの観察や周囲の人々からの教育によって、自己の性別を理解し、社会における性役割の同一性（identity）を獲得する。この同一性の獲得については、同性の親に対する同一視（identification）を通じて特性や態度、行動が取り込まれるとする同一視理論、同性の親をモデルとしてその性別タイプ化した行動が模倣されるとする社会的学習理論などがあるが、いずれも親の役割を重視している。また、性別の理解と同一性の確立ののちに、幼児は性器的基盤の相違について理解し、文化によっては性器を隠すことについても学ばなければならない。

▶ (6) 社会や自然の現実を述べるために概念を形成し言語を学ぶ

2歳頃になると語彙は50項目以上になり、二語文を話そうとするようになる。さらに3歳頃になると語彙数は1,000語程度になり、高度な文法にしたがって日常会話ができるようになる。この背景にあるのが、たくさんの特別な知覚を一まとめにして一つの名称で呼べることの学習－概念の形成である。概念の形成のためには、神経系の成熟はもちろん親子間の言語的な相互作用が重要であることを示す多くの研究がある。たとえば、母子間の相互作用が多い幼児は、そうでない幼児に比べ、その後の知的・言語的に発達が良好であった（White & Watts, 1973）。また、対人的活動（たとえば、どんな人が良い人で、どんな人が悪い人か）

について言語での説明を重視する母親と，対課題的活動（たとえば，着衣や食器の使い方などの日常的な課題）について言語での説明を重視する母親とに育てられた場合，幼児は，前者ではさまざまな角度から社会的関係や役割を熟慮する態度が形成され，後者では自律性が抑えられ，受動的な学習態度が形成されるという指摘がある（Bernstein, 1972）。

▶ (7) 読むことの準備をする

　幼児期後半になると，これまでの「話す，聞く」という言語活動とは異質の「読む，書く」という言語活動の準備が始まる。ウェルズ（Wells, 1987）の縦断的研究によると，幼児期後半の読み書きの知識は，7歳時における読みの能力に影響を与え，さらにその能力は10歳時の学業達成に影響を及ぼすという。また，幼児期後半の読み書き知識に影響を与える要因として幼児期前半の経験がある。ウェルズ（1985）の調査によると，1歳から3歳半までの種々の経験（「絵を描く」「文字をまねて書く」「文字を見る」等）のうち，「本から話される物語を聞く」という経験が最も関連があり，さらにこの経験量のみが小学校入学時の読み書き能力，小学2年生時の読書力テストと相関していた。幼児が大人から本を読み聞かされるという経験は，単なる日常会話と異なり，テキストから物語の内容を汲み取る作業が必要である。また，テレビ番組のように一方的な情報の伝達ではなく，物語の内容をめぐって大人との相互作用的なコミュニケーションがある。このような経験が，読み書き能力の獲得を促進させると考えられる。

▶ (8) 善悪の区別を学び，良心を発達させはじめる

　幼児期の道徳性の特徴は，他律的，結果論的であることである。善悪の基準や規則は親など権威ある者が決めるものであり，悪さの程度は被害の大きさによって決まるというものである。また，行動の善悪の判断は，その行動が報酬を受けるか罰せられるかに基づいている。つまり，道徳性を自分自身の内から生じるとは感じておらず，外的世界のものとして認識している。しかし，児童期前半では，家族やコミュニティーの道徳的基準を学習し，自律的，動機的になっていく。善悪の基準や規則は自分を含んだグループのリーダーの同意によって変更することが可能であり，悪さの程度は意図や動機によって決まると考えるようになる。また，平等という原則は仲間との信頼関係を維持することを重視するように作用す

る。これは、道徳性が内在化し、自己の一部となることを示している。こうして幼児や児童は良心の基礎を発達させ、それ以後に価値観と道徳性を築いていく。

2節　微笑と社会性の発達

1．乳幼児に対する「かわいらしさ反応」

▶(1)　乳幼児の身体的特徴に対する反応

　乳幼児の微笑に接して心が和み、つられて自分も顔が緩むことを経験したことのない者は、おそらくいないだろう。子ども好きな人ならば、抱きしめたくなることさえあるかもしれない。このような反応をかわいらしさ反応（cute response）という。かわいらしさ反応が、さらに乳児の認知、受容、授乳、世話などの母性行動（maternal behavior, mothering）を解発することになる。

　このかわいらしさ反応とそれにつづく母性行動は、乳幼児の微笑だけでなく、あどけない顔や身体的特徴によっても生じる。さらには、ヒトだけでなく他の種の動物の子どもに対しても生じることがある。これについて、動物行動学者のローレンツ（Lorenz, K.）は動物の子どもに共通している形態的特徴から説明した。すなわち、動物の子どもには、大きな頭、頬が丸く、目と目が離れ、目鼻口といった顔のパーツが低い位置にあるという顔と、丸くてずんぐりとした体型などの形態的特徴がある。この特徴をベビーシェマ（baby schema）という（図3-2）。さらに、このような形態的特徴に接触するとかわいらしさ反応や母性行動を解発するメカニズムについて、ローレンツは生得的解発機構（IRM：innate releasing mechanism）を仮定している。生得的解発機構とは動物に生まれつき備わった、特定のサイン刺激（sign stimulus, 鍵刺激：key stimulus ともいう）に対して特定の反応をする生理学的な仕組みのことをいう。たとえば繁殖期にテリトリーを

図3-2 ●ベビーシェマ
（Tinbergen, 1951）

もつ雄のトゲウオが，赤い腹部（サイン刺激）をした別の雄を見て攻撃行動を示すような場合である。したがって，ベビーシェマに接すると，生得的解発機構がはたらき，自動的にかわいらしさ反応が生じてしまうことになる。私たちがヒトだけではなく，動物の赤ちゃん，あるいはベビーシェマをもつアニメキャラクターにまでもかわいらしさ反応が生じるのはこのためである。

▶(2) 乳幼児のしぐさに対する反応

人間の「かわいらしさ反応」は，生得的解発機構のような生得的資質と自分が親に育てられた初期経験の両方を基礎に，母親の妊娠から出産後の数ヶ月にわたって，徐々に形成されていく。その中で重要となるのが，乳幼児のしぐさである。母親の80％〜90％以上は「赤ちゃんが見つめる」「赤ちゃんが笑っているとき」「赤ちゃんが声を出してごきげんのとき」に"とてもかわいい"と感じているのに対し，「赤ちゃんがむずかっているとき」「赤ちゃんがギャーギャー泣いているとき」に"とてもかわいい"と感じるのは20％以下に低下する（大日向，1988）。ただし，これは乳幼児が母親を注視したり微笑したりしないと「かわいらしさ反応」が生じないというわけではない。むしろ，人間の場合，生得的資質や被養育経験，乳幼児のしぐさなど多くの条件が何重にも重なっていて，そのいくつかが欠けていても決定的な影響を受けないだけの融通性があることを意味している。

2．乳幼児の微笑

▶(1) 微笑反応の発達

乳児の示す微笑とそれに対するかわいらしさ反応は，母子関係を形成するうえでの基礎になる。では，微笑を発する乳児の側は，相手を認識したうえで微笑みかけているかというと，そうではない。受け手を前提とした微笑が出現するまでには，いくつかの段階を経る必要がある。以下に順を追って解説しよう。

微笑は新生児の頃から出現する。生後2，3日から数週間にかけて，睡眠中に規則的なサイクルをともなって口元がほころぶ表情を示す。しかも，この表情は，特定の刺激に対応して生じるものではなく，内因的に生じるものである。このため，この表情は生理的微笑（physiological smiling），あるいは自発的微笑（spontaneous smiling）と呼ばれる。

生後3週間頃になると，人の声や楽器の音などの聴覚刺激に対して，とくにピッチの高い女性の声に対して微笑反応をするようになる。さらに生後2〜3ヶ月頃から，母親のような馴染みのある声や，人の顔に対して微笑を示す。アーレンズ（Ahrens, 1954）は，とくに目は微笑を引き起こすサイン刺激になると述べている。このように，特定の刺激に対して生起する微笑を誘発微笑（elicited smiling）あるいは社会的微笑（social smiling）という。なお，スピッツ（Spitz, R.）は，この微笑を3ヶ月微笑と呼んでいる。ただし，この段階の乳児は，刺激の質に関係なく，自分に近づく対象に区別なく微笑を示す。"イナイイナイバァ"に対して非常に喜ぶのもこの時期である。さらに，生後6ヶ月頃になると，見慣れた大人（家族や養育者）に対してのみ親しみある微笑を示すようになり，その他の人には示さなくなる。これは，選択的微笑（selective smiling）と呼ばれる。なお，スピッツは，この頃の子どもは母親の姿が見えなくなったり，物を取り上げられたりすると泣き，人見知りをすることから，これらを8ヶ月不安と呼んでいる。

▶(2) 母子相互作用

　乳幼児の当初の微笑は，生理的・自発的な反応であって，相手に対して示すものではない。しかし，家族や養育者は，そのような微笑に対しても「かわいらしさ反応」を示し，微笑み返したり，声をかけたりする。この母子間の相互作用によって，乳幼児は相手に対し能動的に微笑するようになる。これは，人間一般に対する最初の親和的な社会的関係といえるものであろう。このような社会的微笑に対して家族や養育者は，さらに「かわいらしさ反応」を示し，活発に母性行動を解発する。このような相互作用のくり返しの中で，乳幼児と家族・養育者は特定の対象関係を形成し，愛着関係の基礎を築き上げていくのである。

3節　ことばの発達

1．胎内での準備

　乳児は，誕生後すでに人の声に対する選好性を示し，とくに母親の声に対して，より反応を示す。これは，胎児が20週目の時点で内耳が完全に発達し（Elliot &

Elliot, 1964），誕生までの残りの20週の間，胎内で母親の声をはじめとするさまざまな人たちの声を聞いて過ごしているためと考えられている（Johanson et al., 1964）。この聴覚の発達は，誕生後のことばの発声，ことばの習得において非常に重要である。また，胎児期にはことばの発声に不可欠な胸部のリズミカルな運動も見られている（小林, 2000）。このように，ことばの発達に必要な土台は，かなり早期から準備されている。

2．ことばの発達をうながす要因

　ヒトは，胎児期からことばの発達に必要な機能を形成しているが，実際のことばの発達は，誕生後の環境によっておおいに異なってくる。たとえば，遺伝子的には日本人の子どもであっても（胎内では日本語を耳にしていても），養育者がフランス語を話せば，その乳児はやがてフランス語を話すようになり，日本語を話すようにはならない。

　言語学者チョムスキー（Chomsky, N.）は，人間には生得的に文法（統辞法）を獲得する装置〔言語獲得装置（LAD：Language Acquisition Device)〕が備わっているとした。チョムスキーは言語獲得に関する生得論を強調しているが，実は，その装置は，出生後の環境で言語的なデータ，つまり，母親や周囲の人々の話しことばが入力されなければうまく起動しない（Bruner, 1983）。乳幼児は，遺伝的な要素と環境的な要素との相互作用によって，ことばを発達させていくのである。

　では，ことばの発達に必要な環境とはどのようなものか。それは，乳幼児が母親や周囲の人たちとごく自然なコミュニケーションを行なえる日常生活の場にほかならない。中でも，母親などが乳幼児に対して行なう，ピッチが高く，誇張した抑揚で，ゆっくりとした単純な短い文章などの特徴をもつ声かけ〔マザリーズ（母親語)，あるいは，母親に限定されないことからCDS（Child Directed Speech：子どもに向けられた発話）などとも呼ばれている〕は，乳幼児のことばの発達にとって重要な役割を果たす（荻野, 2002）。また，子どもの名前を頻繁に呼びかけながらやりとりすることは乳幼児の注意を引きつけ，コミュニケーションを持続させる効果があり（Garnica, 1977），コミュニケーションを共有する基本であるアイコンタクトも，早期のことばの発達に一役買っている（Tomasello & Farrar, 1986）。さらに，母親などの養育者は，まだことばになっ

ていない乳幼児の発話（発声）を意味するものとして解釈し，まるで会話のキャッチボールをしているような役割交代を行なうことがある（表3-2）。この役割交代の儀式は，親が言語のひな形を作り続け，意味の推論を支え続けることから，最適な学習の場を提供している

表3-2 ●母子遊び場面で見られる役割交代の事例

母　親	ん？
子ども	んんんん。
母　親	うん，うん。ワンちゃんもいるね。
子ども	あー！
母　親	なになに？　前に進みたいの？
子ども	う，う。
母　親	やっぱりこれがいいの？

注）福田（2004）のデータに基づく

(Buckley, 2003)。このように乳幼児をもつ親が日常的になにげなく行なっている子どもとのやりとりが，乳幼児のことばの発達をうながしているのである。

3．ことばの発達段階

▶(1) 前言語期

乳幼児は比較的短期間でことばを自由に使いこなすようになるが，そこにいたるまでにはいくつかの段階を経ることがわかっている。

まず，新生児は誕生時に叫喚する。これがことばの発達の第一歩となる。生後2ヵ月前後から，クーイングやガーグイング（表3-3参照）が見られる。この頃は発声器官〔肺，気管，喉頭，咽頭，鼻，口など（村井ら，1976）〕がはたらき始めたばかりであり，構音器官〔舌，口唇，声道など（村井ら，1976）〕は未発達状態であるため，弛緩した音しか発声できない。また，声帯もようやく振動させられるようになったばかりであるため，ピッチを変化させることができず，

表3-3 ●前言語期の発達段階　(Stark, 1986 より作成)

目安となる月齢	言語の発達段階	特徴
誕生時	叫喚	子どもは，誕生時「オギャー」と叫喚するが，この産声は新生児の肺に初めて空気が入るときの反射的な反応である。肺呼吸への適応は，当然，ことばの発達に欠かせない。つまり，この叫喚がことばの発達の第一歩といえる。
生後2ヶ月前後〜	クーイング ガーグイング	「クー」といったハトの鳴き声のような音声（クーイング）や「ゴクゴク」と喉を鳴らすような音声（ガーグイング）が見られる。
生後6ヶ月頃〜	喃語	プ（p），ブ（b），ム（m），トゥ（t），ン（n）といった口唇・歯・舌・喉をある程度コントロールした発声（喃語：バブリング）や「ダダダダダ」，「ブブブブブ」のような反復喃語が見られる。
生後8ヶ月頃〜	ジャルゴン	なんらかのコミュニケーションの意図をもち，まるで話をしているような喃語（ジャルゴン）が発生する。

一定の高さの音声しか現われない。生後4ヵ月頃から母音を主とする喃語が（伊藤，1990），6ヵ月頃から子音を含む本格的な喃語や反復喃語が見られる（伊藤，1990；中村，1978）。生後8ヵ月頃からジャルゴンが発生し，生後10ヵ月頃になると，母親などが話す簡単なことばが理解できるようになる。

　ここまでの段階，つまり，初語が現われる前までの段階を前言語期と呼ぶ。その発達の概要を示したものが表3-3である。

▶(2) 言語期

　1歳前後になると「マンマ」「ブーブ」「ママ」などの初語が現われる。初語の特徴は，「トット」「ニャンニャン」などのような幼児語であり，単語レベルであるという点である。ただし，単語レベルではあるが，名詞として使用されることは少なく，たいてい多くの意味を同時に含んでいる（大坪，2004）。たとえば，子どもが「ワンワン」と言えば「ワンワン（犬）が来たよ！」「ワンワン（犬）が走っているね！」など，文章として機能していることが多い。そのため，この時期のことばは一語文とよばれる。しかし，この時期の乳幼児は語彙の用い方を誤ることがある。たとえば「犬」を意味する「ワンワン」を4本足の動物すべてに使用したり（過剰外延：overextension），逆に，いつも見かける近所の犬のみに限定して使用したりする（過小外延：underextension）（Bloom & Lahey, 1978）。このように乳幼児がもつ単語の概念は不安定ではあるが，乳幼児の発話に対して親が適宜応答し，フィードバックしてあげることで，子どもの概念は大人のもつ概念と一致するようになる（Buckley, 2003）。

　さて，初語が現われれば次々に新たな語彙が発せられるかと思うと，そうではなく，しばらく語彙の増加は見られない。しかし，1歳半頃から語彙の爆発的増加が見られ（Bloom, 1993），1歳時点で平均10単語であった使用語彙数が，2歳頃にはおよそ300語にもなる（Fenson et al., 1994）。また，この時期，二語文（「これ，くまさん」「パパ，行った」などの2つの単語をつなげた文）も獲得される（Bates et al., 2002）。その後も着実に使用語彙数は増加していき，3歳ではおよそ800語～1,000語，4歳では1,500語～2,000語にもなる（伊藤，2000）。また，意味を理解している語彙は使用語彙より多く，就学までに14,000語が獲得されるという（Carey, 1982）。

　このような乳幼児の語彙の拡大は，生活の中での他者との頻繁なやりとりが大

きく関与している。2歳頃になると，子どもは日常のさまざまなルーティン化（習慣化）された親の発話を理解する（Buckley, 2003）。たとえば，母親が「お買い物に行くから，隣のお部屋からコートを取ってきてちょうだい」と隣の部屋を指させば，幼児はたとえ母親のことばをすべて正確に理解できなくとも，指示に従うことができる。それは家庭内に限らず，保育園などでも同様であり，園でのルーティン化された行為を通して，幼児はさまざまなことばを獲得していく。3歳頃になると多語発話や従属文が見られるようになり（金村，1998），日常のことばのやりとりがほぼ不自由なくできるようになる（柴田，1990）。そして，この頃は絵本などの文字にも興味をもつようにもなる（三神，2003）。4, 5歳頃には比較的複雑で長い文章を話せるようになり（Buckley, 2003），また，ことばによる思考（内言）が可能になる（今井，1996）。5, 6歳になると書きことばにも興味をもち，自分の名前をひらがなで書けるようになる（西野，1998）。こうしたことばの発達によって，乳幼児は自分の欲求を伝えたり，その日の出来事を伝えたりすることが可能になり，周囲の人たちとのコミュニケーションをいっそう深めていく。ただし，この時期のことばの発達には個人差も大きい。

▶ (3) ことば獲得の臨界期

　乳幼児のことばの発達には家族や周囲の人たちとのごく自然なコミュニケーションが重要であることはすでに述べた。こうした人間的な環境から隔離されて育った場合におけることば獲得の臨界期について，藤永（2001）は隔離期間や隔離開始年齢などの条件によってことばの回復の道筋は多様であるとし，早い年代から4～5歳までの隔離はことばの発達にかなり永続的な障害をもたらすが，2～3歳までなら十分な取り返しがきくだろうとしている。ただし，救出後，養育者に対する愛着が確立すると，めざましい言語発達が始まるとも指摘しており，ことばの獲得は単に言語入力の多少に限らないことがうかがえる。

4節　心の発達

1. 自己の芽生えと発達

　心の発達の第一歩は，他者とは異なる「自分」という存在に気づくときであろ

う。では，この自己意識の発現，自己像の確立はどのように進むのだろうか。以下にマーラー（Mahler, M. S.）とスターン（Stern, D.）による自己の芽生えと発達の過程を見ていく。

▶(1) 分離－個体化過程

マーラーは，3歳以下の乳幼児と母親との関係性という視点から分離－個体化までの過程を以下のように説明している（深井，2003；佐藤，1996）。

①正常な自閉期（出生～生後1ヵ月）

自己以外のものは認識されていない。

②正常な共生期（生後2ヵ月～6ヵ月）

快の獲得と不快の回避について，自己の努力によるものか母親の世話によるものかの区別がつかない。

③分離－個体化期

1）分化期（生後6ヵ月～10ヵ月）；自己と母親とが分離していることに気づく。

2）練習期（生後10ヵ月～16ヵ月）；歩行により世界が広がり，母親からの愛情を補給しつつ，外界の探索を行なう。

3）再接近期（生後16ヵ月～24ヵ月）；母親との分離に不安を感じ，接近と回避をくり返す。自分と母親とが別個の存在であることを認識した上で，あらためて母親をかけがえのない存在として評価し，その愛情を求める。

4）分離期（生後24ヵ月～36ヵ月）；母親との分離は不可避であることを受け入れる。個体化が確立し，自己や母親の一貫したイメージ（対象恒常性）が芽生える。

マーラーによれば，乳児は生まれてしばらくの間，母親からの献身的な養育を受けながらも，あたかも他者が存在していないかのような世界で生活しているという。そして，母子間の情緒的なやりとりを経て自己意識が確立していくという。

▶(2) 自己感の発達

マーラーに対して，スターンは早期から自他の区別を認識しつつ母親と活発に相互作用しているとして，以下のような自己感の発達を示している（深井，2003；佐藤，1996）。

①新生自己感（出生～生後2ヵ月）

　五感を通して外界を体験するが，それぞれのことがらは相互に関係づけられていない。

②中核的自己感（生後2ヵ月～6ヵ月）

　自己の身体が単一のものであり，母親とは別個の存在であることに気づく。また，意思や意図の感覚や情動体験をもつ。

③主観的自己感（生後7ヵ月～15ヶ月）

　自分にも他者にも心があり，自分と母親とは別の感情，動機，意図をもつ存在であると感じる。また，他者と注意を共有したり，意図や情動を共有することができるようになる。

④言語的自己感（生後15ヵ月～18ヵ月）

　自己の体験をことばによって客観化し，このことばという交流手段で他者と意味を共有できるようになる。

　個体化の時期など両者の相違はあるが，いずれも，自己意識の確立には母親など養育者との積極的な相互作用体験が必要であり，こうした経験を通して，乳幼児は自分や他者の心に気づいたり，他者と経験を共有し共感しあったりすることが可能になるとしている。

2．心の理論

　自己意識が確立すると，次に子どもは他者の心にも目を向け，理解していくようになる。心の理論とは，相手の心的状態を考慮してその人の行動を予測したり説明したりする能力を意味する。ウィマーとパーナー（Wimmer & Perner, 1983）は心の理論の有無を測定するため，4つの場面からなる物語を用いて「人物Aは人物Bが事象Xという誤った信念を持っていることがわかるか」という誤信念課題を幼児に行なった。その結果，3歳以下の幼児が正解することはほとんどなく，4歳以降に徐々に正解率が上がることが明らかにされた（2次的誤信念課題についてはPerner, 1985を参照）。また，無藤（1995）は，心の理論に他者の欲求や情緒（情動）などの理解を含めるか否かについては議論の余地があるが，少なくとも2歳頃になると，他者は自分の欲求（信念の理解はないが）に基づいて行動することが理解できるようになると指摘している。

　ただし，このように子どもが他者の心的状態を推測できるようになる背景には，

母親をはじめとする他者との直接的なコミュニケーション経験や，絵本やお話を通じての代理的経験（子安，1997）の積み重ねがあることを忘れてはならない。

5節　情緒（情動）の発達

1．情緒（情動）を介した親子のコミュニケーション

　情緒（情動）とは，ある刺激や要求の変化によって一過性の急激な表出や自律反応系の変化をともなって生じる感情をさす（濱，2001）。

　生まれたばかりの新生児の情緒は非常に未分化であるが，加齢とともに複雑に分化してくる。ブリッジス（Bridges, 1932）は新生児から2歳児の観察をもとに情緒の分化の過程を明らかにした。それによれば，出生時の興奮状態は，苦しみと喜びに分化し，苦しみは怒り，嫌悪，恐れに，さらには嫉妬へと分化していく。一方，喜びは得意，愛情，さらには楽しみへと分化していく（図3-3）。

　ことばによる意思伝達ができない乳児は，この情緒の表出によって母親など養育者から適切な養育行動を引き出している。泣きなどのネガティブな情緒表出は不快の源を取り除く行動を，微笑みのようなポジティブな情緒表出は，母親の接近維持などの行動を引き出すことに有効である。

　このような母子間の情緒的相互作用にとって重要なのは，母親と乳児との間に

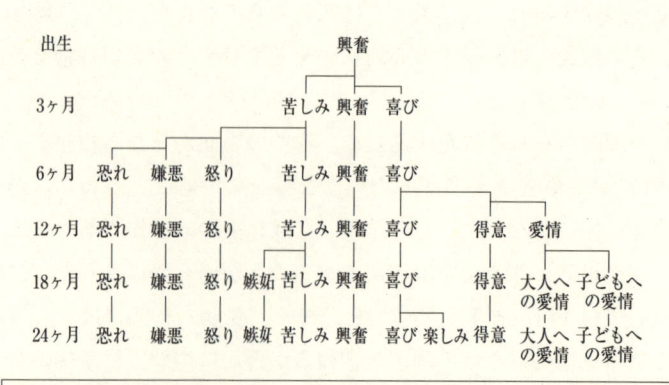

恐れ＝Fear, 嫌悪＝Disgust, 怒り＝Anger, 嫉妬＝Jealousy, 苦しみ＝Disstress, 興奮＝Excitement, 楽しみ＝Joy, 得意＝Elation, 愛情＝Affection, 大人への愛情＝Affection for adult, 子どもへの愛情＝Affection for children

図3-3●情動の分化（Bridges, 1932より作成）

主観的な情緒理解がなされていることである。たとえば，乳児が泣くと，母親は「オムツが濡れて気持ち悪いのね」と声をかけ，新しいオムツに替える。実際に乳児がそう感じているか定かではない。しかし，乳児の情緒に対する母親の主観的理解は母親の養育行動を引き出し，それが子どもの快の情緒を導くのである(母親があまりにも的外れな主観的理解の持ち主であると乳児の快の情緒は導き出されないが)。乳児の快の情緒表出は再び母親の快の情緒を，そして，母親の快の情緒はさらに乳児の快の情緒を生起させるという好循環が生じるのである。このサイクルによって，乳児と母親は互いの情緒を感じ合い，コミュニケーションを深め，乳児は母親に対する信頼感を築いていくのである。

2. 情緒（情動）的コンピテンスの発達

　情緒（情動）表出がおもな意思伝達手段である時期を卒業し，ことばでの意思伝達が可能な年齢になってくると，今度は泣きわめくことでの要求は，親からの叱責や友人からの拒絶など，他者のネガティブな情緒表出を招くことになる。幼児は，家族をはじめ多くの人たちとのやりとりの中で，自分の情緒が他者にどのような影響を与えるのかを学習していき，こうした経験の積み重ねによって，自分や他者の情緒を調整する仕方や情緒の状態を理解する能力など，さまざまな知識やスキルを蓄積していくのである。サーニ（Saarni, 1999）は，このような知識やスキルを情緒的コンピテンス（表3-4）と名づけ，さまざまな場面でこれらを応用的に使用することで，他者との関係性をうまく築くことができるとしている。ただし，泣けば何でも要求が通るような家庭に育てば，その幼児は泣きが要求達成の有効手段であることを学習し，情緒的コンピテンスの獲得を妨げることになる。

表3-4 ●**情緒的コンピテンス**（Saarni, 1999より作成）

①自分の多様な情緒状態への気づき
②状況や表情に基づいて他者の情緒を判断する能力
③自分の文化に適する語彙や言い方で自分の情緒を表現する能力
④他者の情緒経験に共感したり感情移入する能力
⑤自分も他者も，内的な情緒状態と表出された情緒状態とが必ずしも一致しないことを理解する能力
⑥自己調整して，自分の嫌がりや苦しみの情緒に適応的に対処する能力
⑦人間関係は，その関係内でどのように情緒がやりとりされるかによって大部分が決定されるということへの気づき
⑧自分の理論に基づいて情緒を経験する（自分が感じたいように感じる）という，情緒に対する自己効力感を発揮できる能力

3．情緒（情動）のコントロールと表出ルールの獲得

乳幼児は徐々に複雑で多様な情緒（情動）を表出できるようになる一方で，自分の情緒をコントロールする方略や情緒の表出ルールをも身につけていく。

▶(1) 情緒（情動）調整

生後まもない乳児は，頭を回したり，手を口にもっていったり，指しゃぶりしたりという偶発的な行動によって不快な情緒（情動）を調整する。生後3ヵ月頃には視覚や運動機能の発達が進み，意図的に自分の腕や手を見たり，手元にあるものに触れたりすることで，不快な情緒を緩和することが可能になる（Kopp, 1989）。

しかし，こうした乳児の情緒コントロール行動は，あくまでも親からの適切な対処を受けるまでの「つなぎ」であることを忘れてはならない。乳児は，親に自分の情緒に気づいてもらい適切な対処を受ける経験を重ねることによって，親への信頼感を築き，自分の情緒をさらにコントロールして親からの対処を待つことを覚えていくのである。それは，後に，自分の欲求を適度に抑えたり，我慢したりできる能力にもつながっていく。

▶(2) 情緒（情動）の表出ルール

幼児は，他者の行動のモデリングや教示を含む家族や友人とのやりとりを通して，その場面に適した情緒の表出の仕方，つまり，情緒表出ルールを獲得していく。コール（Cole, 1986）は，あらかじめ子どもが選んだ最も魅力のないおもちゃやお菓子を課題終了後にプレゼントし，それを受け取ったときの子どもの反応を観察している。それによれば，4歳の子どもでさえプレゼント提供者（実験者）の前ではポジティブな情緒を示すという。つまり，人からプレゼントをもらったときは，たとえそれが自分の望むものでなくても，相手の好意に対してお礼を言ったり，喜んでみせるという情緒表出ルールが少なくとも4歳時点で獲得されているといえる。こうした情緒表出ルールは，円滑な対人関係を築くためにも重要である。

しかし，家族の特殊な相互作用や価値観の伝授によって偏った情緒表出ルールが獲得されるケースもある。たとえば，子どもが不安や恐怖を表出することに対

して母親が非常に拒否的な態度を取り続けると，その子どもはネガティブな情緒の表出は極力抑制しなければならないというルールを獲得する。また，三世代同居の幼児は，祖父母から「男は泣いてはいけない」「女は人に親切にしなければならない」という伝統的な男女の情緒表出ルールが教え込まれるためか，二世代同居の幼児より，他児の泣きに対して男児はネガティブな情緒を，女児はポジティブな情緒をより多く表出するという（濱, 2001）。家族の相互作用の仕方や価値観は乳幼児の情緒表出にこうした影響をもたらすのである。

第4章
家族の中の関わりの発達

1節　親と子の絆の形成

1．愛着関係の始まり

　愛着とは，ボウルビィ（Bowlby, 1969）が提唱した概念であり，恐怖や不安，疲れなど，その個体がネガティブな心的状況におかれた際に，他の個体に接近・接触するなどして心的安定を回復しようとする行動制御システムをいう（遠藤，2005）。愛着は生涯にわたり個体の適応に重要な役割を果たすが，とくに乳幼児期には顕著に現われる。見知らぬ人が訪問すると，乳幼児はよく母親にしがみついたりするが，これも愛着行動の一つである。

　ところで，第1章で述べたように生まれたばかりの乳児は身体的に未熟な状態であるため他者に能動的に接近・接触することができず，他者からの接近・接触がなければ愛着関係は形成されない。こうした弱点を補うためか，乳児の容貌は生得的に大人を引きつけるようにできている。乳児に特有な相対的に大きな頭，下方に位置する大きな目，ふっくら膨らんだ頬，太く短い手足，しなやかで弾力のある肌，丸みを帯びた体型，ぎこちない動きなどは，大人に「かわいらしい」という感情を喚起させ，養育衝動を解発させるのである。ローレンツ（Lorenz, 1965）はこうした幼い子どもの容貌の特徴を幼児図式と呼び，ヒトの子どもに限らず，ウサギ，犬，ネズミ，鳥などにも備わった特徴でもあるとしている（第3章図3-2参照）。

この他にも，乳児は身体的な未熟さの代わりに，母親など大人を引きつけるさまざまなテクニックを身につけている。

▶ (1) 泣き
　乳児は，暑さ，空腹，痛みなど，さまざまな不快を泣きで表現する。欲求をことばで伝えられないうえに，自力での移動が不可能な乳児は，泣きという手段によって母親を引きつけ，これらの不快を取り除いてもらうのである。乳児にとっての泣きは生存可能性を高めるための，重要な機能といえる。乳児が泣きによってシグナルを発すると，母親は乳児の不快の源を懸命に探し出す。暑いのか，お腹がすいているのか，どこか痛いのかと考える。試行錯誤をくり返し，乳児の欲求と母親の対応が一致すると，乳児も母親も満足感を得る。乳児とともに生活するにつれ，母親は乳児の泣きを区別できるようになったり，乳児の生活サイクルを把握できるようになり，「そろそろ眠いのかな」「お腹がすいてきたのかな」などと，乳児の欲求により早く対処できるようになる。それは同時に，母親の子育てに対する有能感（うまくやっていける自信）向上につながり，いっそう積極的に乳児に関わるようになる。一方，乳児も自分の欲求がくり返し満たされることで，母親に対する信頼感を形成し，母親の行動を予測することができるようになる（「この人は，自分の欲求を満たしてくれる」）。こうして，母親−乳児が互いに肯定感を抱いて関与していくことにより，より安定的な愛着形成の基盤が確立されていくのである。
　しかし，近年，乳児が泣きやまないことを理由に，親が乳児を床に叩きつけたり，暴力をふるって死にいたらしめてしまうという悲惨な事件が相次いでいる。本来，生存可能性を高めるための"泣き"という機能が，乳児を死にいたらしめる原因となってしまうのはなんとも皮肉なことである。

▶ (2) 微笑
　生後数時間もすると，新生児は微笑する。母親は「ご機嫌なのね」「気持ちがいいのね」などと声をかけるかもしれないが，この微笑は顔面のひきつりによって生じるもの（生理的微笑）であり，決して新生児の気分のよさを表わしているものではない。しかし，母親をはじめ周囲の大人はこの愛らしい微笑に魅力を感じ，新生児への関わりに積極的になる。

生後3ヵ月頃になると，今度は実際に周囲のはたらきかけに対する反応として微笑が生じるようになる（社会的微笑）。母親は自分のはたらきかけが乳児の微笑をもたらすことで，養育の手ごたえを感じることができ，子育ての動機づけも高まる。

▶ (3) 共鳴動作

第2章でふれたように，生まれて間もない新生児の顔の前で，ゆっくり大きな口を開けたり，舌を出したり，口をすぼめたりして見せると，しだいに新生児も同じ動作をする（Meltzoff & Moore, 1977）。これらは共鳴動作，あるいは，原始模倣と呼ばれる。単純な動作だけではなく，フィールドら（Field et al., 1982）によれば，新生児は幸せ，悲しみ，驚きといった表情をも模倣することができるという（Bremner, 1994）（第2章図2-6参照）。こうした模倣は子どもにとって決して意図的なものではないが，大人にとっては自分のはたらきかけに同調する子どもの行動はコミュニケーションの成立を感じさせ，さらなるはたらきかけの動機づけとなる。

▶ (4) 社会的注視

乳児は，生まれて間もない頃から人間の顔らしきものを注視する特性がある。ファンツ（Fantz, 1961）は，生後5日以内の新生児でも人の顔をより好んで見ると報告している。乳児から見つめられた大人は，乳児が何らかの意図をもって自分を見ているように感じ，母親はいっそう乳児への関与を動機づけられる。ちなみに，意図的に母親の顔を見つめるようになるのは1歳頃であり，曖昧な状況下で頻繁に生じる。これは社会的参照（social reference）と呼ばれ，乳児自身では判断できない，たとえば見慣れないおもちゃに触れようか触れまいかといった自分の行動の判断を仰ぐために母親の表情を確認しているのである。母親が笑顔ならばそのおもちゃに危険がないことを察知して手を伸ばすが，驚きや恐怖の表情を示していれば，乳児は危険を察知しておもちゃに近づこうとしない。

以上のように，乳児は運動機能の未熟さを補うさまざまなテクニックによって大人を引きつけ，情愛的で献身的な養育を引き出し，愛着を形成していくことを可能にしているのである。

2．愛着関係の発達

(1) 愛着の発達段階

　乳児は生まれてすぐ母親への愛着を形成するわけではない。愛着関係は，人への選好，日常的に養育に関わる人物の弁別，その人物への行動的接近，そして表象的接近（その人物をイメージすること）という過程を経て発達していく。ボウルビィ（1969）は，愛着の発達を表4-1に示す4段階として仮定している。（おもな養育者を便宜的に「母親」と記載しているが，それは場合によって父親や祖父母と読み替えることもできる。）

表4-1 ●愛着の発達段階（Bowlby, 1969より作成）

段階	時期	特徴
第1段階 人物の弁別をともなわない定位と発信	誕生から 生後8週～12週頃	この段階では，乳児は聴覚刺激のようなきわめて限られた能力以外に，人物を弁別する能力はまだない。 　周囲の人たちに対して，追視する，つかむ，手を伸ばす，微笑む，喃語を発するなどの定位や発信が見られる。その人が誰であれ，人の声を聞いたり顔を見たりすることで泣き止むことが多い。
第2段階 一人（または数人）の弁別された人物に対する定位と発信	生後12週頃から 生後6ヶ月頃	この段階でも，乳児は誰に対しても愛嬌よく振舞うが，そのような行動は日常的によく関わる人物に対してより顕著に示されるようになる。人物を弁別した反応は，聴覚刺激に対して早ければ生後4週頃，視覚刺激は生後10週頃から見られる。しかし，大半は生後12週以降に明確になる。
第3段階 発信ならびに移動による特定人物への接近の維持	生後6～7ヶ月頃から 2～3歳頃	この段階では，乳児は人物を弁別して接近するようになり，ハイハイや歩行などの移動手段を得たことで，反応の種類も増大する。たとえば，外出する養育者の後追いをしたり，「母親」が帰ってくると喜んで迎えたり，「母親」を探索活動の安全基地として利用したりする。それと同時に，誰に対しても示していた愛嬌のある反応は減少する。おもな養育者以外にも身近な人物を二次的な愛着対象として選択するが，見知らぬ人に対しては警戒したり，恐れを示したりする。 　また，認知能力の発達により，愛着対象が時間的・空間的に永続し，多少予測できるものとして考えるようになる。そして，未熟ではあるが，愛着対象への接近といった目標に向かって自分の行動プランを立て，状況に合わせてある程度意図的に調整や変更ができるようになる。しかし，この段階では，他者の意図や動機を理解するまでにはいたっていないため，「母親」の目標を推察し，それにしたがって行動することは困難である。
第4段階 目標修正的協調性の形成	3歳頃以降	この段階では，「母親」の行動やそれに影響を与える事柄を観察することによって，「母親」の感情や動機，設定目標や目標達成のためのプランについて，ある程度推察できるようになる。そのため子どもはさらに柔軟に行動することができるようになる。もはや子どもは，「母親」と自分自身の間に協調性といった関係を発達させるための基礎を形成している。

1節 親と子の絆の形成

これによると，完全に愛着が形成されるのは少なくとも生後6ヵ月以降ということになる。しかし，その月齢に達すれば自然に愛着が形成されるのではなく，誕生から（あるいは誕生以前から）くり返されてきた母親と乳児との心の通った相互作用が愛着形成の基盤となるのである。そして，2～3歳頃までは母親に直接しがみついたり，近づいたりすることで安心感を得ていた乳幼児も，3歳を過ぎるとこれまでの母親との相互作用経験から，「母親は自分を守ってくれる」と確信し，直接的に接近・接触せずとも母親のことを思い浮かべるだけで心的安定を回復させ，母親のいない場所でもある程度の時間（年齢によってその長さは異なるが），積極的に遊んだり活動して過ごせるようになる。母親が乳幼児にとって心的安定を回復させるための拠点（安全基地）として十分機能していることは，子どもの世界を広げることにつながるのである。

▶ (2) 愛着の個人差

愛着には，上記のような基本的な発達段階がある一方で，さまざまな要因から個人差も生じる。エインズワースら（Ainsworth et al., 1978）は，愛着の個人差の質的側面を明らかにするために，ストレンジ・シチュエーション法（SSP：Strange Situation Procedure）を開発した。SSPとは，ストレスフルな状況下（新奇な場所で見知らぬ人に対面したり，親と分離したりする）での乳児の様子を観察することで，その子どもがもつ愛着パターンを把握しようとする実験的方法である（図4-1）。彼女らは，愛着を3タイプに分類している（表4-2）。

近年の研究では，上述の3タイプの他にDタイプ（無秩序・無方向型）というパターンが報告されている（Main & Solomon, 1990）。このタイプの子どもは

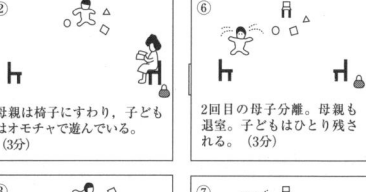

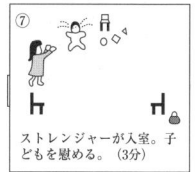

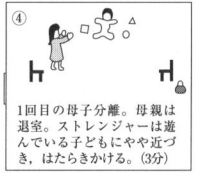

① 実験者が母子を室内に案内，母親は子どもを抱いて入室。実験者は母親に子どもを降ろす位置を指示して退室。（30秒）

② 母親は椅子にすわり，子どもはオモチャで遊んでいる。（3分）

③ ストレンジャーが入室。母親とストレンジャーはそれぞれの椅子にすわる。（3分）

④ 1回目の母子分離。母親は退室。ストレンジャーは遊んでいる子どもにやや近づき，はたらきかける。（3分）

⑤ 1回目の母子再会。母親が入室。ストレンジャーは退室。（3分）

⑥ 2回目の母子分離。母親も退室。子どもはひとり残される。（3分）

⑦ ストレンジャーが入室。子どもを慰める。（3分）

⑧ 2回目の母子再会。母親が入室しストレンジャーは退室。（3分）

図4-1 ● SSPの手順（繁多，1987）

表4-2 ● SSPの愛着タイプ（Ainsworth et al., 1978；三宅，1990を参考に作成）

タイプ	特徴	出現率*
Aタイプ（回避型）	「母親」との分離場面で，後追いや泣きなどの混乱はほとんど見られない。再開場面でも，養育者に対して積極的に接近したり接触を求めることはない。「母親」を安全基地として利用する様子がほとんど見られない。	3.5%
Bタイプ（安定型）	分離場面で後追いや多少の泣きなどの混乱を示すが，再開場面では積極的に「母親」に接近・接触し，容易に心的安定を回復することができる。	70.7%
Cタイプ（抵抗／アンビバレント型）	分離場面で非常に強い泣きなどの混乱を示す。再開場面では「母親」に対して積極的に身体接触を求めるが，その一方で，「母親」を叩いたり怒りを示すなどの行動が見られる。つまり，接近・接触と怒りなどの抵抗といったアンビバレントな行動が見られる。	25.8%

注）*三宅（1990）を参考に日本人の子どもを対象にした4つのSSP研究〔Durett et al.(1984), Takahashi(1986), Miyake et al.(1985), Miyake et al.(1985)〕での各愛着タイプの出現率を平均したもの。

　SSPの親子再会場面において，親を受け入れると同時にこわばったり，顔をそむけながら親に接近したり，突然予期できない動きをするなど，親への接近と回避が混在し，無秩序で奇妙な行動を示す（Levy & Orlans, 1998）。その他の病理的愛着として，誰にも愛着行動を示さない「情動的離脱の非愛着障害（Nonattachment with Emotional Withdrawal）」，誰にでも愛着行動を示す「無差別的愛情表出の非愛着障害（Nonattachment with Indiscriminate Sociability）」，道路への飛び出しなど子ども自身が危険行動を冒す「自己危害の愛着障害（Attachment Disorder with Self-Endangerment）」，極端に探索を抑制している「依存的／抑制的探索の愛着障害（Attachment Disorder with Cling/Inhibited Exploration）」，養育者への恐れや養育者の要求への過剰な服従を示す「警戒／過剰服従の愛着障害（Attachment Disorder with Vigilance/Hypercompliance）」，子どもが養育者の役割を担う「役割逆転の愛着障害（Attachment Disorder with Role Reversal）」が報告されている（各障害名には現在のところ定訳はない）（Zeanah & Boris, 2000）。

▶ (3) 内的ワーキングモデル

　親との相互作用を通して形成された愛着は，さらに「他者は信頼できる存在か」，「自分は他者から愛され，援助を得るに値する存在か」といった心的表象（イメージ）を形成する。こうした表象は内的ワーキングモデル（IWM：Internal Working Model）（Bowlby, 1973）と呼ばれ，他者に対する知覚，評価，自分の行動のプランニングに活用される（p.63参照）。ボウルビィ（1973）によれば，

IWM には生後 6 ヶ月〜 5 歳頃の親の養育行動がとくに大きく影響し，子どもが成長するにしたがって，IWM の可塑性が減少していくという。この IWM は友人関係や恋愛関係，さらには自分が親になったときの子どもとの関係性など，生涯にわたる対人関係に活用される。

3．愛着の発達に与える影響

▶(1) 親の養育行動

乳児をもつ親の養育行動を観察したエインズワースら（1978）は，子どもの愛着に親の養育行動が関与することを指摘している（表4-3）。

Aタイプ（回避型）の子どもの親は，子どものネガティブな情動表出や子どもとの接触を好まず，子どもが慰めを求めて接近すればするほど遠ざかってしまう。そのため，表4-2に見るようにAタイプの子どもは極力情動の表出を抑え，親に接近できずとも，せめて一定の距離を保とうとする。Bタイプ（安定型）の親は，一貫して子どものシグナルに敏感かつ適切に対処する。このような養育を受けた子どもは，親の行動を予測しやすく，恐怖や不安が生じても必ず親の援助が得られるという信頼感を形成する。子どもはいつでも心的安定を回復できる場として親を利用できると考えているのである。そして，Cタイプ（抵抗／アンビバレント型）の子どもの親は，自分の気分や欲求に左右されて子どものシグナルを読み誤ったり，タイミングがずれたりする。このような養育を受けた子どもは，親の行動を予測しにくく，親の援助が得られないかもしれないという不安が常につきまとっている。そこで，表4-2に見るようにCタイプの子どもは極力情動を表出し，親を引きつけておこうとする。

表4-3 ●子どもの愛着タイプと親の養育行動の特徴（Ainsworth et al., 1978 より作成）

子どもの 愛着タイプ	親の養育行動の特徴
Aタイプ （回避型）	子どもからのはたらきかけに対して，全体的に拒否的である。また，子どもがシグナルを表出しても，それらに適切に応答することが少なく，とくに，不安や恐怖のようなネガティブな情動表出，それによる接近・接触行動を嫌う傾向がある。
Bタイプ （安定型）	子どもに干渉しすぎたり，親自身の気分や欲求に左右されたりすることなく，子どものシグナルに敏感に対応する。また，ポジティブな情動表出が多く，全体的に一貫性のある行動を示す。
Cタイプ （抵抗／アンビバレント型）	子どものシグナルに対して，適切に対応することもあるが，タイミングがずれたり，子どもの要求と異なった対応をすることも多く，全体的に一貫性のない行動を示す。子どもへの対応が，親自身の気分や欲求に左右されることが多い。

Aタイプ，Cタイプは不安定型の愛着として位置づけられている。しかし，これらのタイプの子どもが親に対して示す行動は，いずれも敏感性〔乳児のシグナルにいち早く気づき，正確な解釈，迅速な対応ができる能力（Ainsworth, et al., 1977）〕の低い親からできる限り慰めや援助を得るための最善の策であり，その子どもが身につけた行動自体は適応的であるともいえる（Main, 1991）。

このように，日常の親子の相互作用を通して，子どもは自分がよりよく生きていくためには自分の行動をどのように調整していけばよいのかを学習し，親の養育行動に適した愛着パターンを発達させていくのである。ただし，これらの個人差はあくまでも正常な範囲内であること，また，後述する子どもの気質や文化的要因なども複雑に絡み合っていることに留意する必要がある。

ところで，先述のDタイプ（無秩序・無方向型）は上記の3タイプと異質である。このタイプの子どもの親は，自身の虐待経験や近親者の死などの心的外傷を克服しておらず，抑うつ的な養育を行なっている可能性が高い（Ainsworth & Eichberg, 1991）。また，ジーナとボリス（Zeanah & Boris, 2000）の示した病理的愛着パターンも，虐待や養育者の頻繁な交代など，養育の問題が背景にあると指摘されている。

▶ (2) 子どもの気質

子どもの気質と愛着との関係については，親の養育行動も交えての議論がなされている。たとえば，気質的に扱いやすい新生児と敏感性の高い母親のペアでは，子どもが12ヵ月時点で最もBタイプになりやすく，扱いにくい新生児と敏感性の低い母親のペアでは，最もBタイプになりにくいという報告（Grossmann et al., 1985）が見られる。これは子どもの気質と親の養育行動が加算的に愛着を規定するという考え方（Wachs & Desai, 1993）である。また，新生児の気質が親の養育行動に影響を与えることで，結果的に親の養育行動が子どもの愛着に影響を与えるとする媒介的な考え方（Crockenberg, 1981）なども見られる。

▶ (3) 文化的要因

SSPで分類された愛着タイプの出現率は各国で異なっており，たとえば，アメリカでの出現率（Aタイプ21%，Bタイプ67%，Cタイプ12%）（Ainsworth et al., 1978）と日本での出現率（表4-2）には差が見られる。これは，SSPでの子

どものストレス度合いの差によるものと考えられ，親子の分離が日常的に多い文化とそうでない文化との間に生じる。ストレス度合いが弱ければAタイプに近い行動が，逆にストレス度合いが強すぎればCタイプに近い行動が出現しやすい。こうした文化的背景を考慮に入れることも重要である。

▶ (4) その他の要因

その他，夫婦関係や母親のパーソナリティなど，多くの要因が子どもの愛着形成に影響を与えている。

4．愛着関係と親の変化

親に対する基本的信頼感を形成し親を安全基地として利用できるかが，乳児期の大きな発達課題である。こうした発達課題の達成には，親の養育行動が重要な役割を担っている。つまり，乳児のシグナルにいち早く気づき，正確な解釈をし，迅速に対応するという，高い親の敏感性が必要となる。ただし，親も人間であるから，乳児のシグナルに対して100%適切な関わりをすることはできない。完璧な養育行動を追求すれば，親は精神的に追い込まれ，疲労し，挙句の果てには子どもを虐待するといった，当初の目的とは全く逆の結果にいたってしまう恐れもある。親は周囲のサポートを受け，適宜息抜きしながら，「ほどよく適切な養育行動」を心がけて子どもと接することが大切である。

幼児初期になると，認知・運動能力などが飛躍的に発達するため，子どもの探索行動はより積極的になる。しかしその一方で，愛着対象である親に甘えたり接近・接触しようとする。このとき，親が必要以上に保護したり干渉して子どもを抱え込んでしまうと，子どもの自発的な探索行動は阻害され，知的好奇心が低下し，何でも親に頼るようになってしまう。2～3歳の子どもとその母親との相互作用の観察（数井，1996）から，数井（1998）は，子どもの自発的な行動の前に，よかれと思って手を差しのべる母親の行為は，子どもの自立（自律）的に伸びていこうとする気持ちを阻害する可能性があると指摘している。また，実際，あれこれと手をかけたり，指示を出したりする過干渉な母親は，子どもの愛着状態を不安定化しやすいともしている。逆に，親が子どもの自立（自律）を促進しようとして子どもの甘えや接近・接触を過剰に拒絶すると，子どもは十分に心的安定を回復できず，積極的な探索行動や新しいことへのチャレンジができなくなり，

さまざまな学習の機会を逸することになる。

また、この時期は自我が芽生える頃でもあり、強い自己主張が現われるようになる。こうした自己主張は、時に親との対立につながり、親が子どもを制御したり叱ったりする機会を増やす。しかし、多くの親は自分の行為をふり返り、「強く叱りすぎたのではないか」と反省したり後悔したりして落ち込む。数井（1996）によれば、家庭内での母親の感情表現と子どもの愛着との関連について、母親がネガティブな感情表現よりもポジティブな感情表現が多い場合に子どもの愛着の安定性が高まるとしている（図4-2）。つまり、強く叱ってしまってもその後で子どもとの楽しい時間をもつことができれば、子どもへの悪影響をカバーできるのである。

親は、子どもの甘えたいという思いと自分でチャレンジしたいという思いが錯綜するアンビバレントな気持ちを理解し、子どもの行動を制御しつつも、温かく見守るという、バランスの取れた関わりを心がける必要がある。

幼児後期になると、子どもの認知・運動能力はさらに発達し、愛着は表象レベルに移行してくる。そのため、子どもは、以前より長時間にわたって愛着対象が不在であっても、その人を思い浮かべることで心的安定を図ることができる。このような愛着の発達は、子どもの生活範囲の拡大につながり、新たな環境でより多くのことを学ぶ機会を与える。このことは親にとって喜ばしいはずである。しかし、同時に、自分の知らない世界での子どもの様子が気がかりでもある。友だちと仲良くやっているか、先生（保育士・幼稚園教諭）の言うことはきちんと聞いているかなど、心配ごとは尽きない。一方、子どもの方も、家庭から一歩踏み出した広い世界で新たな楽しさを味わう半面、自分の思い通りにならなかったり、傷ついたりという経験も増えてくる。親は、成長にともなう子どもの世界の広がりを見守るとともに、その世界でつまずいた子どもを家庭という場で癒し、再び新たな世界へ送り出すという重要な役割を担う必要がある。また、この時期、親は保育士・幼稚園教諭などの専門家と接する機会にも恵まれることから、そうした人たちの

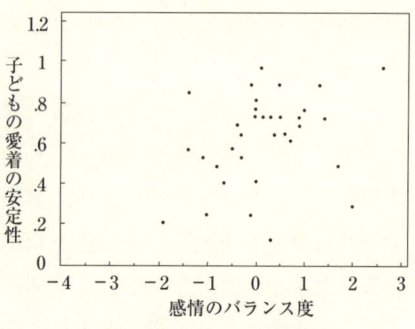

注）ポジティブな感情がネガティブな感情よりも多めに出ている母親の子どもの愛着が安定する傾向にあることを示している。

図4-2 ●母親の感情のバランス度と子の愛着の安定性との関連（数井，1996）

意見を聞き，自分の子育てのあり方をふり返ったり再考したりするのもよいだろう。

2節 仲間関係の始まり

1. 親子関係から仲間関係への移行

(1) 愛着と母子分離

乳幼児は大人との遊びから徐々に子ども同士での遊びに移行していき，3歳頃に遊び相手の逆転が見られる（Ellis et al., 1981）。こうした仲間関係への移行は必然的に，母子分離をともなう。尾崎（2003）は，1年間を5期に分けて2,3歳児の母子分離の状況を観察し，終始母子分離していた過分離型，徐々に母子分離できるようになった徐々分離型，終始さまざまな母子分離を示した一定分離型，終始母子分離が困難であった不分離型の4パターンがあることを示した。そして，過分離型と不分離型の子どもは愛着の安定性が低いことを指摘している。このことから，母子分離の様相には愛着の質が関与していることがうかがえる。

(2) 愛着と自己および他者の認知（内的ワーキングモデル）

先述の内的ワーキングモデル（IWM）は，仲間との相互作用時にも活性化される。一貫して拒否的な養育を受けたAタイプ（回避型）の子どもは，そのIWMを活性化させ，親以外の他者からも自分が拒否されることを予測する。そのため，仲間に対してネガティブ情動をより多く表出したり（LaFreniere & Sroufe, 1985），共感性が低い相互作用をしたりする（Kestenbaum et al., 1989）。一方，一貫して応答的で情愛的な養育を受けたBタイプ（安定型）の子どもは，他者は応答的であり，自分は他者からの応答を受けるに値する存在であるというIWMをもっている。そのため，積極的に仲間に加わったり（LaFreniere & Sroufe, 1985），仲間に対して友好的にふるまったりする（Troy & Sroufe, 1987；Waters et al., 1979）。そして，一貫性のない養育を受けたCタイプ（抵抗／アンビバレント型）の子どもは，他者からの応答も予測不能であり，自分がいつ拒絶されてしまうかわからないというIWMをもっている。そのため，仲間に対して消極的であったり（LaFreniere & Sroufe, 1985），逆に過剰に仲間の注意を引こうとしたりする（Renken et al., 1989）。

このように，親子の相互作用の質は，その後の子どもの仲間関係に影響を与える。それぞれの行動傾向や認知傾向を見ると，Bタイプの子どもは仲間からの支持を受けやすいが，AタイプやCタイプの子どもは，仲間から拒絶されたり，友好的な関係が築けなかったりする可能性が高いと考えられる。

▶(3) 家庭の情緒的風土と仲間関係

家族構成員が集まったときに感じられる全体的な雰囲気を情緒的風土と呼び，とくに子どもが幼い核家族では，その情緒的風土は夫婦によって決まる部分が大きいとしている。夫婦が調和的であれば情緒的風土は暖かく子どもの情緒は安定するが，夫婦が継続的にけんかをしたり暴力をふるっていたりすれば，子どもは自分の満たされない気持ちを仲間への攻撃という形で表出しやすい。攻撃行動は仲間からの拒絶につながり，子どもは家族関係においても仲間関係においても欲求不満状態に陥る。母－子，父－子という2者関係のみならず家族全体の雰囲気も，子どもの仲間関係に重要な影響を及ぼす要因になっているのである。

2. 仲間関係の形成と親の役割

▶(1) 親の養育行動と仲間経験の機会

リーバーマン（Lieberman, 1977）は，上記(2)のようなIWMを介した親子関係と仲間関係との関連性の他に，もう一つの経路があることを指摘している。その経路とは，母親が子どもにどれだけ仲間と関わる機会を与えたかが，後の仲間関係を築く能力に影響するというものである（図4-3）。幼少の子どもが仲間と関わる機会は母親の裁量によるところが大きい（母親が子どもを連れて公園や児童館に出向く光景はよく見られる）。親が過保護で子どもを囲い込むような場合，あるいは，母親自身が他者との交流を避ける傾向がある場合，子どもは仲間との相互作用の機会を極端に制限されてしまう。仲間経験は社会的スキル（後述）の発達に欠かせない1要素である。母親はそのことを認識し，こうした機会を子どもに十分提供していかなければならない。

ところで子どもの対人関係は母子関係を基盤としてしだいに周囲に広がっていくというリーバーマンの論やアタッチメ

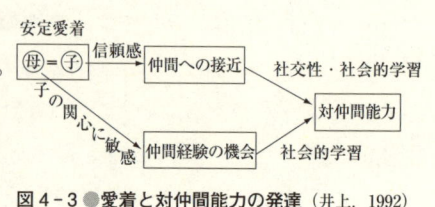

図4-3 ●愛着と対仲間能力の発達（井上，1992）

ント理論に対して，子どもは，両親，きょうだい，祖父母などの家族成員，その家族が所属する社会の構成員など多方向的な対人関係を同時に有しており，いずれの関係性も同様に重要であるという見方も存在する(Lewis, 1987)。これは社会的ネットワーク理論(図4-4)と呼ばれる。

図4-4 ●社会的ネットワーク理論
(川上，1989)

▶(2) 親の養育行動と社会的スキル

社会的スキルは良好な仲間関係の形成に重要な役割を果たす。社会的スキルとは，おもに「それぞれの文化の中で受け入れられている社会的ないしは対人的な目標を達成するために，認知や行動を調整しながらまとまりのある行為を展開するスキル」(King & Kirschenbaum, 1992)を意味する。幼児の社会的スキル獲得には，親の養育行動が重要な鍵を握る。

たとえば，社会的スキルの重要な要素である仲間を気づかい，感情を分かち合い，思いやるという行為は，これまでの親子の間で交わされた情緒的やりとりを反映している。つまり，さまざまな情緒表出に対し親から共感的対応を得てきた幼児は，仲間に対しても同様のふるまいができるようになるのである。

さらに，幼児が社会的スキルを身につけるには，①社会的スキルのモデリング，②社会的スキルに関する言語的教示（コーチング），③社会的スキルのリハーサル，④社会的行動に対する随伴的強化が重要である (King & Kirschenbaum, 1992)。親と行動をともにする中で幼児は，親の社会的スキルを目の当たりにしたり，親から社会的スキルに関する具体的行動や意義などを教えられたりするだろう。また，社会的スキルを活用すれば親からほめられるかもしれない。こうした親子のやりとりは幼児の社会的スキル獲得を促進していくのである。

3節　乳幼児期の仲間関係の発達

1．初期の社会的相互作用

他児との社会的相互作用は，乳児期からすでに見られる。生後2ヵ月頃には他

児を見るという行動が始まり，生後3～4ヵ月頃になると，微笑，発声，手を伸ばす，触れるなどの行動が出現する（川井ら，1983）。生後5ヵ月頃には乳児同士の視線での相互作用も見られるようになり（櫃田ら，1986），6～7ヵ月頃になると，互いを触ったり，触り返したりという身体的な相互作用が活発になる（Hay et al., 1986）。このように，乳児同士であっても互いを認識し相互作用する様子が見られることから，仲間関係を築く基盤はかなり早期から形成されていると考えられる。

2．遊びの発達的変化

▶(1)　遊び形態の発達的変化

　パーテン（Parten, 1932）は，2歳～5歳児の遊びの形態について，次のような4段階を示している。第1段階は2歳頃の幼児に比較的多く見られる1人遊びである。他者がしていることを参照することなく自分1人の遊びに熱中する段階である。第2段階は2～3歳頃の幼児に多く見られる平行（並行）遊びである。この段階では，他者に積極的に近づき，他者と類似のおもちゃなどで遊ぶものの，遊び方は自分本位であり，子ども同士で影響を与え合うことはない。第3段階は3～4歳頃から多く見られる連合遊びである。この段階では，共通の活動に関する会話やおもちゃの貸し借りなど，子ども同士の相互作用が見られる。しかし，メンバーは皆，類似の活動をしており，分業やリーダーなどは見られない。第4段階は5歳以降に多く見られるようになる共同遊びである。この段階では，リーダーによる統率や共通の目的に向けての役割分業が見られる。さまざまなルールを取り入れたり，組織立った活動を目指して子ども同士で補正しあえるようになる。共同遊びの代表的なものにごっこ遊びがある。このごっこ遊びには「筋の展開」が欠かせない。エリコニン（Elkonin, 1978）は，子どもの体験や，その体験から出てくるイメージが乏しい場合，遊びの筋の発展が阻害されるとし，子どもの豊かな体験と想像力の重要性を指摘している。

　ところで，1人遊びは未発達な遊びなのであろうか。実はそうとはいえない。たとえば，お絵かきや粘土遊びなど1人でじっくり取り組む造形活動は確かに1人遊びではあるが，豊かな想像力や高い集中力を要し，決して未発達といえない。しかもこうした活動を納得いくまでくり返すことで表現力や探究心が向上していく。1人遊びも子どもの発達に重要な役割を担っているといえよう（岡本ら，

2004)。

　加齢にともない子どもの遊びパターンはバラエティーに富んでくる。こうした多様な遊びが子どもの身体的，精神的発達をさらに促進するのである。中野（1985）は遊び対象の発達的変化を「波」として図4-5のように表わしている。

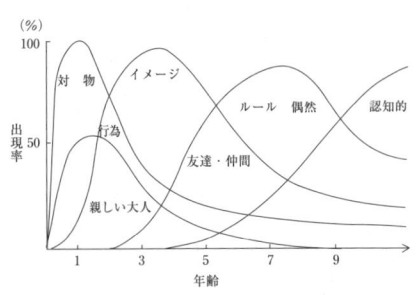

図4-5 ● 仮想上の遊び対象の発達的変化
（中野，1985）

▶ (2)　いざこざの発達的変化

　幼児期は仲間間でさまざまないざこざが生じる。木下ら（1986）は，幼稚園での自由遊び場面を縦断的に観察し，図4-6のような結果を見いだした。これによれば，身体的攻撃などのネガティブ行動によるいざこざはしだいに減少している。そこには加齢にともなう自己制御機能の発達，社会的スキルの習得，認知能力の発達などが関係していると考えられる。一方，ルール違反やイメージのズレによるいざこざは月齢とともに増加している。これは，道徳的発達や認知的発達により，幼児がルール遵守の重要性や遊びに対するイメージ・目的をより強く認識するためではないかと考えられる。こうしたいざこざの変化は，子どものさまざまな能力が発達している証拠といえるだろう。

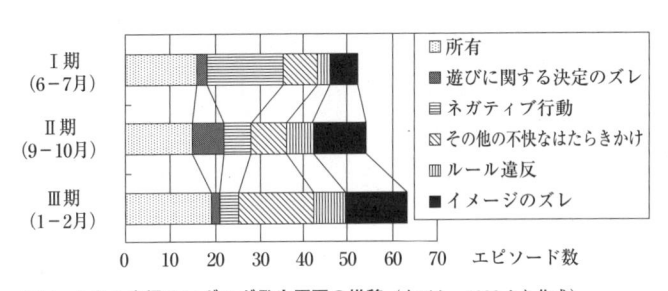

図4-6 ● 3歳児のいざこざ発生原因の推移（木下ら，1986より作成）

3．自己主張・実現と自己抑制の発達

　家庭内に比べ保育機関のような集団生活場面においては，幼児は仲間との衝突や葛藤を経験することが多く，必要に応じて自己主張・実現したり，自己抑制し

なければならない。柏木（1988）は，自己主張・実現（自分の欲求や意思を明確にもち，これを他人や集団の前で主張する，また行動として実現すること）と，自己抑制（自分の欲求や行動を抑制・制止しなければならないとき，それを抑制する行動）の2つを幼児が達成すべき発達課題とし，日常の保育場面・集団生活場面に見られるこれらの行動について，年齢（3歳〜就学前）と性別における特徴を明らかにした（図4-7）。それによれば，自己主張・実現，自己抑制とも年齢の増加にともない上昇・発達傾向をたどるが，この上昇は必ずしも一様に直線的ではなく，とくに，自己主張・実現の面では揺れが大きく，自己抑制に比べて変化が小さい。自己抑制では，就学前までに年齢にともなう著しい上昇が見られ，揺れも小さい。また，女児の方が発達している。こうした特徴について柏木(1988)は，自分というものを強く意識し，それを外に向けて主張し行動していくことは幼児にとってそれほど容易ではないが，その一方で，自分の感情や欲求を抑えたり行動を制止することは比較的スムーズに獲得され強まってゆくのではないかと考察している。また，女児に優位な自己抑制行動については，子どもの性別に応じてしつけの重点が異なる事実〔女性役割の中核に「従順」が同定されている（柏木，1974)〕に対応するものであると指摘している。

　この自己主張・実現と自己抑制の両者をあわせて自己制御と呼ぶ（柏木，1988）が，これは，今後子どもが社会で生活する中で大いに活用される重要な機能である。自己制御は仲間関係など多様な対人関係を経験する中で学習されていくため，幼児は豊かな対人環境で成長することが望ましいといえる。

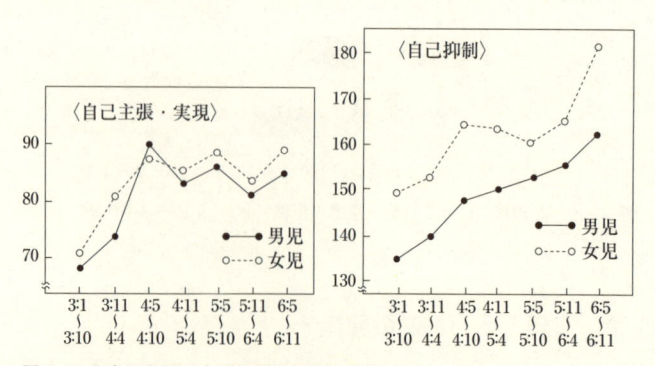

図4-7 ●自己主張・自己抑制の年齢的消長 (柏木，1988)

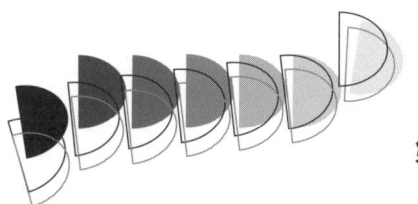

第5章
学校生活の始まりと仲間関係の広がり

1節　学校生活の特徴

1．地域の広がり

　少子化が大きな問題となっている今日，多くの幼稚園，保育園が，園児の「獲得」に力を入れ，広範な地域から「スクールバス」で子どもを送迎する。父母は，それぞれの園の特長的な保育・教育方針を取捨選択し，家から遠く離れていても子どもを入園させることがある。一つの園で生活・活動する子どもの居住地域は広域化する傾向にある。それでも，保育園・幼稚園は，父母の通勤の都合，送り迎えの都合から，通園するのに便利であることが優先されることが多い。また，小学校のように，学区があるわけではなく，比較的少人数の保育が行なわれている。したがって，保育園や幼稚園では，一般に子どもたちはお互いに近くに居住する仲間と過ごすことが多いといえよう。

　小学校に入学すると，広い地域から同じ学校に通学することになる。一つの学区の中にたくさんの保育園や幼稚園が含まれ，同じ小学校で同学年の仲間として生活を送ることになる。最近では，都道府県の特定の区や市では学区を開放し，今まで入学が認められなかった他学区の学校を親が選択することを可能にしている。父母は，必ずしも居住する「学区」の学校に子どもを入学させない場合があるのだ（朝日新聞，2006b）。埼玉県内では，学区の解放は2003年度（3市町）から導入が始まり，2006年度までに小学校・中学校あわせて16市町にまで広がっ

ている。とはいえ，現状では学区制が維持されているところが多い。いずれにしても，小学校入学は，子どもが接する人，交流する仲間を保育園・幼稚園の枠を越えて一気に広げる，一大転機といえるだろう。

2．年齢の広がり

　子どもにとって，保育園・幼稚園と著しく異なる小学校の特徴は，年齢の違う「上級生」の友だちがたくさんそろっていることだ。保育園・幼稚園でも，0歳〜小学校入学前の子どもまで生活しており，一緒に過ごす子どもの年齢幅が大きいことは，小学校と同じである。しかし，小学校では，子どもの成長・発達が著しく，1年生と6年生の違いは，保育園・幼稚園の子どもの差異とは比べものにならないほど大きい。入学当初の1年生は，心身両面で保育園児・幼稚園児の延長線上にあり，小学校の生活に慣れることが大きな達成課題になる。1年生にとっては，初めて対面する5年生，6年生は，知識の多さや精神的な面で「大人」であると同時に，身体の大きさも「大人」である。体格の大きい高学年の子どもは，1年生を見下ろすことになり，逆に新入生は見上げることになる。ときには，5・6年生は，新入生に威圧感を与えるほど身体的・精神的に大きな存在になるかもしれない。思春期・青年前期にさしかかる上級生と，直前まで保育園児・幼稚園児であった新入生の身体的・精神的成熟・発達の開きは大きく，小学校入学がもつ大きな特徴の一つである。

3．生活と行動のきまり

　小学校では，生活と行動のきまりが，子どもが自分から守らなければならない「約束」として設けられている。上級生が一緒に登校するとはいえ，毎朝子どもたち自身が徒歩で通学しなければならない。決まった時間に教室に入り，自分の机に座り，先生の話をじっと聞かなければならない。廊下は走らず，右側を歩かなければならない。学校に飽きたからといって，好きなときに教室を出たり，勝手に家に帰ったりすることは許されない。幼稚園・保育園にも同様の「約束」はあるが，小学校の「約束」に比べればずっとゆるやかである。学校内におけるルール・生活のきまりは，中学校ではさらに厳しく，「校則」として規定されることになる。学校生活では，子ども同士の関係を円滑にするために「約束」は大切であるが，先生と子どもの健全な関係を築くためにも欠くことのできないものであ

る。少し前にNHKテレビで特集された「学級崩壊」（教育トゥデイ，1998）は，学校内の生活と行動のきまりが果たす役割の大きさを表わしている。

4．学級中心の集団的生活

　小学校のもっとも大きな特徴の一つは，子どもが学級集団に所属し，学級の一員として行動することが学校生活の大部分を占めることである。保育園・幼稚園にも「ほしぐみ」「ばらぐみ」など所属するクラスが作られるが，比較的ゆるやかなルールで統制された集団である。小学校では日々の生活は，ほとんど学級を単位に営まれる。授業はもとより，全校集会，校外活動など，学級を単位に展開されることが多い。子どもたちの1日の活動の大半は，学級内・学校内で行なわれることから，仲間関係も同じクラスで結ばれる傾向が強い。学級は単なる個々の子どもの寄せ集めではなく，集団としてのまとまりがあり，さらに小さなグループ（下位集団）が形成されることが一般的である。子どもの行動・活動に自由を認めつつ，学級として集団として協力・協調した行動がとれるよう，子どもたちみんなに共有されたルールと良好な人間関係を築けるか否かは，教師の教育活動の命運をにぎるほど重要である。

　2005年度から特別支援教育が本格的に導入されはじめ，LD，ADHDなどいろいろな特徴をもつ子どもが学級内，学校内で生活することになり，学級の集団としての形成，運営は今までにもまして重要になる（埼玉大学教育学部，2006）。

5．教科の学習

　教科の系統的な学習は，小学校の最大の特徴である。習いごとやお稽古ごとは，就学以前からさかんであるが，算数，国語，体育，生活科等といろいろな教科を順序立てて整理した形で毎日学習をくり返すのは小学校のみである。系統的な教科の学習こそ，小学校の核心部分をなすものである。1年生では，具体的な対象を取り上げながら知識，技能の学習・習得を中心に行ない，学年が進行するにつれしだいに抽象的・科学的な知識・技術の習得へと進んでいく。週5日制が導入されて以後，学力の低下が大きく論議されてきた（朝日新聞，2006c）。最近では，基礎学力の重視が強調され，週末に補習的に少人数授業が行なわれるケースも少なくない。

6．部（クラブ）活動

　1年生では当面関わりがないが，高学年になるとクラブ活動が用意される。小学校では週1回のクラブ活動がほとんどである。中学校，高校のように専門的な活動というより，いろいろな種目に分かれて活動を楽しむことが中心である。

2節　仲間関係の発達

1．仲間関係の始まり

　学校生活で子どもにとってもっとも重要なものは，友だちとの関係である。子どもが活気のある1日を過ごせるか否かは，友だちと会って話をしたり，遊んだりすることができるかどうかに大きく依存している。無口でおとなしい子であっても，活動的で元気あふれる子であっても，友だちとの関わりなしには充実した学校生活を送ることはできない。

　子どもの学級・学校内の人間関係は，年齢，発達によって異なる。低学年では，友だち関係は比較的単純なものが中心になる。子どもにとって，仲のよい友だちがいることが大切であることは，低学年高学年に関わりなくあてはまる。遊ぶ相手がいつも特定の友だちに限定される傾向は，低学年では高学年ほど強くはない。低学年では，身体的な活動を中心にした遊びが多く，好み・趣味，考えの違いが，交友関係を結ぶうえで大きな問題にならない。このことが，低学年では友だちが固定されることが比較的少ない一つの理由であろう。

　1，2年生の身体的な活動を中心とした友だち関係は，男子で強い。4，5年生くらいまでは，活動的な遊びを中心に人間関係が維持される傾向がある。入学当初は，席が近い子同士が友だちになることもよくある。低学年では，学校にいる時間が高学年に比べると少なく，家庭や地域での仲間関係が平行して維持されている。中学年，高学年によく見られる，グループのメンバーが固定されたまとまりの強い（閉鎖性の強い）仲間関係は，低学年では形成されにくい。

2．仲間関係の形成

　よく遊ぶ友だちの数は，4人～6人がもっとも多く，該当者の割合は，小学生

（29.2％），中学生（30.6％），高校生（33.1％）でほぼ同率である。友人数に学年による大きな違いは認められない（Benesse 教育開発センター，2006）。悩みごとを相談できる友だちの数は，2人〜3人が多く，学年が上がるほど人数が多くなる傾向がある（小学生：37.6％，中学生：41.6％，高校生：44.5％）。小学生，中学生，高校生では悩みごとの内容や質が異なり，単純な比較は難しいが，一般に仲間関係は，年齢の増加とともに広がりと関わりの深さを増す。

　高学年になるにつれて，「仲良し」関係を求める傾向が強くなる。共通の話題・趣味を媒介にしたり，ものを交換したりして，まとまりの強いグループが形成されるようになる。小学生も中学生も，「友達といつも一緒にいたい」と思う割合がもっとも高く（図5-1），子どもにとっての仲間関係の重要性と拘束力の強さをうかがわせる結果である。中でも，中学生，高校生の女子にこの傾向が強く，常時友だちと一緒に行動することを8割以上が望んでいる。「友達と話があわないと不安に感じる」「仲間はずれにされないように話をあわせる」割合は，小学校高学年の女子で一番高い。この結果は，小学校5，6年生頃から女子の間で，メンバーが固定されまとまりが強く，人間関係が閉じられたグループが作られ始

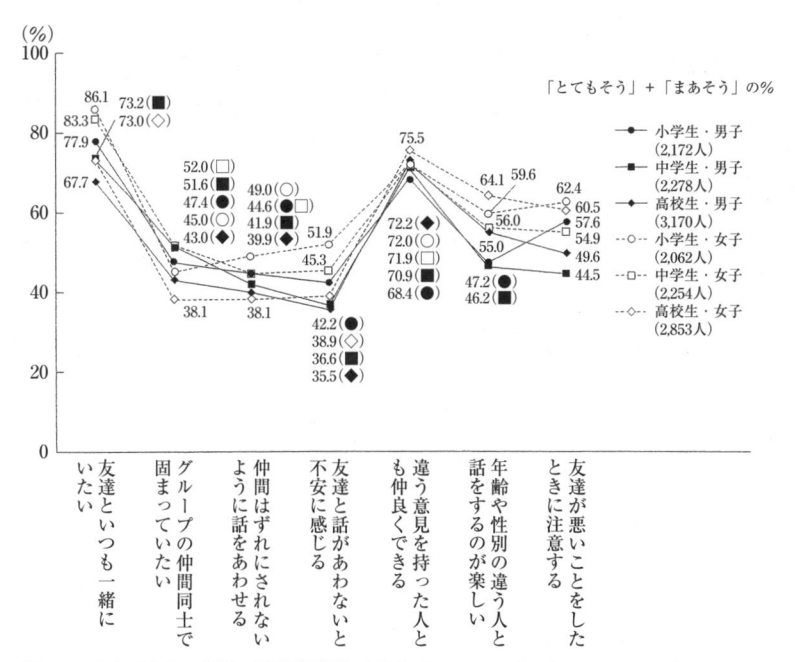

図5-1 ●友だちとの関係（学校段階別・性別）（Benesse 教育開発センター，2005）

めていることを示唆する。こうした傾向は，従来から指摘されてきたものである。

さらに，「グループの仲間同士で固まっていたい」と思う傾向は，中学生の男女で割合が高く（52.0％，51.6％），2人に1人以上が肯定している。中学生の仲間関係は，いつも友だちと行動をともにする閉鎖性の強い閉じられた性質をもつことをうかがわせる数値である。

3．仲間関係の展開

女の子と男の子が異性を意識するのはいつ頃からであろうか。子どもが男女の性の違いに気づくのは早く，幼児期から小学校に上がる頃である。とはいえ，理解の内容は，社会的な性役割を中心にしたものであったり，身体的な外形や性器官の形態の違いなどによるものであったりする。小学生，中学生，高校生へと年齢が上昇するにつれ，仲間関係は同性集団から，異性との「交際」を含んだ人間関係へと範囲を拡大していく。異性に対する子どもの意識の変化を調べたものが表5-1である。

それによると，低学年では，異性との交友関係の「是非」について判断できない子どもの割合が高く，異性を強く意識していないことを示している。さらに，低学年の子どもは，外から観察できる行動・活動を中心に異性の「望ましさ」に注目して「人」を判断する傾向が強く表われている。それに対して，小学生中学年以降になると，「やさしい人」「思いやりのある人」といった精神的特性をもとに異性を判断する傾向が強くなってくる。特徴的な点は，女子では，学年が上がるにつれ「スポーツマン」「強い人」を志向する傾向がいっそう強くなることである（小泉ら，1984）。

表5-1 ●「私の一番望む異性の友達は」（学年・男女別）（小泉ら，1984）(%)

	小2		小4		小5		小6		中2	
	男	女	男	女	男	女	男	女	男	女
やさしい人，思いやりのある人	17	25	34	53	41	48	51	46	53	49
スポーツマン，強い人	23	18	24	25	30	42	23	46	17	48
チャーミング型	3	13	18	11	13	6	17	4	23	1
まじめ型	7	9	16	8	9	3	5	3	6	1
秀才型	12	13	8	3	6	1	4	1	1	1
わからない	38	22	-	-	-	-	-	-	-	-

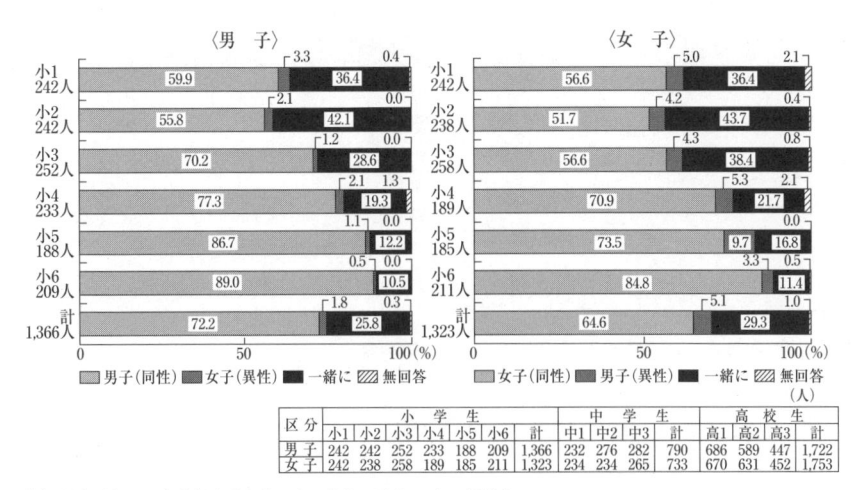

2節 仲間関係の発達

図5-2 ●「小学生が遊ぶ友達は同性か異性か」
（東京都幼稚園・小・中・高・心障性教育研究会，2005）

〈男子〉

学年	人数	男子(同性)	女子(異性)	一緒に	無回答
小1	242人	59.9	3.3	36.4	0.4
小2	242人	55.8	2.1	42.1	0.0
小3	252人	70.2	1.2	28.6	0.0
小4	233人	77.3	2.1	19.3	1.3
小5	188人	86.7	1.1	12.2	0.0
小6	209人	89.0	0.5	10.5	0.0
計	1,366人	72.2	1.8	25.8	0.3

〈女子〉

学年	人数	女子(同性)	男子(異性)	一緒に	無回答
小1	242人	56.6	5.0	36.4	2.1
小2	238人	51.7	4.2	43.7	0.4
小3	258人	56.6	4.3	38.4	0.8
小4	189人	70.9	5.3	21.7	2.1
小5	185人	73.5	9.7	16.8	0.0
小6	211人	84.8	3.3	11.4	0.0
計	1,323人	64.6	5.1	29.3	1.0

区分	小学生							中学生				高校生			
	小1	小2	小3	小4	小5	小6	計	中1	中2	中3	計	高1	高2	高3	計
男子	242	242	252	233	188	209	1,366	232	276	282	790	686	589	447	1,722
女子	242	238	258	189	185	211	1,323	234	234	265	733	670	631	452	1,753

注）調査対象は，東京都内公立小・中・高校。平成17年1月調査。

　図5-2は，小学生が異性の友だちと遊ぶ割合を学年別に見たものである。男女とも同性と遊ぶ比率がすべての学年で一番高い。学年が進むにつれ，男女とも同性と遊ぶ子どもの割合は大きくなり，1年生で50%台だったものが6年生では80%台にまで達している。中学年高学年では，男女ともに異性を強く意識していることを示すとともに，男子と女子の活動の違い，趣味・関心の差異を表わすものであろう。図5-3は，小学生がどの程度異性と親しくなりたいと思うかを尋ねた結果である。高学年ほど異性と親しくなりたいとは「思わない」割合が高く，男女の性の違いを男子・女子ともに強く意識していることを示唆する。

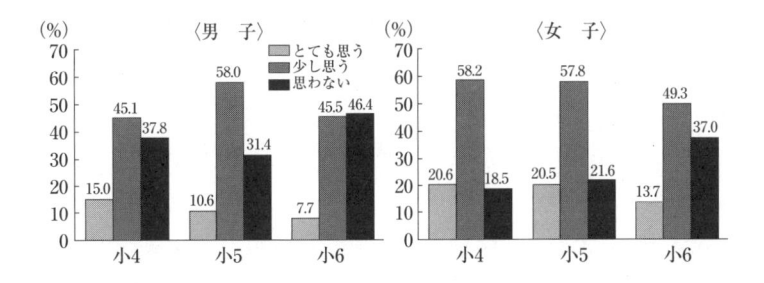

〈男子〉 (%)
- 小4: とても思う 15.0, 少し思う 45.1, 思わない 37.8
- 小5: とても思う 10.6, 少し思う 58.0, 思わない 31.4
- 小6: とても思う 7.7, 少し思う 45.5, 思わない 46.4

〈女子〉 (%)
- 小4: とても思う 20.6, 少し思う 58.2, 思わない 18.5
- 小5: とても思う 20.5, 少し思う 57.8, 思わない 21.6
- 小6: とても思う 13.7, 少し思う 49.3, 思わない 37.0

図5-3 ●「小学生の異性への接近」
（東京都幼稚園・小・中・高・心障性教育研究会，2005）

中学生・高校生になると，単に異性に憧れる段階から一歩進んで，交際関係に発展する割合が高くなる。高校生までにほぼ半数の男女が異性との「つきあい」を経験している。特徴的な点は，男子よりも女子の「交際」経験の割合が高くなっていることである。異性との人間関係・交友関係は，同性の仲間関係とは質的に異なる面を持ち，「恋愛感情」に媒介されることが少なくない。思春期・青年期にさしかかる頃には，同性との友人関係から異性との交友関係を含む人間関係へとその範囲を広げる。

仲間関係のこうした拡大は，自分自身に対する関心や「自意識」の変化にも反映している。「自分の外見（顔やスタイル）が気になる」子どもの割合を学年別性別に比較すると，男子では，小学生（24.6%），中学生（41.4%），高校生（61.4%）であり，女子では，小学生（50.4%），中学生（71.8%），高校生（82.8%）である（Benesse 教育開発センター，2005）。男女とも学年の上昇につれて「自意識」が強まる。とりわけ女子では，小学生も高校生も「自意識」が強い。女子高校生の

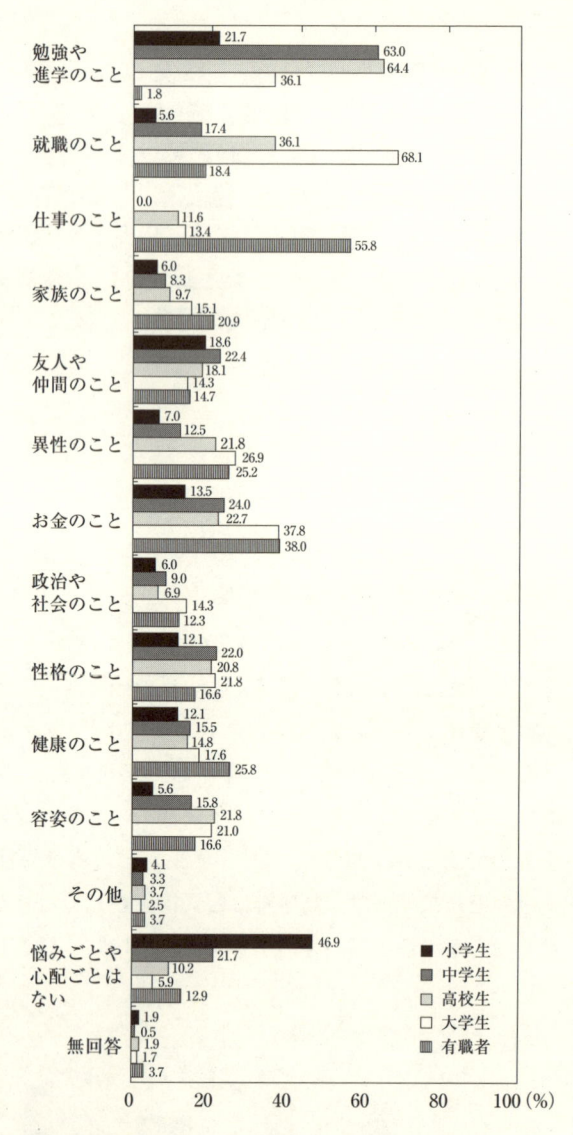

図5-4 ●悩みごとや心配ごとの有無と内容（年代別比較）
（埼玉県，2001b）

8割以上が自分の外見にきわめて大きな関心を示す。「異性と親しくなりたい」と思う人の割合が，小学校の低学年段階から男子に比べ女子の方が高く，女子の精神的成熟の速さを示すものかもしれない。異性に対する精神的成熟の早さの違いが，両者の自意識に大きな開きを生む一因になっているのではないだろうか。

　おもに小学生から高校生までを中心に，仲間関係に焦点を当てて人間関係の発達・変化を概観した。中には，中学校，高校を卒業してすぐに社会人になる人もいる。職場に入ってからも人間関係・仲間関係は重要なものであり続ける。しかし，私たちにとって，人間関係だけが唯一の関心事というわけではない。日々の生活で重視されることがらは，それぞれの年齢によって大きく異なる（図5-4）。中学生や高校生になると「友人や仲間のこと」以上に，「勉強や進学のこと」が，大学生では「就職のこと」が重要な位置を占める。ただ，見落としてはならないのは，人間関係上の問題や交友関係をもつことの重要性が，学年の上昇とともに解消されて小さくなるわけではないことである。「いじめ」は，2004年には小学校：5,551件，中学校：13,915件，高等学校：2,121件（文部科学省初等中等教育局，2005a），「校内暴力」は，2004年には小学校：1,890件，中学校：23,110件，高等学校：5,022件（文部科学省初等中等教育局，2005b），「不登校」は，2004年には小学校：1年生1,177人，2年生1,822人，3年生2,738人，4年生4,108人，5年生5,821人，6年生7,652人，中学校：1年生2,2974人，2年生35,925人，3年生41,141人（文部科学省初等中等教育局，2005b）であり，子どもの仲間関係に関わる問題は，全体を見ると著しく減少しているわけではないのである。

第6章 子どもの思考の発達

1節 ピアジェの思想

1．ピアジェの認知的発達理論

　ジャン・ピアジェ（Piaget, J.）は子どもの組織的な観察から，子どもの心は質的に大人の心と異なっていることを主張した。そのピアジェの理論を特徴づけるものとして「均衡化（equilibration）」と呼ばれるプロセスがあげられる。
　ピアジェは子どもの組織的な観察を行ない，発達を生活体と環境との相互作用によって漸進的に構成される過程であると考えた。彼は発達の要因を成熟・経験・社会とし，さらにこれら3つの均衡化が重要であるとしている。基本的な均衡化として，外界に生じた不均衡を自己の内部に取り組む方向である同化（assimilation），そして，新しい事態に対しては手持ちの方法（シェマ：schema）で同化できない場合は自分のシェマを変更することによって均衡化を回復しようとする調節（accommodation）がある。このように，認知的均衡が破れると，同化と調節を用いて環境的に変化に対処する中で，自分の経験を再編成し，事象の理解を現実に反映したものとしていく。
　ピアジェは知能の発達を，自分をとりまく環境事象を説明することが可能となるような均衡状態へ向かってはたらくことであるとしている。さらに，事象の理解は単に経験を積み上げたものではなく，新しい理解がつけ加えられることによって，全体が大きくなり，形が変化し，正確な理解へと進んでいくとしている。

ところが，ピアジェの理論においては対人関係に関する記述はほとんど見られない。ピアジェの関心は知能そのものの発達であり（ピアジェは知能や認知のみを取り出して論じているのではない。情意と知能は不可分であり，相互に作用しあうということを認めたうえでその関係の仕方について言及している），人と物体との交渉による知能の発達という側面のみを扱い，"人"という環境には興味がなかったようである（高橋，1983）。当然のことながら，家族との関係を論じることもほとんどなく，ジャレー（Jalley, É.）が数えたピアジェの180にもおよぶ子どもの観察事例中，母親が登場する場合はわずか8例であり，しかも母親が受身の姿勢に終始しているものが多かったようである（波多野，1980）。高橋（1983）が，執筆した「対人関係の発達からみたピアジェ心理学」の冒頭で，「おそらくもっともピアジェが関心を持たなかった"人"と"人"との関係の発達とピアジェ理論について述べようという，いわば"冒険"の章である」と述べているように，ピアジェを通して「家族」を論じることは困難であるということを先に記しておきたい。

しかし，"人"，言い換えれば感情発達や母子関係など社会性の発達に興味がなかったといっても，それはピアジェ自身の自己限定の結果としてとらえるならば理解できる。ピアジェ自身が哲学から科学に興味を転換したのは「科学者は一度に一つだけのことを語ろうとする」ということに賛同したからだといわれている。

2．ピアジェの発達段階

ピアジェは人間の知的発達に関して，①不変的順位性，②全体構造性，③前後の段階との統合，④準備期と完成期，⑤均衡化，という基準をもとに感覚運動期，前操作期，具体的操作期，形式的操作期の4つの段階（stage）に区分していることが一般的に知られている。しかしピアジェ自身はこの4つの段階だけで発達をとらえていたわけではない。この4つの段階の下位分類もピアジェの研究成果の中に示されている（浜田，1983）。

感覚運動期は3つの段階（さらに6つの段階に分類される）に下位分類されることが多い。生得性の本能と反射の第Ⅰ段階（「知能の誕生」の第1段階），獲得性の習慣の第Ⅱ段階（第2・3段階），そして本来の知能が成立する第Ⅲ段階（第4・5・6段階）というように分けられる。前操作期以降は基本的にはそれぞれが1つの段階を表わすような位置づけがされている。感覚運動期とその後に続く

前操作期以降の段階では思考の構造に違いが見られるようである。確かに感覚運動的な知能は「知能の源泉」というべきものであるが，知覚や行動に中心化されており，その後の発達段階における表象的思考の構造化とは異なっている。そのため，感覚運動的思考段階と，その後の前操作期以降を表象的思考段階に分けて考えることもできる。

　前操作期は第Ⅳ段階として象徴的思考段階と直観的思考段階の存在が示されている。この象徴的思考と概念的思考に移行しつつも直観的思考でしかない段階を経て具体的操作期に至る。具体的操作期は第Ⅴ段階として位置づけられ可逆的操作が可能となっていく。形式的操作期は第Ⅵ段階として形式的な思考が可能になる時期とされている。詳細については後述することとする。

　一般的な分類である「感覚運動期」「前操作期」「具体的操作期」「形式的操作期」の4つの段階は，出現する順序は不変ながらも先行する段階と質的に異なり，次の段階への移行が知的発達となると考えられる。しかし，その発達においては個人のもつ環境条件に依存するところが多いようである。また，子どもの発達のスピードもその環境によっても異なり，最後の発達段階に永久に達しない場合もあるかもしれないとしている。

2節　未分化な思考の発達

1．感覚運動的知能

(1) 感覚運動期と知能の発達

　ピアジェの主張する思考の最初の発達段階は「感覚運動期」である。生まれてから2歳ぐらいまで，知能の形態がまだ原始的な段階である。この段階では目に見える現象に基づいた行為に基礎をおいているが，これは知能の発達にとって後に続く段階の基礎を形成するもっとも重要なものでもある。

　この感覚運動期は，第Ⅰ段階〜第Ⅲ段階で構成されている。その第Ⅰ段階は生まれてから1ヶ月頃までの期間を示すものであり，生まれつき与えられた遺伝的な行動を中心に活動していく。その下位段階である第1段階（さまざまな反射運動および自発的運動：0〜1ヶ月頃まで）で示されているように，その出発点において反射が問題になる。ただしピアジェは独立した反射行動に注目するのでは

なく，全体的な活動の中でその反射行動をとらえるべきだと論じている。単一の刺激に対して単一の反応が生じるというとらえ方ではなく，一連の行動のまとまりを形成するのは反射の連鎖として考え，この感覚運動の連鎖をシェマと呼んだ。最初の段階においては生まれながらに備わった行動の連鎖を用いるが，次第にさまざまな行動にこのシェマが適応されるという同化が起こり，さらにはその対象に合わせて修正されるという調節が行なわれる。生得的なシェマが習得的なシェマに発展することで次の段階に移行していく。

　第Ⅱ段階は1ヶ月〜10ヶ月頃までの期間を示すもので，その下位段階の第2段階（最初の反復的習慣，第一次円環反応：1ヶ月〜4ヶ月まで）と，第3段階（子どもが自分にとって興味のある眺めをもっと続けさせるための諸活動，第二次円環反応：4ヶ月〜10ヶ月）で構成されている。この時期の特徴は，自分の偶発的な行動によって興味深い変化が外界や自己に生じたとき，その結果を再現させようと先行の活動をくり返そうとする循環反応が獲得されることにある。第Ⅰ段階の子どもは生得的な行動に統制されていたのに対し，第Ⅱ段階の子どもは循環反応によって意図の萌芽が見られ，自らの欲求によって行動が誘発されるようになる。このようにシェマ構造が分化・多様化していくとともに欲求も分化していくと考えられる。

　第Ⅲ段階は10ヶ月〜2歳頃までの期間を示し，感覚運動的知能が完成する時期といわれている。下位段階として，第4段階（目的と手段の協応：10ヶ月〜12ヶ月），第5段階（手段の発見，第三次円環反応：12ヶ月〜18ヶ月），第6段階（表象的思考のはじまり，これにより突然，状況場面などを理解して，新しい手段を発見することができるようになる：18ヶ月〜2歳）の3段階に分けられている。この第Ⅲ段階では目的となるシェマと手段となるシェマを分化し，あらかじめ定められた目標に向けて手段をあみ出し協応させていくという，知能の活動が見られるようになっていく。

　ピアジェの発達段階は，知能の一般原理によって個々の行為が組み立てられているという視点から，何ができて何ができないか，という区別をつけようとしたものである。

　ピアジェは感覚運動的知能と類似した用語として「実用的知能」をあげている。これは乳児の知能レベルを反映したものであり，この時期の子どもたちは，自分がどのように行動を起こし，どのようにふるまえばよいかを知っていても，自分

のしていることについては理解できないことを意味している。大人は実際に活動を起こさなくても頭の中でその活動について考えることができること，主体と客体との関係，物の世界においては自分も一つのものにすぎないことを理解しているといわれる。しかし，この時期の子どもは自分の存在が他の物と同様にその空間に存在し運動していることが理解できないのである。

▶ (2) 対象の保存

　感覚運動期の初期の子どもは目の前で起きている出来事については理解できるが，自分が他の事物と同様に空間を運動している一つのものにすぎないことは理解できない。実際の活動を通してのみ対象の理解が可能となる。このような中で子どもは対象が見えていないときでもそのものが存在しつづけるという対象の保存（conservation）の認識を獲得していく。

　それではこの時期の子どもたちはどのようにして対象の保存を獲得していくのであろうか。たとえば，赤ん坊はおもちゃが視界に入っているときには興味を示すが，おもちゃが自分の視界から消えると存在しなくなったようにふるまい，探そうともしない。いくつかの感覚から導かれる情報を統合して考えることがまだできないのである。しかし，月齢が進むと視界から消えたおもちゃを探すという探索行動を行なうようになる。これは自分の見ることのできない状態にあっても対象が存在しつづけていることを理解するためと考えられる。

　対象の概念がまだしっかりと構成されていないこの時期は，生まれもった反射というシェマ（たとえば，吸う，握る）を用いて対象の理解を試みていると考えられる。たとえば，母親の胸にある乳首を見つけて吸うという行為を考えてみると，生後2週間ぐらいの子どもであれば，母親の乳首を吸えるものとして他のものと区別することができる。しかし，母親の乳首や乳房を人間の体の一部として認識し，他の部位と区別して理解しているわけではない。安定性のある感覚図式としての乳首の存在認識することで「吸う」というシェマを使うことができると考えられる。このように新生児においてもその感覚はかなり高度なレベルをもっていることが示されているが，残念ながら活動のシェマと結びつくにはさらに時間が必要なのである。

▶ (3) 感覚運動期と対人関係

　前述したとおり，ピアジェの理論においては対人関係に関する記述はほとんど見られない。しかし，ファース（Furth, 1980）はピアジェ理論を拡大して社会に関する思考に応用している。

　ファースは，ピアジェの均衡化の考え方は，社会の中で機能する均衡化と個人の知識の中で機能する均衡化をつなぐことができれば，社会的関係の解釈へ応用が可能であると論じている。これは社会と知識の共通点は，関係（relation）という概念の中に見いだされ，知識は人間や事物の属性としてとらえるのではなく，さまざまな関係の調整とみなすと考えられるからである。ピアジェの理論は構成主義（constructivism）の立場をとっていることは広く知られている。ピアジェは知識を主体と客体の相互的な関係としてではなく，主体と客体の両方を生み出す構成的な関係とみなしているのである。

　この主体と客体を自己と他者や事物の関係として考えるならば，感覚運動期の子どもたちはまさに主体と客体が未分化な状態にあり，他人の行為や感情は自己の感情や相互作用の一部として経験されていると考えられる。初期の段階では偶然という要素に支配されていた行為の結果も，次第に意図に沿った結果を得ようと考えた行為になっていく。しかし，この時点では眼前の欲求の充足を望む行為だけを経験し，他者や事物はこれらの欲求を充足させる行為と結びついているものにすぎない。そして，1歳〜2歳にかけて主体と客体の分離する能力が発達し，客体は（他者を含めた環境）は主体（行為を作り出している自己）の中にあるのではなく，「外在するもの」として経験されはじめていく。つまり，子どもたちが他者や事物の安定性や永続性について知り始めたことを意味している。

2．前操作的思考

▶ (1) 前操作期と知能の発達

　「感覚運動期」につづく次の段階と知られているのが「前操作期」である。この時期は2歳頃から7歳頃までの期間を示している。この2番目の時期の前操作期において子どもは対象の保存について理解できるようになる。この時期には「表象」という資質を獲得し対象の保存の発達を促進していく。子どもは目の前に対象が存在しなくても，心的シェマを構成できるようになる（これらの特徴については後述する）。

この前操作期は第Ⅳ段階としても位置づけられ，第Ⅲ段階の終わりに出現する表象のはたらきとそれに基づく言語の発達によって特徴づけられる。そして，第Ⅳ段階は2歳〜4歳の段階と4歳〜7歳の段階の2つからとらえることができる。
　ピアジェによれば，2歳〜4歳頃の段階の子どもが使う単語は本当の意味での「概念（concept）」を表現するものではなく，「前概念（pre-concept）」あるいは言語的サインとしての「想念（notion）」にすぎないと考えている。ピアジェは「前概念的シェマは未だ理論の概念ではなく，活動パターンを言語面へひきついだものであり，感覚運動的同化のしっぽをいくらかひきずっているのだ」と述べ，概念構造の限界を示唆している。このようなことからこの段階を「象徴的思考段階」として考えることもできる。
　4歳〜7歳の子どもたちは社会性を発達させ，ことばを使って自分の考えを表現できるようになる。だからといって，この頃の子どもは大人と同じ思考プロセスや知識をもっているのではなく，子どもの思考構造は大人の「それ」とは構造上の様相が全体として異なっているとピアジェは主張している。この時期の子どもの思考は「直観的思考段階」と呼ばれることからも推察できるように，表象に基礎をおく「直観」的思考が特徴となる。これは感覚運動的思考に比べると大きな進歩となるが，操作的知能が未発達なため論理的な資質に欠けている。そのため直観的思考には多くの矛盾をもつが，子どもたち自身はこの矛盾には気がつかないという限界がそこに現われるのである。
　感覚運動的思考から象徴的思考，さらに直観的思考への発達は初期の概念獲得のプロセスであるとともに，初歩的な社会感情の萌芽，表象機能に与えられた対人的な感情と価値づけにつながり，その後の思考の発達に大きな意味をもつようになっていく。

▶(2)　表象の獲得と対象の保存
　前操作期の大きな特徴の一つに「表象」という資質の獲得をあげることができる。感覚運動期の子どもたちは感覚や運動を通して思考することしかできなかったが，前操作期の子どもたちは，シェマの基礎となる実際の活動や物，対象がなくとも心的なシェマを呼び起こし，その事象について考えることができるようになる。一般的に「思考」と呼ばれているものがここでようやく見え始め，何かについて考えることができるようになっていく。

この表象の獲得は「対象の保存」の発達をうながし，自分がある対象を見ている見ていないにかかわらず，その対象が存在し続けるということを認識できるようになる。たとえば，好みのおもちゃが目の前になくともおもちゃ箱の中にあるということを，おもちゃ箱の中になければその他のところにあるということを確信して探索することが可能となるのである。しかし，論理的な思考には限界があり，心的な操作をともなうような課題については矛盾や誤りを理解することができない。保存課題としてよく用いられる「液量の保存課題」の例で示されるように，同じ形の2つのビーカーに入った同量の液体の一方を子どもの目の前で高さの違う細長いビーカーに移し変えてその量の違いを聞くと，この時期の子どもたちは，細長く背の高いビーカーに入った液体の方を多いと答える。変換という操作が未発達な前操作期の子どもは知覚的に目立つ問題（この場合は液面の高さの上昇という変化）に対して反応してしまうのである。
　表象の獲得は対象の保存以外にも新たなものの可能性を示すようになっていく。模倣対象となる事象からしばらく時間をおいてから思い出して模倣するという「延滞模倣」，頭の中で問題を直観的に解決することができるという「見通し学習」，他のものを何かに見立てて遊ぶという「ごっこ遊び」を可能にさせていく。さらには表象的思考の萌芽によってもっとも重要な「言語」を獲得していく。

▶ (3)　前操作的知能の限界
　前操作期の知能は操作的知能が発達していないため，後の発達段階の子どもたちや大人たちの知能に見られる論理的資質に欠けている。その代表的な特徴が「自己中心性（egocentrism）」（後に"自己中心性"という用語についてピアジェは"中心化"という用語に変えて使用しているが，ここでは"自己中心性"という用語を用いる）と呼ばれているものである。この自己中心性は子どものわがままを示すものではなく，子どもは自分の立場を離れて物事を見ることができないということである。言い換えれば，自分と違う考え方が存在していることがまだ理解できないのである。さらに，子ども自身はこの自己中心性を自覚していないということもつけ加えておかなければならない。
　このことを示すピアジェとイネルデ（Piaget & Inhelder, 1948）の興味深い実験が知られている。この時期の子どもは3つの山のモデルを見たときに（子どもにはすべての方向からの風景を確認させておく。モデルの全景を確認するにはそ

の周囲を歩いて回らなければならないほどの大きさがある)，自分の位置(A)から見えた風景が別の方向からも見えると主張する（図6-1参照)。何度くり返しても子どもが見ている風景が描かれている絵を選んだという。子どもたちはさまざまな方向から見える風景を協調させることがまだできないため，見る場所で見え方が違うことを理解できないのである。

ピアジェはこの時期の思考の特徴として，子どもは自分自身の個人的な見方や欲求に関わる世界だけしか表象する基盤

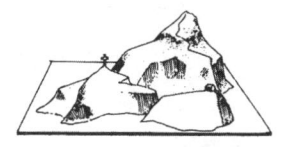

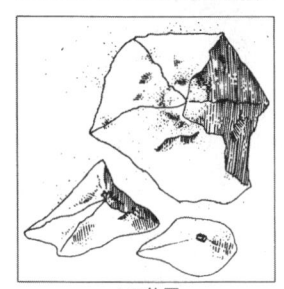

Aの位置
図6-1 ● 3つの山の課題
(Piaget & Inhelder, 1948)

をもち合わせていないということを「自己中心性」ということばで表現した。しかし，思考の発達を考えるならば，自己中心性は客観的な立場に立って思考するために不可欠なプロセスであると考えられる。そして，それは社会生活において自分の考えと他者の考えを調整することによって客観性と概念的真実を獲得し，社会的諸能力の増大につながることを示唆している。考えてみれば「自己中心性」は他者の存在があってはじめて個人的な観点での思考が可能になるのであって，社会的接触がさらにはコミュニケーションが存在しなければ「自己中心性」自体が起こらないことになり，社会的接触（客体としての他者や事物との関わり）が思考の発達に重要であることを意味している。

さらに，一つの考えから次の考えへ飛躍するといった，部分的にはつながりはあるが包括的な統合が見られない「転導思考」や，生物以外にも人間性をもたせること，自分の行動を方向づけたり持続したりするためには外部から直接的な手がかりを与えてもらう必要があるなど，思考の限界が見られるのもこの時期の子どもの特徴である。

▶ (4) 前操作期における対人関係

ピアジェは，「客体の永続性」という概念形成のプロセスの中で，他者との相互関係が自己概念の形成に寄与すると考えていたようである。これは子どものすべての行為をとりまく社会的環境，対人関係の重要性を示唆したものと考えられ

る。また，人間は生まれながらにして社会環境の中に浸り，物理的環境以上にその影響を受けており，社会生活が「言語（記号）」「相互作用の内容（知的価値）」「思考に課せられる規則（集団規範）」の3つを媒介によって，知能を変えてしまうと論じている。

　前操作期では「言語」の習得によって新しい社会関係が現われ，個人の思考を豊かにすることをうながす。しかしこの時期は「自己中心性」にとらわれた人間関係が中心であり，自己と他者の関係を分化させたり，協調させたり，まとめたりすることができない。男の子が「大きくなったらお母さんと結婚するの！」と言うことがある。ほほえましいと感じられるが，そこには自分と母親の関係性が直観的中心性に支配されていることがうかがえる。

　社会性の発達に関する均衡化の過程についてピアジェは2つの人間関係について触れている。まずは一方的な人間関係で不平等な立場の人間の間にあるとする。その典型的なものが子どもと世話をする大人の関係であり，大人が子どもに対して圧力（規則）をかけるという垂直的な関係が見られる。それに対して，相互的な人間関係は平等な立場の人間の間にある水平的な関係である。その典型的なものは仲間関係であり，社会性の発達に関して一方的な関係よりも豊かな社会的理解をもたらすと強調している。当然例外もありうるが，一方的な関係には受動的な模倣とことば上の従順さが存在しているのに対し，相互的な関係は能動的な活動性と自律的な構成により多くの機会を与えるようである。このため，子ども同士の相互的な関係は自律的な人間へ導くための経験として重要であるとしている。

3節　抽象的思考の発達

1. 具体的操作期から形式的操作期への移行

▶(1) 具体的操作期と知能の発達

　3番目の「具体的操作期」は，自己中心性が次第に薄れ「脱中心化」という状況を多面的に考慮する能力が出現し，与えられた事象に対して自分の考えを協調させ体系化させる能力を獲得する時期である。具体的操作期は7歳頃から11歳頃までを示しており，「操作」というシェマの一種を用いて，実際に活動を起こさなくても頭の中で考えることができるようになる。また，状態や状況の移行と

いう「変換」が可能となり，変換されたものをまた元に戻すという「可逆的」な操作も可能となる。基本的な具体的操作の問題に必須であるものとして，対象を象徴的に理解する理論的な洞察と，保存や類の加法・類の乗法といった分類など，具体的操作の構造の知識を獲得していく。ピアジェによれば，操作の発達はこの段階においては具体的状況に結びついており，現状で問題になっていることへの了解はされているという。しかし，あくまでも具体的状況における操作であり，具体的な事象の協調の範囲を越えることはまだできない。

具体的操作期は第Ⅴ段階としての位置づけもあり，情意の側面も認知面と並行して発達することが知られている。前操作期の後期には他律的ではあるが道徳感情の萌芽が見られるが，一般的な規範や道徳としてあらゆる場面に通用するものとはいえない。しかし，具体的操作期を迎えると情意の保存というかたちで「価値の保存」が行なわれるようになり，状況や環境の変化を越えて対象に対して一定の価値を保存していこうとするはたらきが現われてくる。

▶ (2) 保存

具体的操作期のもっとも顕著な特徴に「保存」という具体的操作の知識の獲得があげられる。前操作期の子どもたちは前述したように対象の保存については十分に理解することができる。しかし，「液量の保存課題」の例で示されるように，変換という操作を経ると液量の保存を維持できないという限界を見てしまう。

具体的操作期になると，移し変えられる先のビーカーの幅と高さに注意を払うことにより，液体を移動させたときに起こる液面の上昇という変化とビーカーの特徴を協調させることで液量は変化しないということを理解できるようになる。また，元のビーカーに液体を戻しても液量は変わらないという可逆的な操作についても理解できると考えられる。

このような保存の獲得は直観的思考から操作的な思考への移行によって可能になっていくが，本質的には前述の「操作」という活動が内化されたシェマの獲得が不可欠である。しかし，この保存に関する知識の発達は，保存対象の特徴によって「水平のずれ（horizontal decalage）」と呼ばれるずれが生じるようである。まず「数の保存」が発達し，「液量の保存」が可能となり，遅れて「重さの保存」ができるようになる。これはそれぞれの具体的操作体系を協調させ，より高次な体系をつくることができないという能力的限界のためであり，ゆえに子どもたち

にとってどの保存の問題もそれぞれが新しい問題のように感じられるようである。

▶(3) 分類

　保存以外の操作としてピアジェが具体的操作の中で重視した論理操作の一つに「分類(classification)」に関するものがあげられる。分類に必要とされる知識に「類の加法」がある。「赤いお花と白いお花が花壇に咲いている（A＋B＝C）」とか「生物は動物と植物に分かれる（Z＝X＋Y）」など，上位概念は下位概念を包含することの理解がこれにあたる。たとえば「赤いお花の方が多いか，お花の方が多いか」という質問を考えてみる。「お花」という上位概念に「赤いお花」という下位概念が含まれていること，さらにはその他の色の「お花」の概念の存在もあり，これらによって「お花」という上位概念が成立していることを理解できなければこの質問に正しく答えることはできない。前操作期の子どもたちは類の加法に必要な資質を備えていても，それらを協調させられないが，具体的操作期の子どもたちはこの協調が可能となり正しく答えることができるようになる。

　「類の乗法」は2つの次元を協調させることによって対象を分類していくことをさしている。たとえば，形（丸，三角，四角）と色（赤，青，緑）という2つの分類をかけ合わせて分類することである。「形」という分類から3つのグループに分け，さらに「色」という分類から同様に3つのグループに分けることができ，さらにそれを協調させて，縦と横の配列がどのような関係でできているか具体的操作期の子どもたちは説明できる（"赤い丸"や"緑の三角"などの関係を構成すること）。しかし，前操作期の子どもたちはこのような「色」と「形」を同時に処理することはできないのである。

▶(4) 形式的操作期と知能の発達

　発達の4番目の時期は形式的操作期と呼ばれている。この時期の特徴は課題に含まれる事象について可能な限りの組み合わせを考え，関連のないものをはずしていくということができるようになる。さらに具体的な操作で考えるだけでなく仮説的に考え，抽象的なものについても考えが可能となる。形式的操作による推論は，おおよそ11，12歳で可能になり，これにより具体的操作期に見られていた思考の限界もなくなっていく。

　形式的操作期は第Ⅵ段階としての位置づけもある。単なる形式的な操作だけで

はなく，個人の感情のうえに社会的理想をめざす感情も出現する。理想社会論から人生論にいたるイデオロギーを論じることが可能となる。それらは必ずしもすべてが現実社会から受け入れられるものではないが，青年たちは社会に準拠していこうとする存在として発達していく。このような中で社会の中で果たす自己の役割を，さらに自らのパーソナリティ価値を位置づけていくようになる。

　形式的操作期の思考の特徴，因果的推論を示す例として次のような実験がある（Piaget & Inhelder, 1966）。4つのビンに無色透明・無臭の液体（4つの液体はそれぞれ異なった液体）を入れ，それぞれ，「A」「B」「C」「D」と記号をつけ，さらに同じく液体の入った「E」と名づけられたビンも用意する。ビンの液体を混ぜ合わせて自分で黄色を出してみることを課題とする。黄色を出す組み合わせは「A」「C」「E」であるが，「B」は黄色を消して色が出ないように作用する（たとえば，「A」「C」「E」に「B」を混ぜると黄色は消えて無色透明になる）。「D」は普通の水で液体の反応になんら影響を及ぼさない。

　子どもたちはそれぞれの液体がどのような作用をするかを試行錯誤しながら見つけ出していかなければならない。その結果，具体的操作期の子どもたちは単純な可能性（たとえば「A」と「E」，「B」と「E」というような）についてなら系統的に試みてみるが，どの組み合わせを行なっても黄色が出ないと，5つ全体の組み合わせに飛んでしまい「全部やってみたけど黄色が出ない」ということが多い。実験者が少し手助けをすると「E」と混ぜ合わせる液体は必ずしも1つでなくてもよいということは理解できても，それを系統立ててその組み合わせを試すことができないという。それに対して形式的操作期になると5つの液体の混ぜ方の組み合わせ（たとえば，「A」と「B」と「E」，「B」と「C」と「D」と「E」，「A」と「B」と「C」と「D」と「E」というような）すべてについて系統立てて考えることができるようになる（図6-2参照）。このように交互作用をもっている化学の問題ではいろいろな混ぜ方の可能

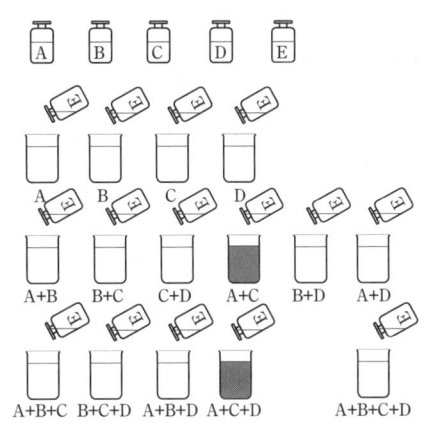

注）形式的操作期になるまですべての組み合わせの可能性を考慮することができない。

図6-2 ●系統立てた実験の例
　　　　（Piaget & Inhelder, 1966 より作成）

性について実際に検証してみなければなぜ黄色が出るのか決めようとしてもできない。系統立てた仮説の検証は，形式的操作期になるまで子どもたちが考慮することはほとんどないと考えられている。

当初のピアジェの理論によれば，この形式的操作の思考はおおよそ15歳頃までに完成するとされていた。しかし，この考え方に対する否定的なデータの存在やピアジェ自身の理論の限定性に対する批判から，1972年にピアジェは理論の修正を行なっている。この修正によれば形式的操作の完成には個人差や文化差があることを，また獲得される理論的思考の種類は個人の適性によって異なっていることも認めている。

▶ (5) 具体的操作期以降の対人関係発達

具体的操作期においては社会システムの理解も進んでいく。さらに重要な社会的発達は仲間関係の中でより進んでいくと考えられる。仲間関係による社会性の発達についてハータップ（Hartup, 1979）は，社会的コンピテンスの発達において仲間関係が重要な役割を果たすことを指摘している。また，ディモン（Damon, 1983）やユーニス（Youniss, 1980）は友情や公正概念，正義に関する理解という社会性の発達が，仲間関係の中で進んでいくと論じている。

しかし，この時期の子どもと大人との関係は仲間関係に比べて精神的に不利であり，そこから生じる子どもの道徳的観念をピアジェは道徳的写実主義（moral realism）と呼んだ。これは行為者の意図を無視して表面的な結果によってその行為の良し悪しを判断することで，社会的秩序が何らかのきまりに従属していると信じていることになる。具体的操作期は，主体－客体関係のうち客体に重心がおかれてしまう傾向にあり，これらが修正されるには主体の構成要素を関係づけたり内面化し，論理的思考や抽象的思考が完成される形式的操作期を待たなければならない。

形式的操作期では大人社会との接触が重要な意味をもつようになっていく。これは，具体的操作期では相互的な仲間関係が重要な意味をもっているとされていたが，形式的操作への発達のためには一方的な大人との関係の中で受動的な自己を理解していかなければならない。社会の中で自己の役割を拡大させたいという欲求は，それまでの仲間関係で見られた能動的な自己と大人との関係で見られる受動的な自己という2つの社会の均衡を生じさせる。この均衡化によって個人的

現実と社会的現実の統合された理解が達成されるとピアジェは考えたようである。

2．大人の思考へ

　前述したようにピアジェは当初，形式的操作の思考が15歳頃までに完成するとしていたが，現実の青年像を反映していないなどさまざまな批判にさらされることになる。世の中には重要な決断を占いに頼ったり，マルチ商法のように論理的破綻が明白な詐欺に引っかかるような大人たちがいることも事実で，形式的操作期を経ても必ずしも論理的思考ができるとは限らない。これに対して前述したとおり，ピアジェは1972年に形式的操作の思考の完成時期に個人差や文化差があるという理論の一部修正を行なっている。それではそもそもピアジェのいう「認識」とはいったい何であり，大人の心とは何であるのか。

　青年は年齢を重ねるとともに個人的な生活環境を模索し，自分の欲求や才能や理想についての理解と，社会的参加や他者についての理解を調整するようになる。しかし，この時点での考えは個人的な欲求や理想を反映したものであり個人的ニーズと社会的ニーズを混同しているといわれる。ファース（1980）によれば，ピアジェとイネルデはこれらの歪みが克服されるためには，職業につくことにより社会に参加していくことであると述べているという。要するに仕事をすることは表面的な形式主義に陥る危険性から若者たちの思考を現実に引き戻す役割も担っているのである。自己概念は青年期のうちに対人関係と対社会的関係の両方向ででき上がり，社会についての概念も論理的で機能的な規則やイデオロギーの枠組みを統合した社会制度の概念に発達していく。ピアジェによればこれらは形式的操作を特徴づける思考の現われとしているが，現実的には社会に積極的に参加することが可能になってからより促進される側面があるのではなかろうか。

　ピアジェの「発生的認識論」は個体の発生に基づきながら特定の科学領域の系統的発生について説明することが目的となっており，この中に個体の認識の発達も含まれていると考えられる。そして，これまで述べてきたような操作的思考の発達につながることになる。しかしファースは，人間の知能の発達を考えた場合その基礎をなすと考えられるのは，自分の考えを他人に伝達し，分かち合い，そして他人の意見と自分の意見を調整しようとする欲求とその機会である，と論じている。さらに，大人の知能と大人の社会的現実は均衡化それ自体の機能によって生み出されるとしている。

第7章
アイデンティティの形成

　アイデンティティの形成は人間の誕生とともに始まり，中年期・老年期を経て死にいたるまで続く人間の発達のプロセスを意味する。本章ではその中でも主として，思春期・青年期以降のアイデンティティの形成についてそのプロセスをたどり考察を加える。参考までに，エリクソン（Erikson, E.H.）の図式を，図7-1に示す。

	1	2	3	4	5	6	7	8
I 乳児期	信頼 対 不信							
II 幼児前期		自律性 対 罪悪感						
III 幼児後期			自主性 対 罪悪感					
IV 学童期				勤勉性 対 劣等感				
V 青年期	時間展望 対 時間拡散	自己確信 対 同一性意識	役割実験 対 否定的同一性	達成の期待対 労働麻痺	同一性 対 同一性拡散	性的同一性 対 両性的拡散	指導性と服従性 対 権威の拡散	イデオロギーへの帰依 対 理想の拡散
VI 成人前期						親密性 対 孤立		
VII 成人期							世代性 対 停滞性	
VIII 老年期								統合性 対 絶望

図7-1 ●心理・社会的危機と同一性拡散に関する個体発達分化図式（鑪ら，1995）

1節　自我の目覚め

　思春期に先立つ児童期の子どもは，一般に親や教師の言うことをよく聞き，ものわかりがよい。これは児童期の特質であり，いわば思春期・青年期における波乱に富む自立への歩みの前奏曲といえるものである。

　児童期の心の平穏さは，自我の目覚めとともに一気に打ち砕かれる。自我の目覚めの重要な要因の一つに，身体的な成長とそれにともなう第二次性徴の発現がある。第二次性徴の発現の時期に関しては，非常に個人差が大きいが，小学校高学年以降に発現するのが通常である。第二次性徴は，男子では体毛の発生や変声，筋骨の発達等を，女子では，乳房の発達や丸びを帯びた体型等の変化をさすが，精通現象や初潮現象ともあいまって，思春期の子どもの心理面に大きな影響を与える。すなわち，思春期の子どもは，身体面の変化等にともなって，今まではそれほど考えなかった自分という存在について，目を向け始めるのである。

　ハーロック（Hurlock, 1973）は，思春期の身体的変化が子どもに及ぼす心理的影響として次の5点を指摘している。

1) 変化の急激さ：思春期の身体的変化は，短期間に急激な変化が生ずるので，それを受け入れて自らの身体像を変えることができないと，過度の羞恥心や自意識過剰に陥りやすい。

2) 心の準備の欠如：第二次性徴の意味や発達についての予備知識をもっているかどうかは，青年がその変化に直面する際の態度に大きく影響する。家庭や学校で正しい知識をきちんと教えることの意味は大きい。

3) 子どもの頃もっていた理想像：成長しつつある青年にとって，子どもの頃に抱いていた理想の大人像とくいちがう特徴があると，それが悩みの種となり，好ましくない身体像をもつことになる。

4) 社会の期待：身体や容姿についての青年たちの態度は，彼らにとっての重要な他者（両親や仲間等）の見方に影響される。他者の見方というのは青年がそう思い込んでいるにすぎない場合もある。

5) ステレオタイプ：望ましくない紋切り型の身体イメージのために，体つきや容姿に関して悪い自己概念をもったり，社会的不適応が生じたりすることがある。「思春期やせ症」といわれるこの時期の少女の神経症はこういった

要因と関わっていることが多い。

　すなわち，児童期の子どもは，自分自身の内面に深く目をやることは少ないが，身体的変化が引き金となって，自我に目覚めた子どもたちは，期待と不安の気持ちをもちながら，自分というものを見つめ始めるようになる。これまでは，自分という存在をあまり気にすることなく過ごしてきたにもかかわらず，自分という存在がとても気になって，落ち着かない日々を過ごすこともある。自分の容姿が気になって鏡ばかり見ていたり，自分に対する友人の一挙手一投足に一喜一憂したりするものである。自分が人の目にどのように映っているのか，自分はどこかおかしな存在なのではないか等と思案をめぐらせたりする。孤独感を感じて，寂しくてしかたがなくなることもある。自我の目覚めは，子どもにとって思春期を迎えた証といえるものであるが，それは同時に子どもに試練を強いる経験ともいえる。つまり，思春期・青年期という時期は，子どもが大人になる入り口に立ったということにほかならない。

　以上のように，思春期・青年期は，自我の目覚めとともに開始する。先述のとおり，アイデンティティの形成は誕生と同時に始まるが，思春期・青年期には乳児期〜児童期までの心理的発達を総合し，これをまとめつつ新たに作り替えるかたちで，アイデンティティの形成は進行していく。中年期以降もこの発達は継続し，アイデンティティはさらに成熟を見せる。そして，この発達は，死にいたるまで続く。

　さて，思春期・青年期以降のアイデンティティの形成をたどる前に，次節で，自我と自己の問題について，少し吟味してみたいと思う。

2節　自我と自己概念

　自我と自己という概念は，一般的には，同義で使用されることが多いが，心理学的には明確に区別をして使用されている。通常，「自我」は意識する主体としての自分，「自己」は意識される対象としての自分をさして用いられることが多いが，そのとらえ方をめぐっては，実に多様な理論が存在する。もちろん，ここでそれらを漏れなく紹介することはできないが，精神分析的自我心理学，社会心理学的自己論の観点から，以下に，その代表的なものに絞って記述していくこととしたい。

第7章 アイデンティティの形成

　精神分析的観点からの自我を中心とした図式の概要を，図7-2に示す。精神分析の創始者であるフロイト（Freud, S.）は，自我は，欲求（エス），超自我（良心），現実（外界）という3つの心の領域を意識的・無意識的に調整し，それらをまとめる役割をもつと考えた。その後の自我心理学派においては，自我を「機能」によって定義し，自我が人間の適応にとって重要な役割を果たすと考えるようになった。アイデンティティ概念の提唱者であるエリクソン（Erikson, E. H.）も，自我心理学派に属する一人であるが，彼のいう「アイデンティティ（ego identity）」とは，この自我の統合機能（意識・無意識を含む）にほかならない。

　図7-2を見ると，自我はこの図の中心に位置づけられている。図の下方には「欲求」が，上方には「超自我」と「現実」が位置づけられている。これによれば，「自我」は，「欲求」や「超自我」「現実」の影響を受けつつも，それらを調整し，自我が防衛機制をはじめとする適応機能を発揮していくメカニズムが記されている。図中の「自我」の左側に向かう矢印の先には「合理的な行動」や「健康なはけ口」という適応的な行動が記述されている。また，その一方で，図中の「自我」の右側には「情動・行動障害」や「神経症」等の種々の不適応行動が位置づけられているが，これは，「自我」の適応機能の過剰ないし失敗を意味するものである。「アイデンティティ」というものも，この枠組みでとらえることができ，「アイデンティ

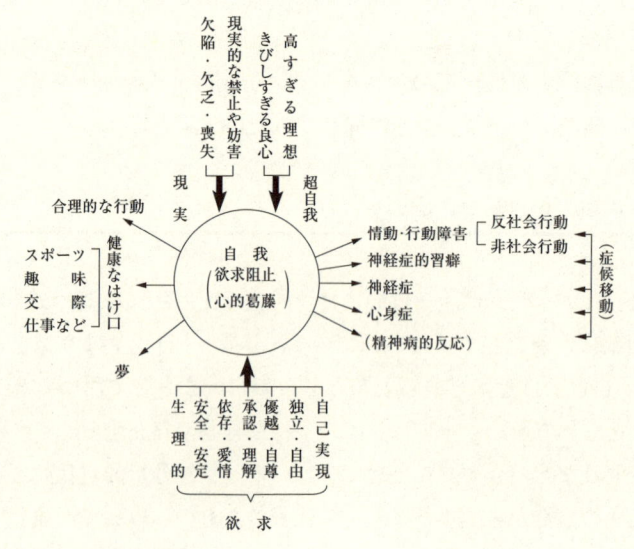

図7-2 ● 心の力学（前田, 1985）

ティ」とは，人間の心理的な健康を維持するために自我が精力的に行なう意識的・無意識的な適応のための機能にほかならない。

　他方，社会心理学的自己論に関しては，その代表の一人であるミード（Mead, G. H.）の自己論を取り上げる。彼の理論は「社会心理学的」と呼ばれているとおり，社会（他者）との関連を重視している。つまりミードが「自己」というとき，それはその人が生きている社会集団の行動や態度がその人の内面に取り入れられたもの（自己概念）を意味する。その一方で，ミードは，自己を「主体的自己」と「客体的自己」に分類しているが，この前者は個人の個別性・独自性を生じさせる自己の内容，後者は社会の構成員として共通の行動や態度を生じさせる自己の内容をそれぞれ意味しており，ミードは，社会的相互作用の中で育まれる「客体的自己」とのバランスにおいて「主体的自己」が成熟していくことの重要性を説いているのである。

　さて，自我と自己の概念的定義について若干の検討を行なったが，これら2つの理論の吟味によって見えてきたものは，「自我」については，人間が意識的・無意識的に行なう適応のための機能を意味しており，「アイデンティティ」も，まさにこれに対応する概念であること，また，「自己」に関しては，人間が社会的相互作用を通して発達する，いわば「社会的な自分」を意味する概念であるということであろう。

　しかし，本節の冒頭で述べたように，「自我」「自己」に関する理論の整理は，これほど単純なものではなく，非常に複雑であるということも考慮しておく必要がある。たとえば，同じ精神分析の流れに属していながら，ユング（Jung, C. G.）の考える「自我」は，自我心理学派のそれとはまったく異なるし，むしろ「自己」を広大な無意識の世界を包括するものとしてとらえているのである。

　以上，簡単にではあるが，「自我」と「自己」の概念をとらえたところで，次に，青年期以降に限定して，「自我」の総合機能としてのアイデンティティの形成をたどってみることにしよう。

3節　青年期におけるアイデンティティ

1．青年の生活

　思春期に自我に目覚めた子どもたちは，期待と不安の気持ちをもちながら，しきりに自己の内面の探求を行なうようになる。現代では，中学生から大学生の年齢を経て，30歳前後までを青年期と位置づけるのが普通であるが，いずれにしても，現代の子どもたちは，15年～20年という長い年月を「青年」という形で過ごすことになる。

　多くの青年は，青年期の大半の時期を学生として過ごし，勉学とともに，交友関係などを充実させ，自身の人生を前に進めていく。ある青年は，受験勉強を続け，いわゆるエリートとして大学まで進むかもしれない。別の青年は，勉強があまり得意でないこともあり，学生生活は，中学や高校で終え，早めに社会に出ていくかもしれない。また，不登校やひきこもりをくり返して，ニートとして生活を送っていく青年もいるかもしれない。青年の人生は，このように実に多様である。青年の数だけ人生の種類があるといえるものである。

　また，青年たちは，親から心理的に自立するという重要な課題に対処せざるを得ない。そのプロセスでは，親に対する反抗が生じる（第二反抗期）。反抗は，大人の側からすれば困りものであるが，青年が自立していくためには，このプロセスは不可欠のものである。青年は，自立への歩みを進める中で，自分の過去・現在・未来にわたる人生に目をやりつつ，自問自答をくり返しながら未来を見据えた歩みを進めていく。たとえば，「職業は何がよいのか？」「結婚はするのかしないのか？　あるいはするのであれば，いつ頃するのか？」等々，身近になった近い将来も考えるようになっていく。その点でいえば，バブル崩壊以前は，終身雇用制にも守られて，一度選択をすれば良くも悪くも職業生活は安定する面があったが，現代はその状況が一変し，職業面での流動性が顕著になってきたし，結婚に関しても，晩婚化の傾向の増加や生涯結婚しない青年なども増えてきている。この背後には，社会における価値観の多様化があるが，これは，青年からすれば可能性の増大という側面もあるが，別の見方をすれば，先が見えにくい社会という面や人生の不安定さという認識を増幅させてしまっているようにも見える。

このような状況は，青年にとって厳しく感じられる面もあるが，青年は未来を切り開く可能性を有した存在でもあり，力強く歩んでいくはずである。

親からの自立を果たすうえで，「友人」の役割は，非常に重要なものがある。宮下（1995）は，青年期の友人関係の意義として，①自分の不安や悩みを打ち明けることにより，情緒的な安定感（安心感）が得られること，②自己を客観的に見つめることができること，③人間関係が学べること，という3点を指摘しているが，これは，青年はともに人生を進めていけるような友人（親友）を必要としていることを指摘したものである。青年期は，不安や悩みが多い時期であり，時にそれが青年の人生を圧倒してしまう可能性もある。友人（親友）をもつということは，青年期のこの負の側面を緩和させ，青年期の正の面を際立たせていくという役割を果たすのである。

エリクソン（Erikson, 1964）は，青年期とはサーカスの曲芸師が揺れ動く空中ブランコを渡るように，青年は児童期という横棒を離して，かなたの成人期というもう一つの横棒に向かって空中を飛ばなければならない時期であることを指摘しているが，青年は究極的にはこの作業を行なうために，いまひとつ先が見えないながらも人生の階段を少しずつ上っていくと考えられる。

2．同一性と拡散

図7-1の左上から右下に向けて位置づけられた「対」で結ばれた概念は，「心理社会的危機（psycho-social crisis）」と呼ばれるもので，乳児期から老年期にいたるまで存在する。青年期に位置づけられているのが「同一性 対 同一性拡散」である。この「同一性」の原語は，もちろん ego identity ないし identity であり，これが一人歩きした形で，エリクソンの理論はアイデンティティ理論とも呼ばれている。しかしエリクソンは，アイデンティティを青年期に限定したものとして論じているわけではなく，アイデンティティは乳児期から老年期にいたる生涯全体を通して発達していくと考えている。しかるに，青年期に位置づけられた「同一性（アイデンティティ）」は，狭義のアイデンティティを意味し，エリクソンは青年期に「同一性（アイデンティティ）」の重要な達成の区切りが存在すると考えたに過ぎない。

では，青年期における心理社会的危機としての「同一性 対 同一性拡散」とは，何を意味するのであろうか。それを解明するためには，まず，「対」という概念

の読み方を知っておかなければならない。図7-3がその資料となるものである。「対」の読み方に加えて，もう一つ理解しておかなければならないのが，エリクソンのいう「心理社会的」という意味である。エリクソンの理論は，正確には心理社会的発達理論と呼ばれるように，個人の心理的発達は「社会」との相互作用により強く規定されると考えている。この「社会」とは，マクロな意味での歴史を含む社会から，日常生活の中で出会うさまざまな他者まで広範囲のものをさすが，人生のそれぞれにおいて，もっとも重要となる「社会」の具体的内容を指摘している。たとえば，乳児期であれば「母親的人間」が，学童期には「近隣や学校の人間」が，青年期には「仲間クループ」といった具合である。

これらの要素を考慮しつつ，青年期の心理社会的危機である「同一性 対 同一性拡散」の読み取り方を考えてみよう。青年期は，先述のとおり，自我の目覚めとともにスタートするが，大人になる前段階ということで，その若さを十分発揮する一方で，多くの悩みや不安に襲われる時期でもある。それらにいかに対処するかということを考えるとき，青年にとって，友人をはじめとする仲間の存在や，自分の価値観にかなう集団との出会いという点が非常に重要であり，そのような「社会」との出会いが「同一性」を獲得していくうえで必要不可欠ということを意味している。それでは，「対」はどのように読むかといえば，それは，この「対」の前にはいわゆるプラスの概念が，後ろにはマイナスの概念が位置づけられており，「社会」との関連において，前者が後者を相対的に上回る形で獲得されていくことが心理的に重要であるとい

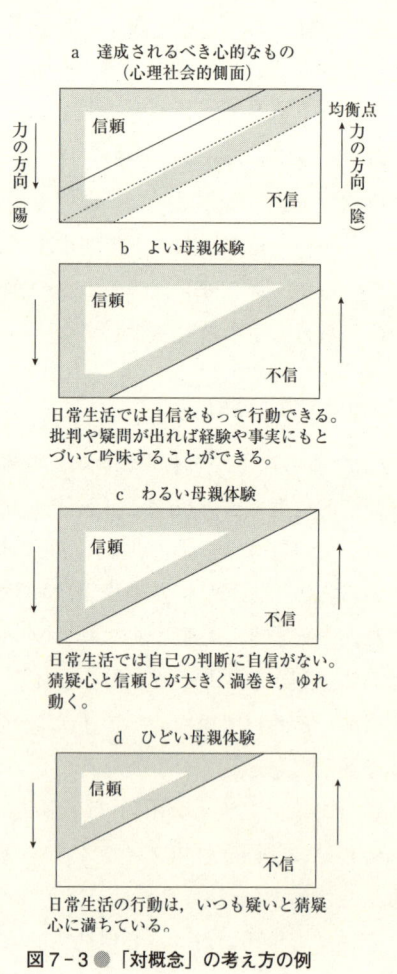

a 達成されるべき心的なもの
（心理社会的側面）

信頼／不信　均衡点　力の方向（陽）／力の方向（陰）

b よい母親体験

信頼／不信

日常生活では自信をもって行動できる。批判や疑問が出れば経験や事実にもとづいて吟味することができる。

c わるい母親体験

信頼／不信

日常生活では自己の判断に自信がない。猜疑心と信頼とが大きく渦巻き，ゆれ動く。

d ひどい母親体験

信頼／不信

日常生活の行動は，いつも疑いと猜疑心に満ちている。

図7-3 ●「対概念」の考え方の例
（鑪，1983）

うことを指摘している（図7-3参照。この図7-3の「信頼」を「同一性」,「不信」を「同一性拡散」,「母親」を「仲間」と読み替えて読んでいただきたい）。しかし，ここで注意しなければならない点として，エリクソンは，この「対」で結ばれた後者の概念を，必ずしもマイナスの側面としてだけではなく，人間の発達にとって必要であると考えていることがあげられる。青年期の「同一性拡散」がそれであるが，これは，簡単にいえば，迷い混乱する青年像を意味するが，これも必要と考えていることになる。青年は迷ったり混乱したりしながら（同一性拡散），それでも前向きに人生を進めていく（同一性）のであり，青年期の終わり頃に，「同一性」の方が上回って獲得されていれば，それで健全な発達を遂げている（いわゆる，アイデンティティが達成されている）といってよいのである。

　以上が，「同一性 対 同一性拡散」の読み方であるが，これではまだ理屈っぽいという印象をもたれてしまうかもしれない。理屈ではなく，要するに，アイデンティティを達成した青年とはどのような人間なのかという点に回答する必要があろう。この点に関していえば，現在の自分に「違和感」を感じるか否かということに凝縮されていると思われる。青年期にはいろいろな悩みや不安がつきものであるが，それらに過度のこだわりをもっている間は，「違和感」を感じているはずであるし，それほどのこだわりがないのであれば，「違和感」を感じていない，といってよいかもしれない。要は，（外見からはわかりくいが）本人の自分に対する主観的な「違和感」が少なく，自信をもって，前向きに人生を過ごせているかどうかということが，アイデンティティの意味する実質的な内容といってよいであろう。

　青年期のアイデンティティとは，青年の人生の自立とその後の充実した人生を保証するキーワードの一つといえるかもしれない。まさに，かけがえのない唯一無二の人生を生き生きと歩んでいくということにつながるのではないだろうか。

3．家族とアイデンティティ

　図7-1を見ると，青年期に続く時期として成人前期があり，その心理社会的危機として「親密性 対 孤立」が位置づけられている。この親密性という概念は，異性を意識した概念で，その後の結婚や家族をもつという点を内在化させていると考えられるものである。これは，アイデンティティをある程度内在化させた青年は，その後の人生を進めるべく，異性や家族に関心を寄せるというメカニズム

表7-1 ●家族発達プロセスに見られる課題と危機 (岡本, 1999)

発達段階	主要な心理的課題	顕在しやすい夫婦間の危機
Ⅰ 新婚期 (結婚から第1 子誕生まで)	1. 夫婦双方がそれぞれの出生家族から，物理的・心理的に分離し一つの統合体としての夫婦システムを構築する。 2. 性関係を通じて，夫婦間の親密性を深めるとともに，家族計画の面で，合意に達する。 3. 経済的に自立し，収支の責任を分担する。	・自立と依存，権利と義務の葛藤。 (性的不適応，家庭内役割の不適応，職業的不適応など)
Ⅱ 出生・育児期 (第1子の誕生 から第1子の 就学まで)	1. 夫婦の2者関係から子どもを含めた3者関係へ家族システムを再編する。 2. 増大する経済的負担の調整。 3. 育児によって増大した家庭内役割の分担。 4. 親役割の受容。	・親役割への不適応。 ・「思春期」的目標と現実目標との葛藤。
Ⅲ 拡大期 (子どもが学童 期の時期)	1. 子どもの自立性と家族への所属感・忠誠心とのバランスが適切であるようにつとめる。 2. 子どもに期待しすぎて重荷を感じさせることがないように，また何も期待しないことで悲しませることがないように，親子間のバランスを維持する。 3. 親として子どもとの心理的な分離にともなう不安や心配に対応する。 4. 家族システムにおける親子間の境界や親子のまわりの境界の変化に適応する。	・個々人の目標と家族目標の不一致と葛藤。 ・妻の生活領域の拡大にともなう葛藤。
Ⅳ 充実期 (子どもが10代 の時期)	1. 親子関係における自立と責任と制御の面で，基本的信頼感を損なわずに，親子関係を再規定する。 2. 夫婦がそれぞれのアイデンティティを見直し，老年期へ向けての心理的な準備を始める。	・夫婦関係の再認識にともなう葛藤。 ・さまざまな次元での対象喪失にともなう不適応と葛藤。 ・更年期の混乱にともなう葛藤。 ・夫の「自己価値」の認識にともなう葛藤。
Ⅴ 子どもの巣立 ち期 (第1子の自立 から末子の自 立まで)	1. 親子の絆を断つことなく，親と子が分離する。 2. 2人だけの夫婦システムの再構成。	・対象喪失にともなう葛藤。 ・衰退への不安。 ・老後の生活安定への志向をめぐる葛藤。
Ⅵ 加齢と配偶者 の死の時期	1. これまでの生活体験を総括し，自分たちの生涯を意味深いものとして受容する。 2. いったん分離した子どもの家族との再統合。	・子どもの家族との再統合をめぐる葛藤。

を記述したものである。現代では，価値観の多様化等もあり，複雑な様相を呈しているということも事実であるが，人間にとっての家族の問題は，一貫して重要なものであることに変わりはない。

表7-1は，家族発達のプロセスを記述したものであり，家族のありようとしては，「新婚期」「出生・育児期」「拡大期」「充実期」「子どもの巣立ち期」「加齢と配偶者の死の時期」という6段階が存在することがわかる。エリクソンの理論

との対応をいえば，おそらく，表7-1の「新婚期」かせいぜい「出生・育児期」くらいまでが，エリクソンの「成人前期」に，また，それ以降は，エリクソンの「成人期」や「老年期」に該当する内容であるが，いずれにしても，それぞれの時期において，家族成員が力を合わせることにより，家族としてのまとまりや統合という家族の成長を獲得することができるのである。

これに関連して，尾形と宮下（1999）は，父親の家庭での家事や子育てへの関与と，家族成員の適応ならびに父親の心理的な成長との関連に関して検討を行ない，表7-2に示すように，父親の家庭での協力が母親の精神的ストレスを軽減するという結果を見いだしている。また，尾形と宮下（2000）は，父親の家庭での協力が高いほどその家庭の子どもの共感性が高いことや，父親自身の自我同一性が高くなることを見いだしている（表7-3，表7-4参照）。これらの結果は，家族の健全な成長を考えるにあたっては，母親はもちろんのこと，父親の協力も欠かせないことを実証的に示しているのではないだろうか。

表7-2 ●父親の家庭での協力と母親の精神的ストレスとの関係 （尾形・宮下，1999）

父親の家庭での協力 \ 母親のストレス	集中力の欠如	孤立感	心的疲労感	自己閉鎖感
家事へ援助	-.029	.063	.067	-.102
夫婦間のコミュニケーション	-.245**	-.196*	-.090	-.349**
子どもとの交流	-.128	-.103	.088	-.189*

注）**$p<.01$　*$p<.05$

表7-3 ●父親の家庭での協力と子どもの共感性との関連
（尾形・宮下，2000）

学年 \ 父親の協力	子ども・妻とのコミュニケーション	家事への援助
全体	.215**	.175*
2年生	.438**	.265*
4年生	.119	.026
6年生	.022	.216

注）**$p<.01$　*$p<.05$

表7-4 ●父親の協力と父親自身の自我同一性との関連 (尾形・宮下, 2000)

自我同一性 父親の協力	第Ⅴ段階 (同一性対同一性拡散)	第Ⅵ段階 (親密性対孤立)	第Ⅶ段階 (世代性対停滞性)	第Ⅷ段階 (統合性対絶望)
(全体)				
子ども・妻との コミュニケーション	.252**	.420**	.422**	.174*
家事への援助	.092	.197*	.172*	−.057
(2年生)				
子ども・妻との コミュニケーション	.184	.335**	.459**	.151
家事への援助	−.012	.195	.119	−.080
(4年生)				
子ども・妻との コミュニケーション	.435**	.443**	.377**	.336*
家事への援助	.286*	.113	.251	−.016
(6年生)				
子ども・妻との コミュニケーション	.145	.522**	.413*	.016
家事への援助	−.047	.298	.074	−.124

注) **$p.<01$ *$p.<05$

4節　中年期・老年期におけるアイデンティティ

　中年期は，エリクソンの理論でいえば，「成人期」が，それに相当すると考えてよいであろう。成人期の心理社会的危機は，「世代性 対 停滞性」であり，いわゆる「社会」としては，自ら結婚をして作り上げた「家族」がそれに該当する。つまり，中年期にある人は，自らの家族との関わりにおいて，「世代性 対 停滞性」の危機を乗り越えていくことになる。しかし，ここで一つの疑問がわいてくる。「自らの家族を持たない人は，この時期の心理社会的危機を乗り越えることができないのであろうか？」エリクソンは，この点に関して，修道女を例にあげて，自らの家族ではなくとも，次の世代に関心をもち関わることによって，人はこの危機に対処可能であることを指摘している。教師が児童や生徒と関わることも，これとまったく同様のことがいえる。

　つまり，何がいいたいかといえば，中年期にある人は，次の世代に関心をもち，次の世代と関わることにより，この時期の心理社会的危機である「世代性 対

停滞性」を乗り越えていくことができるということである。それが，アイデンティティという名の生き生きとした人生の充実感の獲得につながるわけである。

　また，老年期の心理社会的危機は，「統合性 対 絶望」であるが，この「統合性」とは，自らの人生を唯一無二の人生として肯定的に受け入れることを意味している。これは，「死」の受容とも関係する。現代の日本は，長寿大国となり，長い老年期を充実して過ごすことができるが，誰にでもいずれ「死」は訪れる。老年期には，人生を精いっぱい楽しく生きていくという反面，自分の人生のレヴューを行ない，自らの人生を整理する作業も不可欠となる。このようなプロセスにおいては，必ず「絶望」の感覚も生じてくるが，次の世代にバトンタッチをするという意識をもちつつ，自らの「死」を受容していくことにより，この時期の人生もいっそう輝きを増し，より生き生きとしたものとなることであろう。

　「統合性」の対をなす「絶望」の感覚とは，自らの人生に対する大きな後悔を意味するものであるが，これは多かれ少なかれ誰にでも存在する。この時期に可能な限りそれを補償しようと考えることも重要かもしれないが，むしろ家族などの助けを借りつつ，自らの人生のよい思い出や楽しかった思い出を探求することにより，「統合性」のウェイトを増加していくことを考える方が賢明なことが多い。つまり，人間の人生は，最後まで「社会的」なものであり，誰もその助けなしには，人生を歩むことはできないのである。

　その関連でいえば，身近に高齢者をもつ家庭では，互いの密なコミュニケーションを保つことがもっとも重要なことである。とくに，周囲の人は，高齢者の話を嫌がらずにじっくり聞くこと。これによって，高齢者は，自らの人生を整理し，「統合性」の感覚をもつことができるとさえいえるからである。

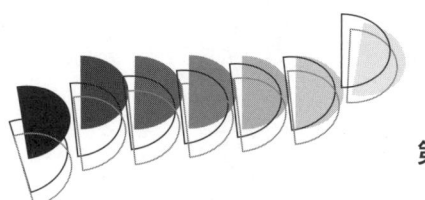

第8章 社会生活の開始

1節 社会の変化と子ども・青年

　現在，高校進学率（2005年は5月1日現在）は，97.6％と過去最高であり，中学卒業者の就職率は0.7％ときわめて小さい。高校卒業者の7割弱（66.3％）は，専門学校・短大・大学へ進学し，青年が就職して社会に出る年齢は年々上昇している。社会人になるための準備期間が長期化しているのだ。社会環境の急速な変化に若者の就職状況は大きく左右され，就職に際して要求される条件も変わる。就職は，若者の社会的，精神的，経済的自立に深く関わり，ひいては結婚に多大な影響を及ぼす重要な要因である。若者の就職難，失業，労働離れが社会問題化している今日，学校教育においても，総合学習，体験学習，家庭科等を通じて，職業や労働について学習する機会を設けている。それだけ，若者が学校教育を離れ，社会生活を開始しようとするとき，いろいろな選択肢と困難が待ち受けている時代だということである。この章では，学校を卒業して社会に巣立つにあたって重要な点を，就職と結婚に焦点を当てて取り上げてみたい。とりわけ，社会の変化と切り離せない若者の就職（図8-1）と若者自身の質的変化を時代を追ってとらえ，さらに結婚と関連させて彼らの「自立」を考察する。

110　第8章　社会生活の開始

職業	高校生(平成13)	大学生(平成13)	高校生(平成11)	大学生(平成11)
弁護士，裁判官	0.9	2.5	0.0	3.2
政治家	0.5	0.0	0.0	0.8
医師	0.5	0.0	0.3	1.6
教員	6.0	2.5	3.9	3.2
大学教授，科学者	1.9	1.7	1.9	3.2
パイロット，客室乗務員	0.5	0.0	0.3	2.4
プログラマー，建築士，技術者，通訳など	8.3	10.1	12.9	12.7
会社社長	0.9	2.5	0.6	4.8
会社員	4.6	10.9	14.8	9.5
公務員	4.6	14.3	8.4	7.1
新聞記者，レポーターなど	0.0	2.5	1.9	2.4
商店主などの自営業者	0.5	0.0	0.8	2.4
店員，販売員など	4.6	3.4	2.4	—
運転手，大工，工員など	1.9	2.5	0.0	1.3
スポーツ選手	1.9	0.0	0.3	3.2
歌手，俳優，タレントなど	5.1	2.5	5.5	1.6
コック，理容師，美容師など	2.8	0.0	5.5	0.8
画家，デザイナー，音楽家，作家，マンガ家など	6.9	5.0	8.1	3.2
看護婦，看護士，保育士など	8.8	2.5	9.7	4.0
警察官，自衛官，消防士など	1.4	0.0	3.5	1.6
農業，林業，漁業などの従事者	0.5	0.0	0.8	0.0
宗教家	0.0	0.0	0.3	0.0
その他	9.7	11.8	3.5	4.0
就職する意志はない	0.0	0.0	0.6	0.0
当面は就職するつもりはない	0.5	＊	0.8	＊
まだわからない	21.8	17.6	21.0	25.4
無回答	5.1	4.2	2.3	0.8

【平成13】 ■高校生　▨大学生
【平成11】 □高校生　▥大学生

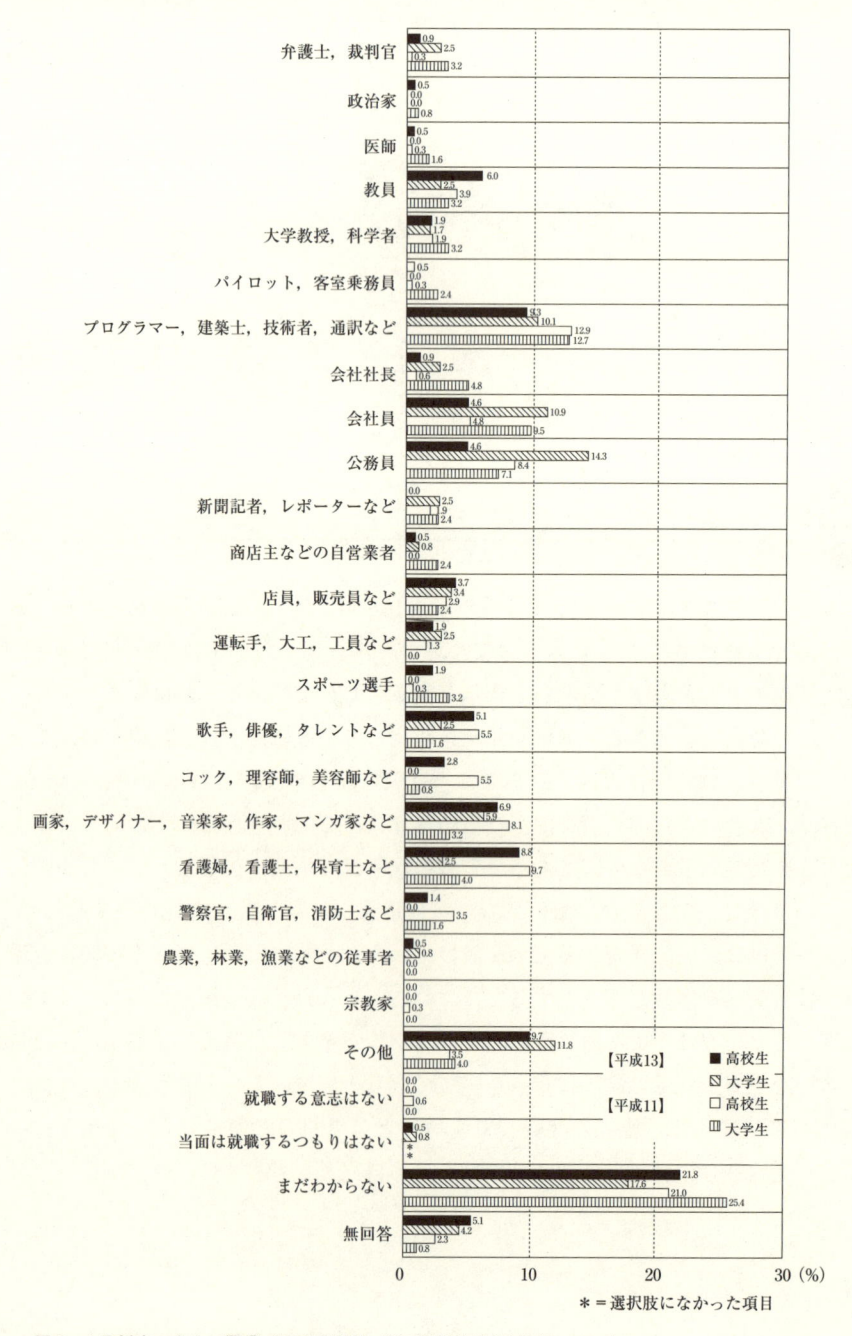

＊＝選択肢になかった項目

図8-1 ●将来つきたい職業（時系列比較）（埼玉県総務部青少年課，2001b）

1．小学生・中学生・高校生の労働観・職業観

　小学生・中学生・高校生の労働観・職業観を見てみよう。小学生では「スポーツ選手」が，将来つきたい職業の1位であるが，中学生になると，希望する職種が多様になり，分散する傾向が強い（図8-2）。

　ほとんどの子どもが高校に進学する今，小学生が実際に就職することを前提に職業を選択することは難しい。現実に職場で労働をし，引き替えに賃金を得る経験をするのは，高校生になってからである。高校生のアルバイト経験率は，1年生9.8％，2年生25.2％で，大都市ほど率が高い（大都市28.8％，郡部11.5％）（Benesse 教育開発センター，2006）。高校生の4人に1人はアルバイト経験がある。では，希望する職業に就くために，事前にどのような準備をしているのであろうか。学生も現在職に就いていて転職を考える有職者（15歳～24歳，以下同様）もともに，「特に何もしていない」（30.7％，28.6％）割合がもっとも高い（埼玉県，2001a）。中には学生と有職者で，準備に違いが見られるものがある。学生では「大

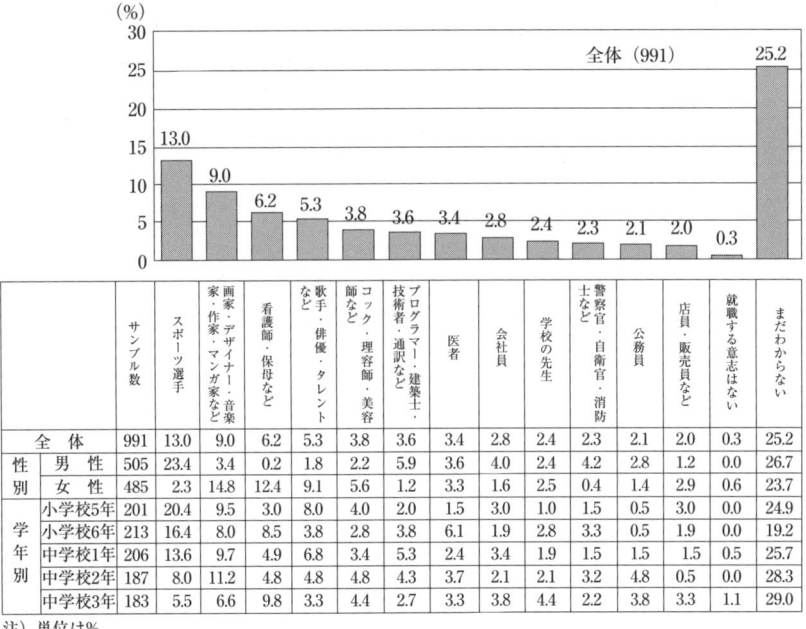

		サンプル数	スポーツ選手	画家・デザイナー・音楽家・作家・マンガ家など	看護師・保母など	歌手・俳優・タレントなど	コック・理容師・美容師など	プログラマー・建築士・技術者・通訳など	医者	会社員	学校の先生	警察官・自衛官・消防士など	公務員	店員・販売員など	就職する意志はない	まだわからない
全体		991	13.0	9.0	6.2	5.3	3.8	3.6	3.4	2.8	2.4	2.3	2.1	2.0	0.3	25.2
性別	男性	505	23.4	3.4	0.2	1.8	2.2	5.9	3.6	4.0	2.4	4.2	2.8	1.2	0.0	26.7
	女性	485	2.3	14.8	12.4	9.1	5.6	1.2	3.3	1.6	2.5	0.4	1.4	2.9	0.6	23.7
学年別	小学校5年	201	20.4	9.5	3.0	8.0	4.0	2.0	1.5	3.0	1.0	1.5	0.5	3.0	0.0	24.9
	小学校6年	213	16.4	8.0	8.5	3.8	2.8	3.8	6.1	1.9	2.8	3.3	1.9	0.0	0.0	19.2
	中学校1年	206	13.6	9.7	4.9	6.8	3.4	5.3	2.4	3.4	1.9	1.5	1.5	1.5	0.5	25.7
	中学校2年	187	8.0	11.2	4.8	4.8	4.8	4.3	3.7	2.1	2.1	3.2	4.8	0.5	0.0	28.3
	中学校3年	183	5.5	6.6	9.8	3.3	4.4	2.7	3.3	3.8	4.4	2.2	3.8	3.3	1.1	29.0

注）単位は％

図8-2 ●将来つきたい職業（埼玉県総務部青少年課，2001a）

学や短大で職業について専攻している」(23.2％)，「その職業に就いている人から話を聞くなどして情報を収集している」(14.2％)，「その職業に就きたい人が通う専門学校に通っている」(12.5％) 割合が大きい。有職者では，「希望する業界でアルバイトをしている」(23.2％)，「その仕事を始める資金を蓄えるためにアルバイトをしている」(21.4％)，「就職情報誌で求人情報を探している」(10.7％) 等の割合が大きく，学生に比べ直接職業に結びつく準備行動がとられている。

働く目的を見ると，高校生，大学生，有職者とも共通して，「自分らしい生き方をしたい」「楽しい生活をしたい」「自分の能力を生かしたい」が4割〜5割に達している。若者が職業を「自分らしさ」を獲得し，自己の能力を発達させ，生活を充実させるために重要で不可欠なものと見ていることがわかる。「自分に合った仕事を見つける」ことは，社会的・経済的自立を可能にし，社会人としての成熟をうながす大きな契機になる。とはいえ，初めから適職を見いだすことは容易ではない。経験を積み重ね，仕事に熟練する過程で自ら選択した職業を「適職」に作り上げていく部分が大きいのかもしれない。未就職者が，その理由の1位に「自分に合った職業が見つからない」をあげていることにも，職業選択の難しさが表われている。学校にいるうちから，将来職業に就くことを忌避する子どもはいない。労働の重要性，仕事の魅力を学習させ，感じとらせながら，生徒・学生が，学校から社会に職業人としてスムーズに出ることができるように橋渡しし，職業紹介・就業斡旋が十分機能するように制度が設計されなければならない。

2．労働意欲をむしばむ青年の無気力

1960年代には好景気が続き，"岩戸景気""いざなぎ景気"と呼ばれた。経済成長率は目を見張るものがあった。「わが国経済は，ここ数年来，著しい成長を遂げ…，昨年度は十七％という目ざましい拡大を示し…おおむね順調に推移し，予想以上の拡大が期待されております。このような過去の実績から見ましても，わが国経済は強い成長力を持ち，今や歴史的な発展期にある。そこで，政府は，今後十年以内に国民所得を二倍以上にする…」。池田首相は自信をもって語った（内閣制度百年史編纂委員会，1985）。所得倍増計画である。地方の中学卒業者を運ぶ集団就職列車の編成は，1960年代前半にピークを迎えた。1963年には，文部省（現 文部科学省）は，産業の発展に対応した高等専門学校の設置を決めた。産業の発展と若者の都市部への集中は，"三ちゃん農業"（「父ちゃん」は出稼ぎ

をし,「母ちゃん」「じいちゃん」「ばあちゃん」が農業を担うこと)を生み出した。堅調な経済成長は,1964年の東京オリンピックに象徴される。完全失業率は1960年代〜1970年初期には1％程度で,景気は好調であった。

国民総生産(GNP)が前年比10％以上にもなる高度経済成長を達成し,そのための労働者の養成は急務であった。1962年4月には5年制の国立工業高等専門学校12校が開校し,中堅技術者の養成に大きな役割を果たした。中高級労働者養成のために大学は大衆化の傾向をさらに強めた。この頃から,高校生や若者に「無気力・無関心・無責任」が拡散し,「三無主義」がいわれるようになった。「三無主義」は,若者の社会からの乖離とエネルギーの内向化を示唆し,今日の教育問題・青少年問題を暗示するものであった。

3. 無気力・モラトリアムの克服

第4次中東戦争により,1973年11月16日に政府は「石油緊急対策要綱」を策定し,エネルギー消費を減速させた。NHKは,午後11時以降放送を自粛し,1974年の東京モーターショーは中止された。石油ショックは,物価を押し上げ(狂乱物価),高度経済成長は終わった。1974年度の倒産件数は11,600件で戦後最高を記録し,不況は深刻化した。1975年の完全失業者は100万人を超えた(完全失業率1.9％)。

この時期,中学生・高校生の事件が顕在化し始めた。1979年には,中学1年生が「壁」と呼ばれ続け,死に追いやられた。いじめ問題の走りの事件であった。この年には,中学生や高校生の自殺や,祖母・友人の刺殺が相次いだ。青少年による家庭内暴力・校内暴力は,1970年代からいわれだした。若者・学生が就職を先延ばしにし,社会に関わることを避ける傾向が強まり,社会への帰属意識が希薄なモラトリアム人間の存在が指摘されたのもこの頃である(小此木,1979)。若者が社会から遊離し始め,精神的な「閉じこもり」「内閉化」が潜在的に進行していたにもかかわらず,解決すべき有効な方策が講じられないまま今日にいたっていることは,問題の根深さを示すものである。

4. 労働意欲の育成

1980代年に入り,校内暴力,家庭内暴力が急増した。1982年には,全国の中学・高校の637校の卒業式で,校内暴力を警戒して警官が立ち入り警備をしたほどで

あった。1970年代後半から顕著になった「いじめ」が、深刻な社会問題化したのも1980年代である（坂西・岡本，2004）。一方，1983年には，我慢と努力を嫌う「新人類」等，新人類ということばが使われ，若者の心理的未熟さがシンドロームとして指摘された。「行動を抑圧され，恐怖を抱いて，女性はあいまいな状況に足止めされ，その精神を生き生きと働かせたり，想像力を発揮できないでいるのはシンデレラのように，女性はひたすら待ち続けているのです，自分の人生を一変してくれる救いの王子様を」（シンデレラ・コンプレックス：Dowling, 1982）。「尊大で，思い上がった横柄な態度を示しやすく，謙虚さが感じられない，協調性もなく，機転もきかない。こらえ性がなく，我慢して待つという能力が身についていない。最初に就職した企業の中に青い鳥が見つかるまで待つことができない」（青い鳥症候群：清水，1983）。「成人した大人が，大人の自覚をもたず，子どものままで居続けたいと無意識に望み，大人になることを恐れる」（ピーター・パンシンドローム：Kiley, 1984）等々である。

　1987年には大学・短大進学志願者が100万人を超え，高等教育に進む若者の一般化が進んだ。職業選択では「職種のかっこよさ」が重視され，定職に就かず，アルバイト人生を選ぶ「フリーター」（正社員になろうと思えばなれるにもかかわらず，パート・アルバイトなどの多様な働き方を自分から進んで選択する人）が登場した。若者の経済的不安定化という点で，パラサイト・シングルに先行した現象である（内閣府国民生活局総務課調査室，2003）。学校教育の段階から，労働に向かう知的・精神的な「力」を養うことは，青年が「自立」する上で欠くことのできない必要条件である。

5．経済的自立に向けて

　1990年代にバブル経済ははじけ，先の見えない不況の時代に突入した。産業の空洞化　雇用の不安定化（短期契約労働，終身雇用の廃止）等，若者をとりまく雇用情勢は年々厳しさを増してきた。青年層に当たる15歳～25歳の完全失業率の推移を見ると，90年代の入り口では男女ともに5％以下であったものが，現在にいたるまで年々上昇し，2003年には男子11.6％，女子8.6％となっている。1990年代の全体の失業率がほぼ毎年2％台だったことと比較すると，若者の失業率の高さが突出している。

　1990年代に入りバブル経済が崩壊し，長期不況の時代に入った。その一方で，

若者は，3K（きつい・汚い・危険な仕事）を嫌う傾向を強めた。1991年には，高校卒業者の50％（200万人）以上が，短大・大学への進学希望をもち，社会人になる前の学校生活の占める割合が大きくなった。大学への進学率の上昇は，就職難を一時的に緩和したかに見えた。しかし，この時期の入学者が卒業する1994年頃には，景気はいっそう冷え込み「就職氷河期」と呼ばれるほどであった。1990年代末の1998年には失業率は初めて4％台にまで達した。この時期には後の若者のひきこもりや「ニート」を予想させるかのように，不登校の子どもが増加している（1990年の48,237人から1999年の94,000人へ）。2000年に入り，一方で青少年の凶悪犯罪が多発し，他方で「ひきこもり」やパラサイト・シングル（山田，1999），「ニート」が問題視されるようになった。簡単に解決の糸口が見つかるわけではないが，就労条件の改善が必要であることはいうまでもない。その一方で，若者が社会との関わりを作りだし，労働する精神的な強さを培う，職業教育，職業紹介・支援体制の整備が欠かせない。

2節　恋愛・結婚と仕事

1．現代青年の恋愛と結婚

　男女が特定の異性に対して抱く好意的感情は，幼児期においてすでに経験される。園児だった頃の"初恋"の思い出などとしてよく語られることだ。しかし，この時期異性を性的な対象として見る傾向は弱く，性意識をともなう恋愛感情の発達は小学校の中学年以降になる。マスコミ，通信手段の発達が著しい今日，性情報が巷にあふれ，青少年に与える影響は大きい。インターネットを通じた中学生・高校生の「出会い系サイト」の利用と，性犯罪へ巻き込まれる危険性が増大している。携帯電話・インターネットの普及は，利便性を高めた一方で，青少年を犯罪に巻き込む危険をいっそう増大させている。

　図8-3は中学生以上を対象にした「異性との恋愛に関する」調査結果である。異性との恋愛，男女の交友関係は，中学生でも7割以上（67％）が認めている（埼玉県総務部青少年課，2001b）。

　恋愛感情を抱き，異性と交際することが，そのまま「結婚」に結びつくわけではない。すでに述べたように，初婚年齢は年々上昇し，結婚にいたるまでの期間

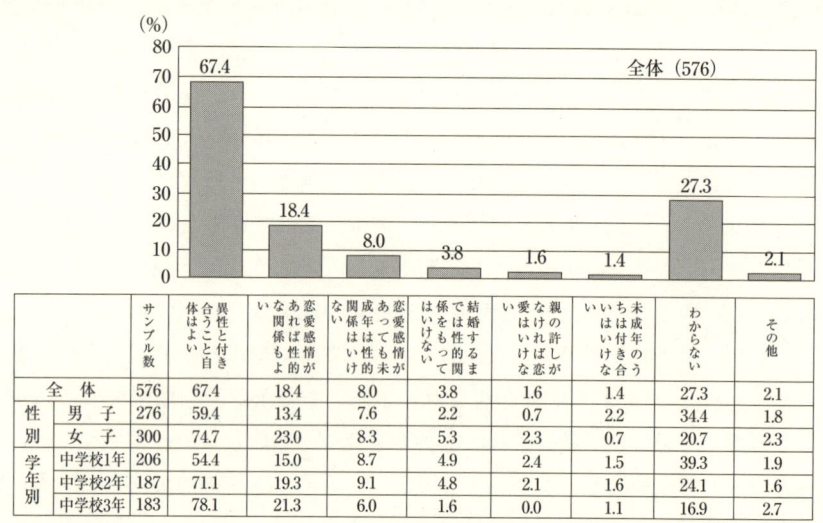

図8-3 ●異性との恋愛に対する考え（埼玉県総務部青少年課，2001b）

	サンプル数	付き合うこと自体はよい	あこがれ関係的な感情はよい	恋愛感情はあっても成年関係はいけない	恋愛感情はもっても性的関係はいけない	結婚する間は恋をもってはいけない	親の許しがあれば恋愛はよい	未成年はいちいち付き合うな	わからない	その他
全体	576	67.4	18.4	8.0	3.8	1.6		1.4	27.3	2.1
性別 男子	276	59.4	13.4	7.6	2.2	0.7		2.2	34.4	1.8
性別 女子	300	74.7	23.0	8.3	5.3	2.3		0.7	20.7	2.3
学年別 中学校1年	206	54.4	15.0	8.7	4.9	2.4		1.5	39.3	1.9
学年別 中学校2年	187	71.1	19.3	9.1	4.8	2.1		1.6	24.1	1.6
学年別 中学校3年	183	78.1	21.3	6.0	1.6	0.0		1.1	16.9	2.7

注）単位は％

は長期化している。家族を構成するには，その生活を維持するための経済的基盤の確立が欠かせない。若者の就職率が低迷し，さらに一時雇用，短期の契約雇用が大幅に拡大している今日，若者が家族を形成し，生活を維持するだけの収入を得るのはたやすいことではない。地域で働く青年が，社会保険料等の費用を天引きされた後に手にする月々の収入は，10万円程度の場合が多い（日本青年団協議会，2006）。親と同居していたり，兼業農家であったりすることから，生活費・電水光熱費等を親に依存することで，なんとかやりくりすることが可能になっている。有職者の「悩みごとや心配ごと」を見ると，「仕事のこと」（60.5％），「お金のこと」（43.7％），「異性のこと」（27.7％）が上位3つである。仕事と恋愛・結婚が社会人にとって大きな関心事であり，重要な課題であることがわかる。

　結婚に関する意識を見てみよう。紹介者を介して，見ず知らずの相手と結婚をするいわゆる伝統的な「見合い結婚」は姿を消した。二人のなれ初めのきっかけは「お見合い」であれ，顔合わせがすんだその後の交際は二人にまかされ，恋愛結婚にいたるのが一般的である。旧来の「お見合い結婚」の消失は，結婚観の変化をよく表わす現象の一つである。結婚の形態も必ずしも法律的な「婚姻」関係を結ばず，二人が生活をともにし，家族を形成する「事実婚」が存在する

(Newsweek, 2004；朝日新聞, 2006)。「無理に結婚する必要はない」と考える割合は，中学生（39.1％），高校生（50.9％），大学生（60.5％），有職者（60.1％）である。年齢が上がるほど，大学生・社会人になるほど結婚には拘束されない，と回答する傾向が強い（埼玉県総務部青少年課, 2001a)。

2．就職難と結婚

「戦後」ということばは，今多くの若者には通用しないかもしれない。第2次世界大戦に敗れ，焦土と化した日本は，社会的経済的にどん底状態にあった。半世紀以上がたち「戦後」は終わったとはいえ，1945年は日本社会と若者のおかれた現状を語る1つの重要な起点である。新憲法下，片山は第1回国会の施政方針演説で次のように述べた（内閣制度百年史編纂委員会, 1985)。「わが國の経済が誠に恐るべき危機に当面し…敗戦によりまする憂慮すべき結果が，…日本國民に襲い来たった…。食料の欠乏…インフレの進行…産業の不振…失業の増大であり，やみの横行であります」。

終戦直後は，経済的に破綻し，戦災孤児，引き上げ孤児，家出浮浪児が町にあふれた。青少年にとって仕事を得ることはもちろんのこと，飢えをしのぐことも難しかった。東京や大阪では餓死者が相次いだ（上野では1日に2人～3人死亡したという：家庭総合研究会1990）。東京都内の浮浪者数（1947年）は，11,015人だった。山形労働基準局の発表では，県下の子どもの身売りが2,500人を超えた（1949年5月19日）。恋愛や結婚の前に，職を見つけることができず，若者・学生は生活苦に直面してあえいでいたのである（家庭総合研究会, 1990）。

3．進学率の上昇と晩婚化

1950年6月25日，朝鮮戦争が勃発した。朝鮮戦争による特需が壊滅的な日本の経済を復興させる引き金になった。"動乱特需"といわれ，アルバイト労働も急増した。日本は米軍を中心とした国連軍の基地化した。1950年6月～1955年5月の主な特需契約は，兵器・石炭・麻袋・自動車部品等の調達，建物の建設・自動車修理・荷役・機械修理等であった（佐々木ら, 1991）。「雇用問題につきましては，経済の活況により，就業者の数は増加し，一方離職者の数は減少するなど，相当好転してきた…」と石橋は述べている（内閣制度百年史編纂委員会, 1985）。

"神武景気"が続き，都市への人口集中が加速し，東京都の「通勤ラッシュ」の緩和が問題化した。地方の中学卒業者を都市部に就職させる"集団就職"が1950年代後半から労働省により促進され始めた。中学校・高校を卒業し，10代で就職して「社会人」となる人が多かったこの時期，若者の自立は現在よりずっと早かったことになる。社会的・経済的・精神的自立を早期に達成した若者は，20代前半で伴侶を見つけ家族を構成することが多かった。1950年の男性と女性の平均初婚年齢は，それぞれ25.9歳と23.0歳であり，今より3歳から4歳若かった。就職と結婚を社会の変化と関連させて概観すると，若者の雇用と失業は，その時々の経済状態や貿易を巡る国際関係に大きく左右されることがわかる。さらに，結婚は，若者の就職時の年齢が上昇するにつれて，すなわち「中卒」労働者から，「高卒」労働者，「短大・大学」卒労働者へと労働力の供給源が移行するのにともない，晩婚化している。若者が社会に巣立ち，大人として自立するまでの期間が年々長くなっているのである。

第9章 親になること

1節 養育者としての父親・母親の存在

1. 母親と父親の存在

　子どもの成長発達には概して母親が大きな影響を与えるものと考えられている。これは，母子関係ということばにも示されているように，母親が妊娠し，子どもを出産した後母親が育児を中心として直接的に子どもに関わることが多いためである。子育ての中心的な役割は母親が担っているとする考えは今日にいたるまで続いているようである。というのは，生後まもない新生児は，自分の力で移動したり，食事を取ったり，排泄の始末をすることができない分，基本的には身近な存在である母親の養育が必要であり，母親が多くの関わりをもっているのが現実であるからである。母親が子どもとの関わりを多くもつことは指摘されているが，母親としての意識はどのように形成されるのであろうか。一人の女性として，子育てを通して母親としての意識が形成されることは従来よく指摘されていることである。

　親としての意識形成について論じるにあたり，子どもにとって父親と母親はどのような存在であるかについて考えてみたい。そのためには，子どもの成長発達にとっての母親の役割と父親の役割を明らかにすることが必要である。これに関しては，父親と母親の存在意義について述べる際，常に双方の対比の中で言及されることが多いようである。

父親の存在意義は最近になって心理学の領域において注目されてきたのであるが，ミチャーリッヒ（Mitcherlich, 1963）は「父親不在」という表現で，当時の社会が工業化の波の中で農業中心の生活の様式から徐々に変化し，父親が家庭から離れて仕事をするようになり，そのために家庭内の子育てをはじめとする事柄に父親の従来のような関わりが減少していることを指摘したのが始まりである。その後，ラム（Lamb, 1975）は，父親の子育てへの影響力を指摘するために，愛着（attachment）形成において，父親と子どもとの間に形成される愛着は母親と子どもとの間に形成される愛着と同様に子どもの発達・適応に強い影響をもたらすことを指摘した。それにともない，子どもの発達・適応に及ぼす父親の影響力が見直され，母子関係という母親一辺倒の考え方を変えることになる。

2．父親像と母親像

父親と母親の役割は子育てという基本的な視点以外に，それぞれのもつ特性が指摘されている。ここではその特性を父親像あるいは母親像として話を進める。これら両者の像は時代の流れの中でその時々に微妙な変化をしているが，その一方で，父親像と母親像についての基本的な考えが根底に存在しているようでもある。ここで，父親像と母親像についての基本的な考え方を紹介する。

パーソンズ（Parsons, 1954）は父親を「シンボルとしての父親」と位置づけている。これは，父親は権威と強さを象徴する存在であり，新しい目標を設定し，みんなを駆り立てようとする力強さを示したものであり，道具的（instrumental）と表現している。これに対して母親は，表出的（expressive）とされ，父親が新しい目標を設定しみんなを進めようとしているとき，メンバーの間に意見の食い違いがあったり，能力差による葛藤が生じるような場合に，メンバー個々の考えを聴いてあげたり，なだめたりするという包容力のある立場にあるとされる。同様に河合（1976）は，母親を「包含する」，父親は「切断する」としている。これは，母親はすべての子を無条件で愛し，限りなく受け入れ，包み込むものであり，父親は善悪や優劣のけじめをはっきりとつけるといった権力を主とする機能をもつとしている。また，正高（2002）は，最近の子どもの発達に関連して，欲求不満などの耐性を要求される場面に子どもが直面したとき，その問題から逃れないで直接ぶつかり解決する体験が欠けているとして，父親の威厳や指導力が必要であることを指摘している。

これらの考えは，基本的に父親はリーダー的な指導力と，善悪などの教えを力強く教える威厳や権威をもつべきであるとする立場である。確かに，最近の子どもの行動には，自分中心の考えで行動し，相手の立場を考えず迷惑をかけたり，傷つけたりというような事件が後を絶たない。他人の迷惑になることはしない，他人を傷つけるようなことはしないなどのことは，子ども個々の道徳的認識に基づいて自己の行動をコントロールできる行動をさす。しかし，善悪の判断に基づくこの統制力が欠けているのである。子どもの幼い時期から，道徳的な考えとそれに基づく行動とをしっかりと身につけるように威厳をもってしつけることも必要であろう。しかし，この立場は視点を変えると親から子どもへの一方向的な関わりを示すものであり，子どもとの意思疎通や子どもの主体性を視点に十分に入れていないことも指摘できる。

最近の家族の生活は，核家族化が進行する一方で，女性の意識の変化にともない，みずから社会で活躍し自己の生きがいにもつながる生活の仕方を求めることが多くなっている。また，その一方で子どもの発達・適応に関連するきわめて重要な問題がとりざたされており，とくにその現象の一つとして，児童虐待の増加が指摘されている。児童虐待とは逃れがたい支配，管理，強制関係に基づき子どもの人権，身体的・精神的安全が侵害される行為をいうのであるが，児童虐待行為そのものは，ストレスフルな家庭環境に一因があるとされている。とりわけ母親が育児ストレスをためている場合に，加虐的な行動が多いことが指摘されている（Casanova, et al., 1992 ; Chan, 1994 ; Whipple et al., 1991）。このことに関連して，共働き家庭の母親を対象にした調査の結果，「家事が不十分になる」「子どものしつけ，保育が不十分になる」という心配をする親が多い（稲村・小川，1982）。また，女性管理職では，子どもがいる場合，子どものいない女性よりも主観的な身体的健康度が低いことが指摘されるなど（Langan-Fox & Poole, 1995），子育てには精神的悩みや身体的問題がともなう。

これらの指摘は，現代社会における家族のありようを示したものであるが，子育てに関わることの多い母親は，子育てそのものに強いストレスや不安を感じることが多い。たとえば，牧野（1983）は，専業主婦は「子どものことでどうしたらよいのかわからなくなることがある」「毎日同じことのくり返ししかしていないと思う」と感じることが多く，生活の単調さと孤独感が自信の喪失に関連していることを指摘している。また，永久（1995）は，自らの効力感や有能感を求め

て子育てに熱を入れるほど，責任に耐えかねて子育てに楽しさを感じなくなることを示している。

　子育ては生きがいのある，楽しいものと考えられがちであるが，実際はストレスのたまりやすいものである。乳幼児を中心とする場合，子育てにあたるのは現実問題として母親が父親よりも多い。しかも，共働き家庭では母親は職業人として，母親として，妻として多重の役割をもつことになる。一方，男性の場合，同様の図式が考えられるのだが，現実的には家事育児に関わるのは母親が主であるために，男性は職業人として，夫として存在することが多いと考えられる。また，専業主婦家庭では母親は一日の大半を子どもに関わることになり，育児と家事が中心の生活になる。一日のほとんどを家庭内で子育てに費やすことはそれだけで精神的な疲れとストレスが生じる原因であろう。このような状況にある母親が，少しでも精神的なストレスを軽減するために夫に次のようなことを求めているとの指摘がある（大日向，1999）。①ときには子育ての愚痴を聴いて欲しい。②たまには「一日中世話で大変だったね」といたわって欲しい。③今日あったことを互いに話し合う時間が欲しい。これは，現代社会の母親が子育てという行為を通して直面している問題である。

　上記のことは見方を変えれば，現代社会において必要とされる夫婦関係のあり方を示していると考えられる。つまり，権威，威厳のある父親以上に，妻の話を聴きその内容を理解し，相手の立場を理解しようと努める姿勢をもった父親像が浮かび上がってくる。

　女性の生き方の変化にともない社会進出が進めば進むほど，女性は子育てを含めて種々の仕事を負うことになり，精神的肉体的負担が増加すると考えられる。このような現実を背景にすると，これからの父親像が大きく変化せざるを得ないと考えられる。

　このことに関して，林（1996）は，父親には人に対する愛情，人から受ける信頼など父親自身の他人に与える人間としての総合された影響力が必要であると指摘している。これは，他人の立場を理解し，協力しようとする共感的能力や民主的な考えやそれに基づいた行動をし，相互の会話に基づき家族成員との心の結びつきを十分に形成し，家族を導いていく力強い父親が求められていることを示しているのではないかと考えられる。家族成員相互のコミュニケーションを十分図り，相互理解の図れる家庭はお互いの言うことが理解でき，相互に気遣い，相互

に関心をもち家族としてのまとまりも高いであろう。

　最近の社会情勢に基盤をおいて父親と母親の役割について触れたが，これから先の時代は，従来のような父親は仕事，母親は育児と家事を中心とする固定された家族役割観では家族として対応できないであろう。これは，まさに女性の生き方の変化にともなうライフコースの変化の中でのことであるが，母親と父親の役割は明確に区別されるものではなく，家族の中でお互いに相互の立場を理解し，そのうえでお互いにできることは率先してやるという姿勢が求められる。換言すれば，子育て，家事も父親ができる場合は積極的に関わることが求められる。つまり，家族成員である妻とのコミュニケーションを十分に取り，相互の理解に基づいてお互いに補足し合うという柔軟性に富んだ関わりが父親により強く求められることになると考えられる。

　以上の視点から改めて親の役割を見たとき，現代社会においてその家庭内での機能に関しては，父親としてあるいは母親として区別できない面が存在するようである。つまり，父親母親を問わず家庭内に存在する家事や育児をはじめとする種々の事柄は相互に協力し合ったり，できることは率先してやっていくことがより強く求められるのであり，父親母親のおのおのの立場や役割は共通した部分がより多くなっていることが指摘できる。そのため，従来とは異なる父親像や母親像が出現していると見ることができる。

2節　親としての変化

　父親と母親は子どもが誕生したとき父親や母親としての立場に立つことになる。母親の場合，子どもと関わることにより子どものちょっとしたしぐさ，表情，発声などにより子どもをかわいいと感じる中で愛情が深まり，子どもを大事にしようとする気持ちや，親としてしっかりしなければならないという気持ちがより強くなっていく。また，母親としての意識は子どもが誕生してから子どもとの関わりの中で徐々に変化し，深まっていくものと考えられる。

　それでは父親と母親はどのようにして，父親母親としての意識が芽生え，それに基づいて親としての成長発達がいかに発達していくのであろうか。母親と父親別々に親としての発達の様子を見ることにする。

1. 母性の発達

　母親として発達していくための条件の一つとして，子どもに対する愛情の発達が不可欠のように思われる。子どもに対する愛情が深まるほど，子どもとの心理的関わりが進行し，子どもとの相互交渉がさらに進行するからである。相互交渉が深まる中で，母親は一人の女性として自分の子どもからさまざまなことを感じたり，母親としての自分を見つめなおしたりすることもあるであろう。

　それでは，母親が親としてどのように変化するのであろうか。これについて結婚前の女性の心理なども交えながらその変化を考えてみる。

　小嶋（1988）によると，母親となる心の準備を意識的にしかも本格的に始めるのは女性の場合早くても妊娠に気づいてからであるとしている。しかし，子どもを大事に育てようとする養護性の発達については，実際に親となる以前からすでに開始されている人との関わり合いの中で促進されていくと指摘されている（小嶋，1991）。つまり，母親に限ってみれば，結婚前からの人との関わりの中にすでにその準備が始まっていることになる。

　また，子どもを育てようとする育児動機について花沢（1992）は興味深い報告をしている。「赤ちゃんを思い浮かべて，どんなことがしたいか」の項目にチェックすることにより育児動機を測定し，青年期の中期から後期にかけてそれが上昇し，しかも女性のみならず男子青年にも存在することが示されている。また，201名の女子大学生に乳児接触体験が育児動機にどのような関連性を有するのかについても調べ，乳児高接触群の方が乳児低接触群よりも有意に高い育児動機をもつことを示した。さらに，妊産婦189名について妊娠期と産褥期に育児動機を測定したが，産褥期に有意に育児動機が上昇していたとしている。以上の結果は，男女問わず青年中期から育児動機が存在し，しかも乳児に接触する機会が多いほど育児動機がより高くなることを示したものであり，年齢とともに子育てに対する意識が形成され，それが母親や父親として変化していくための基盤となっていると考えることができる。

　妊娠期は女性にとって大きな意味をもつと考えられるが，この時期は女性のライフスタイルが再び方向づけられる時期であり，役割確立の準備とともに生理的ホルモンの変化と結びついて自分の役割についての認知の変化と不安の起こる時期でもあり，とくに母親役割への移行と結びついていることが指摘されている

(Mercer, 1995)。

　上記のことに関連して，大日向（1988）は，妊娠期156名と出産後67名の女性に「妊娠を始めて知ったときの喜びの程度」を調べたところ，「非常にうれしい」は69名（44.2%）であり，「どちらかといえば困った」および「非常に困った」は合わせて20名（12.8%）であった。また，妊娠中期と妊娠後期の妊娠に対する受容の程度は，一貫して肯定的なのは29名であり，逆に一貫して否定的なのは22名であり，変化を示したのは16名であった。しかも「妊娠を非常にうれしいと受けとめたグループは，妊娠の進行にともなう身体的変化を肯定的に受けとめ，行動上の制約も苦にせず，妊娠していることそれ自体を肯定的に受けとめる姿勢を維持している人が多い。しかし，妊娠を困ったことと受けとめたグループは妊娠過程全般を通して妊娠に対する消極的・否定的な回答が多く，特に予定外の妊娠を喜べないという気持ちから妊娠を行動上の制約と受けとめ，心理的不満や焦りを生じさせることが多かった。また，胎動に感動し，妊娠中期に肯定的感情に変化した人もいた。とりわけ，妊娠中期以降に行動上の制約や身体的変化が多くなるために，妊娠に対して肯定的感情と否定的感情が持つ人の比率が増加する」としている。

　この結果から，妊娠を肯定的にとらえていることが母親としての意識がよりよい状態で形成され，子育てを進めるうえでの条件設定に大きく影響を及ぼすであろうことは十分推測できる。

　しかし，出産後の産褥期に発生する精神障害については，1章2節においてすでに触れたように，マタニティーブルーズ，産後うつ病，産褥精神病などの障害が生じやすい。たとえば，ホプキンスら（Hopkins et al., 1984）は，産後抑うつ病は出産10日以後から始まり，ほぼ1年以内に回復する軽度から中度の抑うつによる不調を起こし，産婦の20%に出現するとしている。これらの現象の原因として，初産婦にとって産褥期はとくにストレスに満ちた時期であると同時に，子育てへの不安感や自己の精神的不安などが複雑に関わり合って不安や抑うつ病になることが多いことが指摘されている（たとえば，Fleming et al., 1990 ; 岡野，2003）。

　妊産婦の出産後の精神状態の安定度は母親としての子育てへ影響するものであり，妊産婦の精神的安定を図るためにも家庭内の父親（夫）を中心として，妊産婦としての母親の悩みを聴いたり，専門家に相談するなど精神的援助が重要であ

ることはいうまでもない。しかも，産褥期だけでなく，妊娠期間からの安定した夫婦関係に基づく安定した精神状態にあることがその前提として求められる。このことは，妊娠を期に母親（妻）としての意識が変化していくことと同時に，母親を支えるべき父親（夫）としての意識の変化がより強く求められることを示す。その一方で，出産直後精神的に苦しみながら発達・適応を遂げていく母親（妻）にパートナーである父親（夫）が支えに関わることにより母親の理解が深まる機会も増え，父親として夫として成長発達していくことも十分にあり得ることを意味している。

　以上のように，産褥期に子育てという現実に直面し，苦労しながら母親として前進し発達していくのであるが，子どもの出産にともない妊娠期間中とは異なる母親としての意識の変化が生じる。

　既述のことと関連して，大日向（1988）は妊娠初期から出産後4ヶ月までに子どもをかわいいと感じるのはどのような場面であるかということについて，妊娠過程全般を通して妊娠を肯定的にとらえているグループと否定的にとらえているグループそれぞれについて調査を行なった（図9-1）。母親として子どもをかわいいと感じるのはどのようなときかということに関しては，両グループとも「赤ちゃんを初めてみたとき」「初めて乳首をふくませたとき」「赤ちゃんがみつめるようになったとき」「赤ちゃんが笑っているとき」「赤ちゃんが眠っているとき」「赤ちゃんが声をだしてごきげんのとき」「お風呂に入れるとき」が当てはまる。これは幼い子どもの行動や表情が母親の感情に深く関わり，その結果母親の行動を引き起こしている面もあり，生後まもない子どもの行動が母親としての意識の変化に大きく影響しているといえる。また，「胎動を感じたとき」に子どもがかわいいと思う（妊娠肯定グループ）など子どもが母親の意志とは別行動をとったり，子どもが意志をもった存在として感じられるときにも母親としての意識変化を促進するようである。このように，母親が自分の子どもをかわいいと感じ，母親としての意識をもつのは，赤ん坊がかわいらしい表情やしぐさをし，それが母親に関わっている場合にとくに感じるようである。

　母性は女性としてすでにもっているというものではなく，子どもをかわいいと思う気持ちがあり，子どもとの相互の関わりが深まる中で親としての意識の形成にともない増長される。

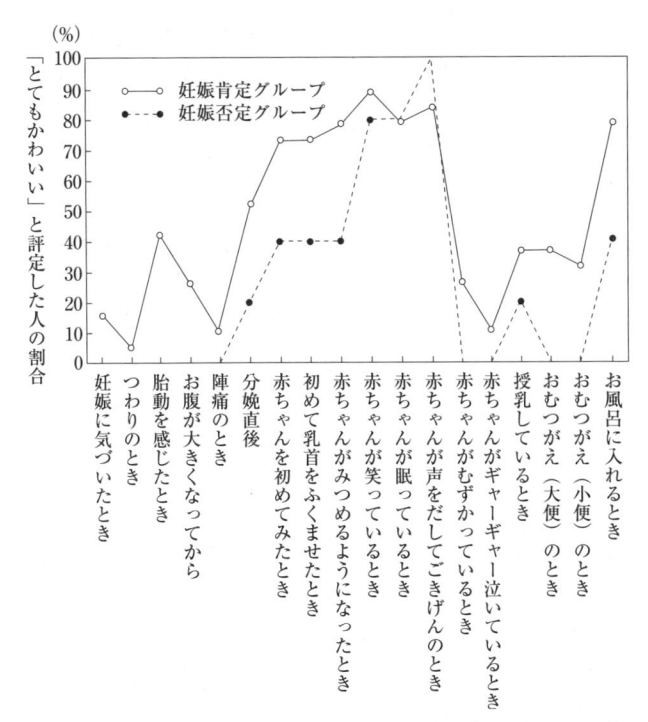

図9-1 ●妊娠初期から出産後4ヶ月までにわが子を「とてもかわいい」と評定した人の割合 (大日向, 1988から一部改変)

　また，母親が親としての意識の変化に関してどのように意識をもつようになるのかということについていくつかの研究がある。上原と竹内 (2005) は，幼稚園児をもつ母親122名に「自分が親だ」と実感したのはいつかということについて質問紙により調査した結果，43％の親が出産時に実感したとしている。具体的には，「出産して自分の子どもの顔を見せられ人生最高の喜びを感じたとき」「出産し，分娩台の上で初めて授乳したとき」などの表現に見られる。これは，出産という自らの心身の大激変をともなって，子どもと出会う母親は，その過程で子どもと自分をつなぐ命の深淵，生命そのものと出会っているからであろうとしている。

　さらに，生後まもない子どもの養育に関わることにより母親は今まで以上に変化をともなうことになる。

　柏木と若松 (1994) は3歳～5歳の幼児をもつ346世帯の父親母親について，子育てをする中で親がどのような人格的発達を遂げるのかについて調査している。

それによれば,「柔軟さ」「自己抑制」「運命・信仰・伝統の受容」「視野の広がり」「生き甲斐・存在感」「自己の強さ」などの特性が母親は父親よりもより強く見られるとしている。上原と竹内（2004）は幼稚園児189名の母親について自由記述による調査を実施し，①子どもについて，「守るべき・かけがえのない・かわいい存在」「子どもを一番優先して考える」「子ども中心の生活リズム」「子どもに関心・見る目がかわる・よその子もかわいい」「子どもの視線でみる・一緒に楽しむ」「子どもに教えられる・育てられる」「悩む・むいていない」などの感情があることを示している。また，②自分について，「具体的行動レベルの変化」「親としての責任」「忍耐力」「やさしさ」「強さ」が増し，「対人関係の広がりと深まり」などの肯定的な面が強くなっている。しかし，「自分のことを後回し・時間がない・イライラする」などの否定的な面が見られるものの,「育児は育自と痛感」「先を考え，段取りを考えて動く」などの現実処理の能力を高め,「感動が増えた」「子どもを取り巻く環境への関心」が見られ，より成熟した自己のあり方と社会的関心と問題意識の深化が進んでいるとしている。さらに，③親について，「親の有り難さを実感し，親のことを思うようになった」「感謝の念を抱いた」などのように親への思いや接し方に変化が生じていることを報告している。

以上のように，母親は妊娠のときから母親としての意識に変化が生じ，出産のとき，また出産後の子育てに関わる中で母親としての意識が徐々に形成されると同時に，人間的な発達を遂げていくことが指摘できる。

2．父性の発達

父親の発達に関して，従来母親の発達に焦点が当てられることが多いために，現在でも知られていない部分が多い。しかし，最近父親の役割が見直されるにともない，徐々に父親の発達についても分析が加えられるようになっている。

父親としての意識の変化について，まず母親（妻）が妊娠したときに原点が存在することが指摘されている（Robinson & Barret, 1986）。それによれば，妻の妊娠を知ったとき興奮状態となり，しばらくして後，妻の状況に対して共感的になり，3ヶ月以降6ヶ月間での間は妻に対して何もできない自分に対する無力感とそれによる孤立感が生じる。その後6ヶ月目から子どもの誕生までの間は，不安が徐々に高くなり，妻の出産の時点では高揚し，その後徐々に抑うつ状態から正常な状態へと変化することが指摘されている。また父親は，母親の妊娠と同時

に情緒的変化が見られ，揺れ動くことが知られている（図9-2）。

また，澤田（2005）は，妻の妊娠を契機として夫婦それぞれが認識する人格的・社会的態度や行動についての主観的変化に注目した。そして妊娠中期の初産妊婦と夫を対象として，妊娠を契機とし

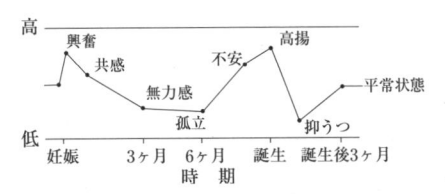

図9-2 ●母親妊娠中および出産後の父親の情緒的反応（Robinson & Barret, 1986）

た男女の主観的変化に，性役割，夫婦関係についての認識，対児感情（子どものイメージ）がどのように影響するか検討した。その結果，男女ともに，女性性が高い人，子どもを明るく，元気でいじらしいと感じる人ほど妊娠を契機として自己の人格的成長を強く感じていることを指摘している。また，子どもを弱々しく思う，配偶者との価値観や考え方が一致していないと感じる人ほど制約感を強く抱いていることも示された。しかも，男女差も指摘されており，男性は夫婦関係（意見の一致）が，女性では夫の性役割タイプ［アンドロジニー（心理的両性具有性）の夫の場合］が自己の成長発達と関連していることを示した。

さらに，子どもの出産に関して，出産に立ち会う場合とそうでない場合の父親の意識にどのような影響がもたらされるのかということについて山入端ら（1986）は，妻の出産に立ち会った100名の夫が妻に対してどのような気持ちをもつのかに関して調査を行なっている。その結果「女は強いと思った」「えらいと思った」「大事にするようになった」「以前にも増して愛するようになった」「すべての面で感謝するようになった」など，妻との関係が好ましい方向へ変化することが示された（表9-1）。しかも，千賀ら（1990）は，出産に立ち会った場合とそうでない場合では夫の子どもへの関わりに大きな差が見られることを指摘している。具体的には，「一緒に入浴，入浴の手伝い」「おむつを替える」「散歩に連れて行く」「衣服を着替えさせる」などにおいて，出産に立ち会った夫の方が有意に高い関わりをしていることが示されている（表9-2）。

この結果は，父親として出産に立ち会うこと自体，すでに妻との関係を大切に

表9-1 ●妻の出産に立ち会った夫の意識調査（山入端ら，1986）

「妻に対してどのように気持ちが変わりましたか」（変わったと答えた86％中）

女は強いと思った	31.5%
えらいと思った	31.3
大事にするようになった	16.6
以前にも増して愛するようになった	10.3
すべての面で感謝するようになった	5.1
妻のために良い夫になろうと思った	2.5
無回答	2.5

しており，そのことがその後の父親としての意識の変化と行動の変化に大きな影響をもたらす要因であることを示すものである。

花沢（1992）の指摘するように，育児動機が青年男子の中期から後期にかけてすでに存在し，しかも乳児への接触経験があるほど育児動機が高いということであり，父親としての変化は結婚以前の早い時期からその基盤が存在しているといえる。したがって，青年期において乳児への関わりをなんらかの形でもつことは父親としての変化を促進すると同時に，父親としての子育てへの関わりを高めるためにきわめて重要な意味をもつ。

表9-2 ● 夫の出産立ち会いの有無による1ヶ月時の行動の変化（千賀ら，1990）
父親はどのような世話をしているか

世話の内容（％表示）	立会い群	非立会い群
一緒に入浴，入浴の手伝い	83.8*	62.3*
おむつを替える	78.1*	52.5*
食事を食べさせる	64.9	49.2
散歩に連れて行く	64.9*	42.6*
衣服を着替えさせる	62.2*	37.7
むずかったときの世話	35.1	31.1
寝かしつける	32.4	29.5

注）立会い群と非立会い群　＊$p<.05$

3節　父親の存在感

いつの時代も子どもの成長発達は親の関心事であり，子どもが健やかに育ち，そして一人前の人間として育っていくことを望んでいる。

子どもの発達・適応は家庭の夫婦による関わりが大きな影響力をもつことは自明であるが，子育ては夫婦の共同作業であるとも指摘されている。子育てという営みは従来女性が中心になって行なうものであるという考え方が強かったが，現在はどうであろうか。

女性の社会参画が進み，それにともない共働き家庭の増加も進んでいる。このような現状を背景に，既述のように父親は今まで以上に母親と協力し合い，育児・家事を全般に行なえるようになることが必要である。このことは，新しい形態の家族の出現にともない，父親や母親の役割を柔軟に把握し対応することが求められていることを意味する。

このような基本的な意識をもつことは今後の家族の変化に対応するうえで大事なことであり，今後の家族のあり方を決定づけることにもなる。そればかりか，子育てという子どもの発達・適応にも関わる重要事項でもある。

最近の調査結果に基づき，上記の事柄について現状と問題点を探ってみたい。

1．家事・育児への関わり

まず，父親の役割の1つとして，育児・家事への関わりが重要と考えられるが，家事・育児の分担についての意識は図9-3に示されているように昭和よりも平成になるほど，「男は仕事，女は家庭」という考えは徐々に減少している。男女ともに同様の傾向を示しており，男女の役割意識の変化が進行していることを示す。しかし，「男は仕事，女は家庭」という考え方に女性の方が男性よりも強く否定的な見方をしていることが理解できる。

また，これに関連して「夫は外で働き，妻は家庭を守るべきである」という考え方について，年代別の変化を取り上げた。その結果，女性では50歳代で賛成が52.6%であり，男性では20歳代

女性

	同感する	どちらともいえない	わからない・無回答	同感しない	
昭和60年	41.8	27.9		29.6	(n=558)
昭和63年	53.5	21.5	0.7	24.9	(n=578)
平成5年	26.0	23.4	0.2	50.6	(n=551)
平成8年	14.4	36.6	0.2	48.7	(n=554)

男性

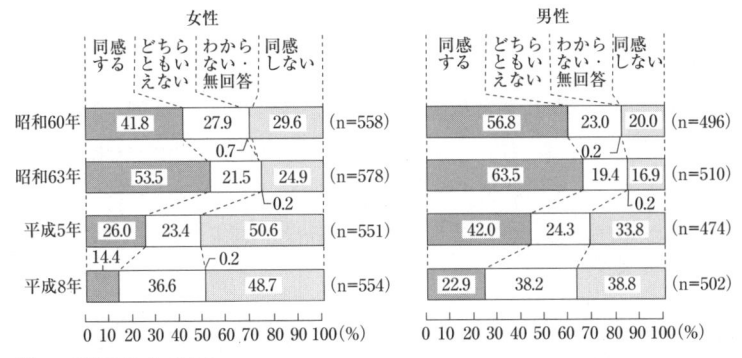

	同感する	どちらともいえない	わからない・無回答	同感しない	
昭和60年	56.8	23.0		20.0	(n=496)
昭和63年	63.5	19.4	0.2	16.9	(n=510)
平成5年	42.0	24.3	0.2	33.8	(n=474)
平成8年	22.9	38.2		38.8	(n=502)

注）1：設問は以下のとおり。
　　[1] 昭和60年，63年調査は「男性は仕事，女性は家庭にあって家事・育児を行うのが適している」に対する賛否
　　[2] 平成5年，8年調査は「『男は仕事，女は家庭』という考え方がありますが，あなたは，この考え方に同感するほうですか。それとも同感しないほうですか。」
　　2：回答選択肢は以下のとおり。
　　[3] 昭和60年，63年調査は「そう思う」「ややそう思う」の計
　　[4] 昭和60年，63年調査は「あまりそう思わない」「そう思わない」の計
資料：婦人問題に関する世論調査（情報連絡室）
　　　男女平等に関する都民意識調査（生活文化局）

図9-3 ●「男は仕事，女は家庭」という考え方の推移
（東京都生活文化局女性青年部女性計画課，1998）

表9-3 ●「夫は外で働き，妻は家庭を守るべきである」という考え方について（平成10年版厚生白書，1998）

	賛成	反対	わからない
女性			(%)
20～29歳	41.6	54.1	4.3
30～39歳	45.8	49.3	4.9
40～49歳	42.1	52.6	5.3
50～59歳	52.6	45.5	1.9
60歳以上	69.7	24.6	5.7
男性			
20～29歳	52.4	43.2	4.4
30～39歳	62.3	32.1	5.6
40～49歳	63.2	33.9	5.6
50～59歳	66.7	28.8	4.5
60歳以上	71.7	24.0	4.4

ですでに50％以上のものがそのように考えていることがわかる。共働き家庭の増加している現実に夫婦そろって育児・家事を行なっていかなければならないということは理解できていても、実際には男性には従来の「男は仕事、女は家庭」の図式は抜けきれていないと思われる（表9-3）。

2. 夫婦間のコミュニケーション

また、父親としての存在感を規定する重要な要因として夫婦間のコミュニケーションへの関わりがあげられる。コミュニケーションは相互の意思の疎通が図られている状況を示すものであり、子育てをはじめとする家庭の機能を維持するうえでなくてはならない。これに関して、単身赴任に関連させて夫婦間のコミュニケーションの形成状況に関して岩男ら（1991）による調査報告がある。

それによれば、夫婦のコミュニケーションの程度を知るために、「平日の会話時間の長さ」「自分の友達のことを相手に話すか」「自分の仕事や趣味について相手に話すか」「相手との会話は楽しいか」の4項目への回答を得点化し、コミュニケーション度とした。コミュニケーションの高い群を「高群」、低い群を「低群」とし夫婦間のコミュニケーションの組み合わせを作った。次に、夫も妻もコミュニケーションの程度が高い「高・高群」、夫が高く妻が低い「高・低群」、他に「低・高群」「低・低群」が形成された（これは平日の夫婦のコミュニケーションの状況を示したものである）。そこで、この夫婦の夫が単身赴任をした場合の電話によるコミュニケーションの頻度を調査した。その結果、夫の回答も妻の回答も「高・高群」で頻度が高く、「低・低群」で頻度が低くなっていることが確認された。つまり、単身赴任中の電話の回数は単身赴任前からのコミュニケーションの程度を示すことが示された。これは、夫婦間の普段のコミュニケーションの程度が夫婦関係のつながりを決定づける1要因として重要であることを示唆するものである。

現実問題として父親と母親が十分なコミュニケーションが取れているかどうかが重要であり、夫婦間でコミュニケーションを十分とれるように相互の立場を配慮しながら関わっていくことが求められる。このことは夫婦関係、さらには家庭そのもののあり方を左右する重要な機能であると考えられる。

第10章 家族と子どもの発達

1節 家族としてのシステム論

1．家族システムとは

　最近の家族では，父親，母親，子どもから成る核家族化が進行している。この家族の中は夫婦と子どもの関係が主であるが，子どもの成長発達を見たとき，従来母子関係の中で母親のもたらす影響力について論じる視点が主であった。

　家族は，父親，母親，子どもの各成員から構成されている組織であり，しかも父親の行動が母親に影響し，その影響を受けて生じた母親の行動が父親や子どもに影響し，さらにはそれが発生源となっている父親自身の行動に影響することになる。この流れは，従来の発達心理学の領域で考えられていた子どもの発達・適応は母子関係の中で生ずるとする一方向的な因果関係論に疑問を投げかけるものである。

　子どもの発達・適応は家族の中の多重に渡る複雑な人間関係の中で形成されると考える方が自然なことであろう。たとえば，母親の養育行動を見たとき，その行動は母親自身の単独の行動とはいえないであろう。なぜなら，母親は基本的には父親との関わりももっており，夫婦関係のあり方が大きく影響すると考えられる。その関わりも父親が協力的に母親とのコミュニケーションをとる場合には母親の精神的負担は軽減され，その結果良好な母子関係が形成され，より好ましい子育てが進行すると考えられる。また，逆に父親が非協力的な場合には，母親の

精神的ストレスが増加し，子育てへ向けた意識が高まらずに結果として子育てに支障をきたすことも十分に考えられるからである。しかも，父親のみならず，生後まもない子どももまた，生得的な気質に基づく行動傾向があり，それが母親の子育てへ大きく影響し，それがさらに子どもの反応を左右し，ひいては母親の養育行動にさらなる影響をもたらすこともある。生後まもない親子関係の中で母親の行動が影響を受けることは十分にあり得ることである。さらには，父親が母親に協力的（非協力的）な関わりをすることにより，母親の子どもへの関わりに影響を与え，その結果子どもが引き起こした行動に父親が影響を受けることもあるのである。つまり，家族はその構成員相互の関係により多重に，複雑に影響を与えたり受けたりしてダイナミックに変化し続けるのである。

このような，家族の中の家族構成員の相互の影響に基づいた視点から人間の成長発達をとらえる立場を家族システム論的な考えという。最近の子どもの発達・適応は基本的には家族システム論に基づく解釈も用いられるようになってきた。そのために，家族成員に不適応行動などの問題行動が生じると家族システム論を基本とした家族療法が多く取り入れられるようになっている。

2．家族システムの特徴

ここで，家族システムという考え方について現在おもに取り入れられている理論を紹介する。

歴史的には1970年代になって家族システムとしての考え方の基礎が打ち出されるようになり，中でもミニューチン（Minuchin, 1974）は家族を構造的な視点からとらえようとして構造的家族理論を提起した。ミニューチンはその理論の中で家族がシステムとして成立するための重要な要素について触れ，①組織性，②交互作用，③ストレスに対する反応，の3要素を取り上げた。①組織性とは，家族システムは夫婦，父子，母子，同胞などのサブシステムから構成されているとする考えである。しかも，それぞれのサブシステムには境界があり，境界の明確性が家族システムの機能水準を評定するパラメーターであるとしている。その境界は具体的には3つのパターンに分類されるとした。それは，遊離水準（離れ離れ），纏綿性（巻き込まれている），明確性（はっきりしている）のそれぞれである。明確性はその程度が高いほど，それぞれのサブシステムの境界が明確であることを示しており，相互に独立して関わっており，この状態は家族成員個々が自

分の考えに基づいて行動し，家族システムが健全に機能していることを示す。②の交互作用とは，環境的な脈絡と個人の行動との複雑な関わりをさし，空間的な関係を取り上げている。また③のストレスに対する反応は，さまざまな状況下において生じるストレスに対して家族として適応の方向に進むかどうかということが家族システムの変化にとって重要であるとしている。

　また，その後ミラー（Miller, 1978）は，一般生物体理論に基づいて，すべてのシステムに秩序という共通性が存在し，その基本的属性の一つとしての「構造」を取り上げた。さらに，パラツォーリら（Palazzoli et al., 1978）は円環的因果律の考えに基づき，家族の中のある出来事が他の出来事を変え，順繰りに変化が生じ，最初の出来事に影響を与え，システムを変化させ続けていることを指摘した。これは，家族はシステムとして見たとき時間の経過とともに同じ状況では存在せず，刻々と変化し，変化した状況が次の変化を生み出すとした考えであり，きわめて現実的な視点である。

　このようないくつかの視点を包括して，岡堂（1991）は家族を家族システムとし構造的にとらえる立場から次に示す(1)〜(4)を取り上げ，現代社会における家族システム理論の基本的な要素として提起している。

▶ (1) サブシステム

　家族システムは大きなシステムとして存在するがいくつかのサブシステムから構成されている。それは，父親，母親，子どもなどであり，しかも世代に基づくもの（親，子ども，祖父，祖母，孫などがあげられる），性別に基づくもの（母，妻，娘，姉妹，父，夫，息子，兄弟など），機能によるもの（養育者，指導者）に分類される。

▶ (2) システムの境界

　家族システムのとらえ方としてシステム間の境界を重視する。境界はさまざまな水準のものがあり，それは物理的なものから心理的なものまであり，この境界により家族システムとしての水準が保たれるとしている。たとえば，家族の中に子どもがいる場合，夫婦のための寝室があり，また一方で子ども部屋がある状況下では，夫婦サブシステムと子どもサブシステムが物理的，時間的に区別されることにより相互に独立した関係が保たれる。また，兄弟に対しても，上の子にお

手伝いを頼み，下の子にはとくに頼まない場合には，同じ兄弟でも年上の子どもと年下の子どもの間にお互いの意識形成に影響を及ぼし，それにより兄弟間の関係がより明確になると考えられる。

▶ (3) システム間のコミュニケーション

家族システムとして健全な状況が形成されるためには，家族成員相互の関わりが重要である。そのためには，家族成員相互のコミュニケーションが重要である。また，コミュニケーションの形態は言語と非言語の両面を含む。

▶ (4) 役割構造

家族システム内では，成員それぞれの役割立場が明確であることが家族の構造を維持するうえで重要である。これは，単に父親，母親，長男，長女，次女などの役割立場を主張するものではなく，話をよく聞いてくれる母親，協力的な父親，などの人間関係のうえで不可欠な役割を示すものである。

これらの各要素がそれぞれ特色をもちながら関連し合うことによりシステムとしての家族がさまざまに変化することになる。また，家族システムを特色づける一つの要素として，夫婦サブシステムは家族内の力関係，結びつきなどのいくつかの点から見ても，家族のあり方を左右する重要な存在であることが指摘されている（岡堂，1991）。

以上のような視点に基づき，家族成員である父親，母親，子どもの発達・適応は単一の人間関係の中で一方向的に影響を受けるのではなく，家族成員の相互の織りなすダイナミックな人間関係により，多層的により複雑な影響を受けていることが指摘できる。したがって，このような視点から見れば，家族成員を抱えている家族そのものも常に変化し，家族としての特色がその時の家族成員の相互関係のあり方によって左右され，それによってまた家族成員個々が影響を受けるとも考えられる。家族はまさに家族成員の意識によって形成され，常にダイナミックに変化し続けている。しかも家族成員もその中でさまざまに複雑な影響を受ける。それだからこそ家族をシステムとしてとらえる中で，家族成員の発達・適応を検討することは大切なことであろう。

上記のことと関連して，最近の女性の生き方の変化にともない女性の社会進出が多くなったために家庭の仕事と職業をもつ女性が増え，男性の家庭への関わり

がより強く求められるようになっている。これは，現在進行しつつある家庭内の夫婦関係のあり方の変化に基づいて，家族システムの質的な面の変化が余儀なくされているように思われる。とくにそれは，夫婦間のコミュニケーションという人間関係を形成する重要な部分がより強く求められているといえよう。

2節 父親の子育てへの関わりと母親の子育て

　父親が子育てに関わることにより，人格的発達が見られることはすでに述べた。父親が子育てに関わることは家族にどのような影響をもたらすのであろうか。父親の家庭関与が種々の影響力をもつことは従来指摘されていることであるが，とくに父親の子育てへの関わりは母親の子育てにどのような影響をもたらすのであろうか。

1．父親の家庭への関わりと母親のストレス

　最近子どもの虐待などに指摘されているように，子育てにあたる母親の育児ストレスが要因の一つを占めている。しかし，母親の育児ストレスは子育てという行為に関わる中で生じる場合が多く，ストレスそのものは家庭内の経済的状況，夫婦関係の状況などさまざまな要因が絡んで生じることが多いために，ストレスそのものの発生要因を特定することは難しい。その中でも現実問題として，夫婦関係のあり方と母親のストレスとの関係をとらえることは基本的に大変重要な問題である。夫婦関係を家族の中のサブシステムとしてとらえることは重要であるが，夫婦関係のあり方は父親という存在が大きく影響をもつのである。つまり，すでに述べたように，家庭の中の母親は子育てという営みに関して，父親というパートナーが大きな影響力として存在することが指摘されている（牧野，1982；諏訪ら，1998）。

　家族はシステムとして機能している以上，母親の子育てという行為はパートナーである父親の影響力を考えないわけにはいかないであろう。このことは，上に示したように，子育てに関わる比率の高い母親の養育の質の問題にも関連してくる。

　第9章1節ですでに触れたように，子育ては元来楽しい，夢のあるものと考えられがちであるが，現実には家庭内の問題でストレスがたまり多くの母親は子育

てを苦痛に感じていることが指摘されている。これに関連して，佐藤ら（1994）は生後6ヶ月の乳児の母親に対する質問紙調査により母親の育児に対するストレスと抑うつ重症度は相関するとしている。しかも，母親の自己報告から，育児負担感（ストレス）は母親の幸福感（毎日の気持ち）と相関関係にあることが推測されるとしている。また，マクマーチン（MacMartin, 1995）によれば，子どもに対して統制と愛情がともに弱い育児無関心スタイルの原因の多くは親の抑うつ状態から生じていることが指摘されている。母親の育児ストレスに関しては，菅原（1999）が指摘するように父親の関わりが母親のストレス軽減に大変重要な役割をもつとされている。これは，現代社会の母親が子育てという行為を通して直面している問題に解決の一つの糸口を与えている。

2．母親の子育てを規定する要因についてのモデル

上記のことなどを含め総合的に見て，父親の子育てへの関わりが，夫婦関係のあり方に影響をもたらし，その夫婦関係のあり方により母親は育児ストレスをもち，さらにはこのストレスが母親の子育てに大きな影響をもたらすと考えられる。このように考えれば，「父親の関わり」→「夫婦関係」→「母親のストレス」→「母親の子育て」，という父親を基にした流れが考えられる。このことは，子ども虐待に関連する要因そのものを明らかにするための重要な手立てにもなる。

このことに関連して，庄司（1992）は児童虐待の発生要因についてモデルを提示している。このモデルによると，母親の養育行動を規定する要因は家庭環境，地域環境，文化などの層構造から成っているが，これらが影響し合いながら影響を与えている（図10-1）。

しかし，家庭環境に視点を絞ったとき，子育てに直接関わる父親や母親の行動

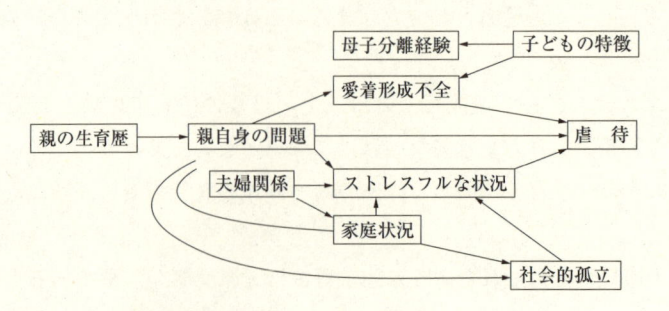

図10-1●虐待の発生要因（庄司，1992を一部修正）

が問題になる。しかも，子育ては基本的に夫婦の共同作業であり，パートナーとしての父親の役割は重要であることを考えれば，夫婦関係→ストレスフルな状況→虐待（養育行動）という一連の流れは基本的に問題解決のための視点と考えられる。夫婦関係については，父親の協力的関わりが大きな影響力をもつと考えれば，「父親の関わり」→「夫婦関係」→「母親のストレス」→「母親の子育て」というモデルが考えられる。

そこで，ここではこの考えに基づいて，調査分析した結果を紹介する。

尾形（2005）は，保育園に通う幼児とその夫婦198組を調査により検討した。調査対象である保育園児は年齢が平均月齢58.93ヶ月，父親母親の平均年齢はそれぞれ31.81歳，29.18歳であり，しつけや遊びなどを通して子どもとの関わりが多くなり，子育ても手のかかる時期である。また，父親の年齢から見て仕事へも慣れ，充実して取り組み始めている時期でもあり，父親母親の役割がまさに十分に形成され，十分な取り組みが要求される時期でもある。

父親の子育てに対する協力的関わりとして，「子ども・妻とのコミュニケーション」「家事への援助」の2因子を抽出した。夫婦関係については「夫との親和性」「妻自身の受容の欲求」「夫への尊敬・共通性」「家族への関心の要望」の4因子を抽出した。また，母親のストレスとしては「不安定感」「身体的不調徴候」「孤立感」の3因子を抽出した。さらに，母親の養育行動として「威圧的態度」「子どもとの親和性」「拒否的態度」の3因子を抽出した。

ここで，「父親の関わり」→「夫婦関係」→「母親のストレス」→「母親の子育て」，という父親を基にしたモデルに基づいて，パス解析によりその状況を示した。

順に母親の養育行動の「威圧的態度」「子どもとの親和性」「拒否的態度」それぞれについて発生要因の流れを見てみる。

▶ (1) 養育行動としての「威圧的態度」

まず母親の「威圧的態度」については，父親の「子ども・妻とのコミュニケーション」が夫婦関係の「夫との親和性」「夫への尊敬・共通性」を強め，この夫婦関係が妻のストレスの「不安定感」「身体的不調徴候」「孤立感」を弱めることが示された。さらに，「不安定感」は母親の子どもに対する「威圧的態度」を弱めることが示された。これを一つの連続した流れで示すと，「子ども・妻とのコミュ

ニケーション」→「夫との親和性」→「不安定感」→「威圧的態度」あるいは,「子ども・妻とのコミュニケーション」→「夫への尊敬・共通性」→「不安定感」→「威圧的態度」と表わせる。また,「子ども・妻とのコミュニケーション」→「夫との親和性」→「威圧的態度」の流れも示された。つまり,「子ども・妻とのコミュニケーション」をしっかり取れる父親の家庭では,親和性に富んだ夫婦関係や夫に対する妻の尊敬や相互に共通の意識が形成されやすく,妻の不安定感を取り除き,結果として妻の子どもに対する威圧的態度が減少するのである。しかも,夫との親和性は妻の子育てに直接的によい影響をもたらすのである。夫が子ども・妻とのコミュニケーションを十分にとることが母親の養育行動によい影響をもたらすということである。

また,父親の協力的関わりである「家事への援助」に関して,直接母親の「威圧的態度」を減少させるだけでなく,夫婦関係の「家族への関心の要望」を減少させる一方で母親の「不安定感」「身体的不調徴候」「孤立感」を減少させ,結果として「不安定感」は「威圧的態度」を減少させることが示された。これを連続した流れで示すと,「家事への援助」→「威圧的態度」,「家事への援助」→「家族への関心の要望」→「不安定感」→「威圧的態度」と表わせる。つまり,父親が家事へ積極的に関わる場合,母親の子どもに対する威圧的態度が減少し,また

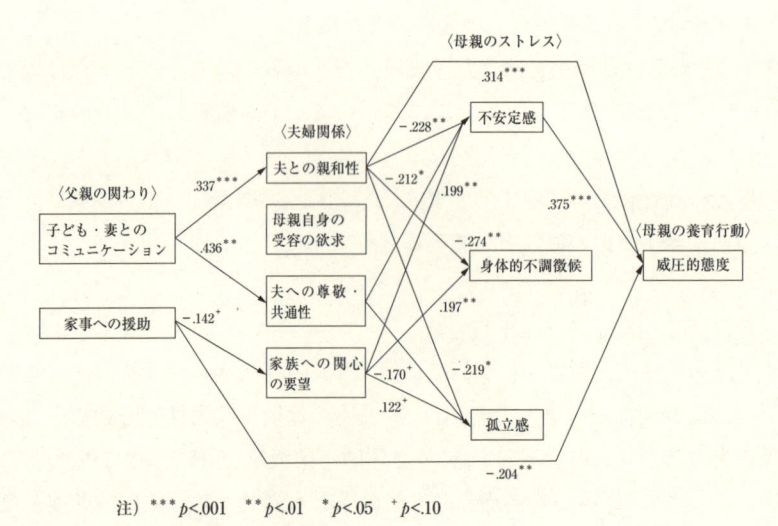

注) $***p<.001$ $**p<.01$ $*p<.05$ $^+p<.10$

図10-2 ●威圧的態度に関するパスダイアグラム (尾形, 2005)

同様に妻の夫に対する家族への関心の要望が減少し，その結果妻自身の不安定感が減少し，そしてこどもに対する威圧的態度も弱まる（図10-2）。

(2) 養育行動としての「親和的態度」

次に，子どもに対する「親和的態度」について，「子ども・妻とのコミュニケーション」「家事への援助」はともに良好な夫婦関係を形成し，これが妻のストレスを軽減させ，そして子どもに対する親和的態度を強めることが示された。

具体的には，夫の「子ども・妻とのコミュニケーション」が「夫との親和性」「母親自身の受容の欲求」をさらに強め，「夫との親和性」がさらに妻の「身体的不調徴候」と「孤立感」を軽減させ，結果として母親の子どもに対する「親和的態度」を強めている。また，「家事への援助」では「家族への関心の要望」を軽減させ，そして「身体的不調徴候」と「孤立感」を減少させ，結果として最終的には母親の「親和的態度」を強めているのである。これを流れとして示すと，「子ども・妻とのコミュニケーション」→「夫との親和性」→「身体的不調徴候」・「孤立感」→「親和的態度」，そして「家事への援助」→「家族への関心の要望」→「身体的不調徴候」・「孤立感」→「親和的態度」のようになる。

父親の協力的関わりとしての「子ども・妻とのコミュニケーション」「家事への援助」はともに良好な夫婦関係を形成し，「身体的不調徴候」や「孤立感」といった母親のストレスを減少させ，このことが結果として子どもとの親和的関係を形成することになる（図10-3）。

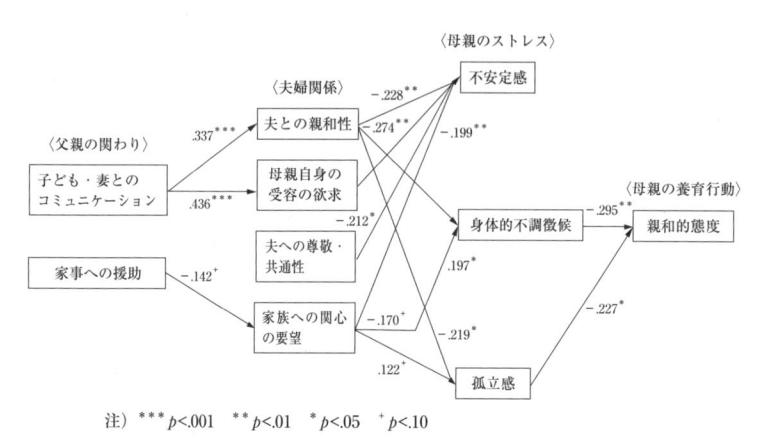

注）***$p<.001$ **$p<.01$ *$p<.05$ +$p<.10$

図 10-3 ●親和的態度に関するパスダイアグラム（尾形, 2005）

(3) 養育行動としての「拒否的態度」

「拒否的態度」に関しても「威圧的態度」の場合と類似した結果が示されていることが理解できる。つまり，父親の協力的関わりの「子ども・妻とのコミュニケーション」「家事への援助」はともに良好な夫婦関係を形成し，それが母親のストレスを減少させ，結果として「拒否的態度」を弱めているのである。

具体的には，「子ども・妻とのコミュニケーション」は「夫との親和性」「夫への尊敬・共通性」を強め，そして母親の「不安定感」と「孤立感」を弱め，結果として「拒否的態度」を弱めているのである。これは「子ども・妻とのコミュニケーション」→「夫との親和性」→「不安定感」・「孤立感」→「拒否的態度」，および「子ども・妻とのコミュニケーション」→「夫への尊敬・共通性」→「不安定感」・「孤立感」→「拒否的態度」の流れを示す。同様に「家事への援助」は「不安定感」と「孤立感」を弱め，結果として「拒否的態度」を弱めている。一方，「子ども・妻とのコミュニケーション」→「夫との親和性」→「拒否的態度」の流れも示されており，「子ども・妻とのコミュニケーション」は母親の子どもに対する「拒否的態度」を弱める方向で影響していることがわかる（図10-4）。

以上の結果は，子育てにあたっている家庭では，夫の家族成員とのコミュニケーションを中心とする関わりが，妻の子育ての方向を決定する一要因として存在することを示すものである。

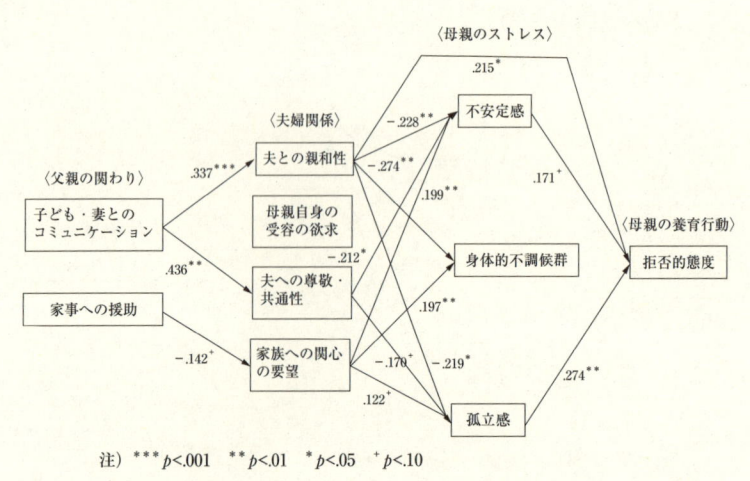

注) $^{***}p<.001$　$^{**}p<.01$　$^{*}p<.05$　$^{+}p<.10$

図10-4 ●拒否的態度に関するパスダイアグラム （尾形，2005）

父親は子育てに関わることにより，自分自身の人格的発達を遂げる一方，自身の関わる対象に対する影響力も強いのである。とくに，妻との関係を良好に保つことが，妻自身の精神的ストレス形成に影響をもたらし，そのことが子育ての質を決定するといってもよい。子どもの発達・適応はまさに父親の関わりが直接的，間接的にダイナミックに影響することになるのであり，システムとしての家族のありようが改めて問われる。

子育てのための良好な環境作りは，夫婦の共同作業ではあるが，夫としてできることを自ら進んで行なうことは，これからの家族により強く求められることである。

3節 父親の家族への関わりと夫婦関係

2節で述べたように，父親の関わりは母親のストレスと関連性を有し，そのことが母親の養育行動に間接的に影響をもたらす。母親のもつストレスは基本的に夫婦関係の中で生じるものであり，家族システムでは夫婦サブシステムが家族としての動きを左右する大きな影響力をもつ。それでは，子育てという子どもへの関わりを多く行なっている家庭では，夫婦関係は本来的にはどのような関係になっているのが望ましいのであろうか。亀口（1992）は夫婦関係の中でも父親の存在の重要性を指摘しているが，父親の関わりが夫婦関係のあり方にどのような影響力をもっているのであろうか。

1．夫の妻への関わりと夫婦関係

従来，夫婦関係を家族サブシステムの一つの単位として扱ってはいるものの，父親の関わりとの関連性ではあまり取り扱われていない。ここでは，このような視点から，子育てにあたっている夫婦関係のあり方に父親がどのような影響力をもつのかを述べることとする。

原ら（1998）は，430組の夫婦を対象とした調査を実施し，夫が子どもとコミュニケーションをとり，子育てに積極的に参加しているほど，妻の精神的ストレスが減少していることを指摘している。結局，夫の妻との相互理解に基づく協力的関わりが妻役割・母親役割に影響をもたらしていることを指摘している。また，夫の協力的関わりに基づき妻のストレスが少ない家庭では，夫婦相互の結びつき

が強く，お互いに異なる役割を演じて，相互に補い合う夫婦関係を形成することが指摘されている (Belsky et al., 1995)。一方，岡本 (1996) は，夫婦関係において母親のアイデンティティ形成の視点から女性としてまた母親としての統合を遂げるためには，夫が家事・育児に実際に協力するということも重要であるが，それ以上に重要なのは夫が妻の生き方を理解し，心理的に支えていくことが重要であることを指摘している。

これら一連の結果は，夫が妻に対して行なう実際の協力や，妻の生き方に対する理解や精神的支えが妻自身の発達・適応に影響をもたらし，そのことが夫婦関係のあり方に影響をもたらすことを示したものである。このように，父親の関わりは夫婦関係形成に大きな影響力をもたらすことが指摘されている。

父親の関わり方が夫婦関係形成に及ぼす影響に関連して，尾形 (2003) は大学生 185 名（男子学生 68 名，女子学生 117 名）を対象とする調査で，父親の家庭での存在感が夫婦関係のあり方にどのような影響をもたらすのかということについて検討を加えている。父親と母親の平均年齢はそれぞれ，49.90 歳と 47.38 歳である。父親の存在感を示す指標として「父性」を取り上げた。父性としては「指導力と家族に対する思いやり」「母親に対する思いやりとコミュニケーション」「子どもとのコミュニケーション」，また夫婦関係としては「夫婦間のコミュニケーションと相互の尊敬・依存」「夫婦間の許容的態度」「夫婦間の意見の不一致」のそれぞれの因子を抽出した。男子大学生と女子大学生それぞれについて，男女ともに父親の，「指導力と家族に対する思いやり」「母親に対する思いやりとコミュニケーション」が「夫婦間のコミュニケーションと相互の尊敬・依存」という夫婦関係形成に強く影響していることが示された。また，同様に男女ともに父親の，「母親に対する思いやりとコミュニケーション」が夫婦関係の「夫婦間の許容的態度」形成に影響していることが示された。さらに，「夫婦間の許容的態度」には女子学生の場合，父親の「子どもとのコミュニケーション」が関係していることが示された。この結果は，夫婦間でコミュニケーションがとれ，お互いに一人の人間として尊敬し合い，しかもお互いを頼りにするという心理的結びつきの強い良好な夫婦関係は夫が家族をリードし，しかも家族と妻への思いやりとコミュニケーションを取ろうと努力する場合に形成されやすいことを示すものである。同様に夫婦間でお互いを許容し合うという結びつきの強い夫婦も夫が妻を気遣い，コミュニケーションを大切にする場合に形成されることを合わせて示している。

この結果は，岡本（1996）の結果を支持するものであり，夫が妻や家族への理解をもち，妻とのコミュニケーションを図ることがよい夫婦関係を形成することにつながり，夫としては単なる協力者であるだけでなく，パートナーとしての妻を十分に理解し，心理的な支えとして存在することが夫婦関係のあり方に重要な役割をもつことが改めて示されている。

　上記の結果は，良好な夫婦関係を形成するためには父親が母親を中心とする家族へどのように関わったらよいのかということについていくつかの視点を与えるものである。しかし，これらの結果は，父親の影響力という父親からの一方向的な視点に基づいて検討したものであり，現実問題として次のことをさらに確かめる必要があると思われる。それは，夫婦関係は基本的には父親と母親の相互の関わりにより形成され，しかも変動し夫婦相互の影響力が作用し合っている点であり，夫婦それぞれの視点に基づいた夫婦関係も検討する必要があると思われる。

　夫婦がよい関係であるための条件として，妻または夫が相互に理解し合い，心理的な結びつきが強い場合がその一つに該当する。この場合，夫婦が相互に相手をどのように認識しているのかということが夫婦間の結びつきを決定づける基本要素として存在すると考えられる。お互いに相手をよく理解し，受け入れることにより心理的結びつきの強い人間関係が形成されるであろう。そこで，次に夫の関わりについて妻がどのように受け取るのかという観点に基づいた夫婦の認識のずれを基にして夫婦関係について見てみよう。

2．父親の関わりについての夫婦の認識のずれと夫婦関係

　尾形と宮下（2002）は，1歳～6歳の幼児を育てている夫婦415組（平均年齢，父親31.0歳，母親29.1歳，子ども4.8歳。専業主婦家庭183，共働き家庭194）を対象に質問紙による調査を行なった。結果として，父親の関わりについては「子ども・妻とのコミュニケーション」「家事への援助」，夫婦関係では「夫に対する尊敬と依頼」「夫に対する受容の要望」「夫婦間のコミュニケーション」「家族への関わりの要望」の因子を抽出した。ここで，夫の関わりについての夫婦の認識のずれの程度により夫婦関係がどのようになっているのか，共働き家庭，専業主婦家庭それぞれについて見た。その結果，両家族形態ともに「子ども・妻とのコミュニケーション」で夫婦の認識のずれが大きくなるほど「夫に対する尊敬と依頼」が低くなることが示され，しかも専業主婦家庭では「夫婦間のコミュニケー

ション」が低くなる傾向が見られた。また，共働き家庭では「子ども・妻とのコミュニケーション」のずれが大きいほど母親の精神的ストレスが増加し，さらには母親の養育行動の「拒否的態度」が強められることが指摘された（表10-1，表10-2）。これは，「子ども・妻とのコミュニケーション」は，子どもや妻との心理的結びつき強める重要な要素であり，しかも母親の精神的ストレスや養育行動にも影響し，夫の関わりについて夫婦間の認識のずれが大きくなるほど良好な夫婦関係が形成されにくいことを示す。

表10-1 ●父親（夫）の家庭での協力について夫婦間の認識のずれと夫婦関係，母親（妻）の精神的ストレス，母親（妻）の養育行動との関係（共働き家庭）（尾形・宮下，2002）

変数　認識のずれ	夫婦関係				母親（妻）の精神的ストレス				母親（妻）の養育行動		
	〈夫に対する尊敬と依頼〉	〈夫に対する受容の要望〉	〈夫婦間のコミュニケーション〉	〈家族への関わりの要望〉	〈不安感〉	〈孤立感〉	〈集中力の欠如〉	〈心的疲労感〉	〈威圧的態度〉	〈親和的態度〉	〈拒否的態度〉
子ども・妻とのコミュニケーション	-.252*	.075	-.123	-.037	-.034	-.030	.044	-.102	.108	-.027	.145
家事への援助	-.049	.095	.015	.009	-.039	-.039	.108	.013	.035	-.022	.072

注）* p<.05

表10-2 ●父親（夫）の家庭での協力についての夫婦間の認識のずれと夫婦関係，母親（妻）の精神的ストレス，母親（妻）の養育行動との関係（専業主婦家庭）（尾形・宮下，2002）

変数　認識のずれ	夫婦関係				母親（妻）の精神的ストレス				母親（妻）の養育行動		
	〈夫に対する尊敬と依頼〉	〈夫に対する受容の要望〉	〈夫婦間のコミュニケーション〉	〈家族への関わりの要望〉	〈不安感〉	〈孤立感〉	〈集中力の欠如〉	〈心的疲労感〉	〈威圧的態度〉	〈親和的態度〉	〈拒否的態度〉
子ども・妻とのコミュニケーション	-.198**	.099	-.137+	-.036	.197**	.196**	.083	.230**	.044	-.102	.179*
家事への援助	-.006	-.023	-.017	-.036	.094	.079	.059	.124+	.040	.079	-.019

注）** p<.01　* p<.05　+ p<.10

3. 父親の関わりについての母親の認識と夫婦関係

　父親の関わりについての夫婦間の認識のずれをより詳細に検討するために，父親の関わりに関する視点をより重視した立場から夫婦関係を検討してみよう。

　これに関して，尾形（2002）は4歳〜6歳の幼児をもつ夫婦138組を対象として調査を実施した。父親の協力的関わり（父親自身による評定）として「家族とのコミュニケーション」「家事への援助」と，また夫婦関係（母親による評定）として「コミュニケーションによる親和的関わり」「共通の趣味や話題による関わり」「自分と家族への関わりの要望」の各因子を抽出した。そこで，父親の協力的関わりについての夫婦間の認識のずれを示すために，父親の協力的関わりについての父親，母親の評定に基づいて，父親の評定高・母親の評定高，父親の評定高・母親の評定低，父親の評定低・母親の評定高，父親の評定低・母親の評定低の4グループを形成し，それぞれのグループについて，夫婦関係の得点を求めた。その結果，「家族とのコミュニケーション」において，父親母親それぞれの認識が高い評定値で一致している場合と父親の評定が低くても母親の評定が高い場合に「コミュニケーションによる親和的関わり」と「共通の趣味や話題による関わり」の夫婦関係が高い値を示した（図10-5，図10-6）。また，父親の「家事への援助」については，父親の評定値にかかわらず母親の評定値が高い場合は有意に高い値を示した（図10-7）。この結果は，夫の「家族とのコミュニケーション」について夫婦揃って高い値で認識している場合と，夫はそんなに関わっていると認識していない場合でも妻がよく関わっていると認識してい

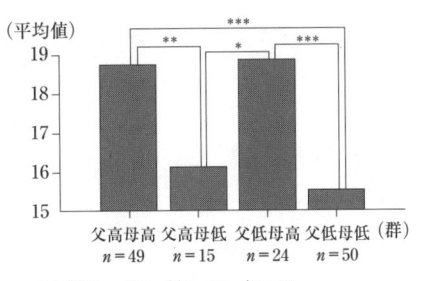

図10-5 ●コミュニケーションによる関わりについての夫婦の認知のずれと夫婦関係〈親和的関わり〉（尾形，2002）

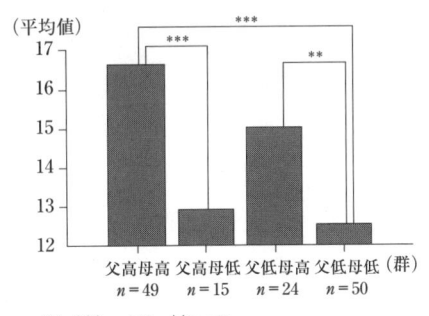

図10-6 ●コミュニケーションによる関わりについての夫婦の認知のずれと夫婦関係〈共通の趣味や話題による関わり〉（尾形，2002）

る場合に「コミュニケーションによる親和性」「共通の趣味や話題による関わり」による夫婦関係が良好であることを示している。つまり，夫の関わりについて妻が肯定的に受け取ることが夫婦関係形成の一つの鍵を握っていることを示すものと解釈できよう。また，夫の「家事への援助」でも同様のことがいえる。

このように，夫の家族への関わりを妻が肯定的にとらえることが夫婦関係形成に大きな意味をもつことが理解でき，夫の一方向的な関わりだけでは夫婦関係を説明するのは難しいほど複雑なものであろう。

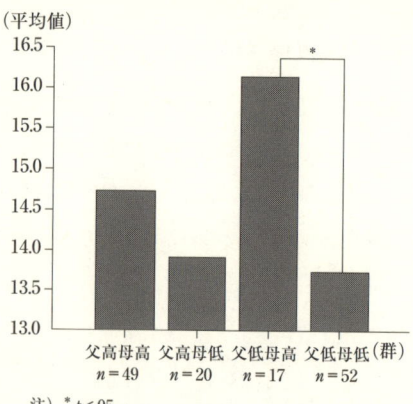

図10-7 ●家事への援助による関わりについての夫婦の認知のずれと夫婦関係〈共通の趣味や話題による関わり〉（尾形, 2002）

注）$^*p<.05$

4節　夫婦関係と子どもの心理的発達

家族システム論では，家族システムを構成するサブシステムとしての夫婦関係は，家族システムのあり方を左右する重要な要素であると指摘されている（岡堂，1991；亀口，1992）。とくに，亀口（1992）は夫婦関係の中でも父親の存在の重要性を指摘している。

それでは，夫婦サブシステムが子どもの発達・適応にどのような影響力をもつのであろうか。従来心理学の領域では，良好な夫婦関係は良好な母子関係を形成し，子どもの発達・適応に良好な影響をもたらすことが指摘されている。

これに関して，父親不在の家庭に関する研究からオルトマンとフリーダム（Oltman & Friedam, 1967）は父親不在の家庭では子どもの道徳性の発達に少なくともよい影響は与えないとしている。また，アンダーソン（Anderson, 1968）も子どもに非行の発生率が高くなることを指摘しており，ヘザリングトン（Hetherington, 1972）は離婚による父親不在家庭の場合13歳～17歳の第一子で男の兄弟のない白人の女子青年に関して，異性との適切な交流ができなかったことを報告している。その後，ヘザリングトンとクリンゲンピール（Hetherington & Clingempeel, 1992）は，離婚は一時的な出来事ではなく，家族の再編成の基本

過程を含むものであるとの視点から2年間にわたり追跡調査を行なった。調査開始時に9歳～13歳までの子どもたち200名以上を3タイプ（離婚後単身のままでいる母親に育てられている，離婚後再婚した母親に育てられている，両親が離婚していない）の家庭から集めた。追跡調査では観察，チェックリスト，質問紙関係者への面接などを行なったが，その結果，全体として単身母親の家庭の母親の場合において，離婚後4年～6年が経っても適応に困難を示すことが多いことを示した。具体的には，学校での成績，社会能力などや問題行動が含まれているとしている。また，離婚の子どもが青年期にいたるまでの間に与える影響について調べた結果では，16歳になる以前に両親が離婚した場合には離婚のない家庭の青年に比較して高いレベルの問題行動，高校中退の可能性の高さ，両親との希薄な関係などのさまざまな問題を2倍示した（Zill et al., 1993）。7歳～16歳の間に両親が離婚し母親が再婚していない場合は青年期でより有害な影響を受けやすいとしている（Chase-Lansdale et al., 1995）。しかし，離婚そのものが子どもの発達・適応に影響を与えるよりも，離婚にいたる家庭ではすでに夫婦関係に問題があり，とくに育児の仕方に問題があるために離婚以前から子どもの行動に問題があるという示唆に富む指摘もある（Block et al., 1986）。

　これら一連の結果は，離婚家庭での子どもの発達・適応は概してよい影響を受けないことが多いことを示しているが，離婚にいたる家庭での子育てを含めた夫婦関係のあり方が大きな問題として浮上している。

　さらに，父親の仕事との関係について田中ら（1996）は単身赴任が母親の精神的不安感を増加させる，とくに45歳以上の母親の場合にはストレスを高めて，子育てのために好ましくない影響をもたらすことを指摘している。

　以上の報告は，父親不在が母親の子育てに悪影響をもたらし，結果としては子どもの発達・適応にも深刻な問題を生じさせることがあることを指摘したものである。少なくとも，子育てを中心とする親子関係には母親が中心となることが多いが，母親の子どもへの関わり方に影響を与えるのは母親のパートナーとしての父親である。子育てという子どもとの関わりは，夫婦そろってあたるものと考えられるが，上記の一連の報告は，岡堂（1991），亀口（1992）の指摘にもあるように，夫婦サブシステムが正常に機能するための条件として父親の存在が大きいことを示すものである。

　父親母親がそろっている家庭でも問題はいろいろと指摘されている。母子間に

形成される愛着関係に父親の関わりが影響し，それが子どもの発達・適応に影響を及ぼすことに関するものを紹介する。

ゴールドベルグとイースターブロックス（Goldberg & Easterbrooks, 1984）は75名の幼児とその両親についての調査結果から，父親が育児に協力的に関わっているときは母子間の愛着関係が良好であり，この場合には子どもの全般的な発達が良好であることを指摘している。これに類して，調和のある夫婦関係は母子間の愛着関係を促進し（Durret et al., 1984 ; 大日向, 1999 ; Nakagawa et al., 1992），子どもの健全な愛着を形成し発達させること（Belsky, 1984 ; Belsky & Isabella, 1988 ; Goldberg & Easterbrooks, 1984 ; Howes & Markman, 1989 ; 数井ら, 1996），同様に，母親が父親から情緒的援助を受け，受容されていると認知するほど母子関係が良好であり，子どもの発達も良好である（Crokenberg, 1981 ; Weiraub & Wolf, 1983）としている。

また母子間に形成される愛着関係とは別の視点に基づく報告について見ると，子育ての方針に関して夫婦間の一致度が高い場合は子育てのための家庭環境が良好であり，子どもの社会適応が良好である（Deal et al., 1989）との報告や，父親が葛藤や，否認，ひきこもりなどの否定的な態度で母親に接して，そのことに対して母親が苦痛を抱く場合には子どもの向社会的行動と情動的関心が減少することが指摘されている（Lindahl et al., 1988）。また，両親の愛情関係が家庭の雰囲気を媒介として，9歳～14歳の子どもの抑うつ傾向と関連する指摘（菅原ら, 1998）や，日常のストレスに対する9歳～10歳の子どもの対処能力に関して，夫婦間の関係が良好な家庭の子どもはそうでない子どもと比較して攻撃的な対処行動をあまりとらないとする指摘（Hardy et al., 1993）もある。さらに，高橋（1998）は両親間の関係と家族成員の中学生の精神的健康との関係について調査に基づく分析を行なっている。それによれば，両親間の関係（愛情）のよさが，子どもの精神的健康のよさを規定する傾向にあることを指摘している。

一方，平山（2001）は中学生を対象に，父親の家庭関与についての夫婦間の認知のずれと子どもの精神的健康について調べ，父親の評定は高いが母親の評定が低い群は子どもの神経症の得点が一番高く，父親母親の評定がともに高い群がともに低い群よりも子どもの神経症の得点が低いことを指摘している（図10-8）。

夫婦間の葛藤と子どもの発達・適応との関係について示唆に富む報告もある。夫婦間で葛藤状況にあってもよく統制されており，相互に理解し合っている家庭

の子どもは他人との葛藤をともなう人間関係において，建設的な問題解決方法や方略をとろうとすることが多く（Cummings, 1994；Grych & Fincham, 1990），夫婦間の相互理解の少ない，統制されていない家庭の子どもは，他人との葛藤状況において，行動面と情緒面に問題を抱えていることが多いことが報告されている（Buehler et al., 1997；Emery, 1982；Grych & Fincham, 1990）。また，幼児の発達・適応に関する研究でも，夫婦間に内在する葛藤や攻撃的態度は子どもの適応行動に問題をもたらすとする報告もある（Jenkins & Smith, 1993；Jouriles et al., 1989）。また，宇都宮（2005）は，両親間の葛藤解決（結婚生活に関するコミットメントに関して）と女子青年の不安との関連性について調べた。その結果，「存在の全的受容・非代替性」（夫婦相互に一人の人間として深く尊敬している，相互に人柄に強い魅力を感じている，相互に愛しているなどの関係）が高いほど不安傾向が減少するのに対して，「社会的圧力・無力感」（惰性でもちこたえている，離婚の手続きが面倒だから，人生の試練と必死に耐えているなどの関係）が高いほど不安傾向が高いことを指摘している。また，両親のコミットメントと女子青年の不安関係は，両親と同居している場合に顕著であることも合わせて指摘している。

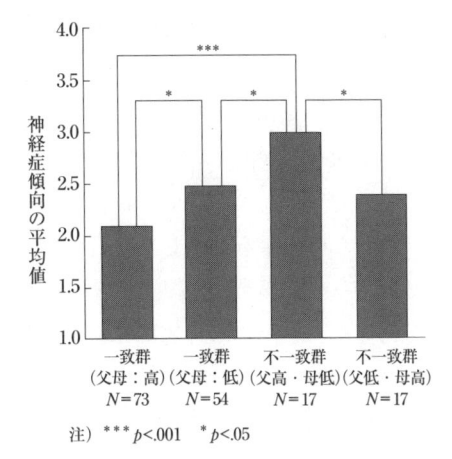

図10-8 ● 父親母親による父親の家庭関与の高さ（父母間の一致度）別の中学生の神経症傾向（平山, 2001）

これらの報告に見られるように，夫婦間の葛藤は家族成員の発達・適応に好ましい影響をもたらさないことが指摘されている。

上記の一連の報告から，夫婦関係のあり方が家族成員である子どもの発達・適応にも影響をもたらすことが一貫して示されているが，夫婦関係そのものが父親の家庭関与により影響を受けるという視点も加味してさらに話を続ける。したがって，夫婦関係形成に及ぼす父親の影響力に焦点をあて，父親の家庭関与→夫婦関係→子どもの発達・適応，という一連の流れに基づいて検討を加えたい。

このことに関して，尾形と宮下（1999）は小学校1，2年生の児童とその両親

235組を対象として，調査により夫の家庭への協力的関わりが妻の精神的ストレスに及ぼす影響とそれに基づく夫婦関係，そして子どもの社会性（S-M社会生活能力検査）の発達との関連性について検討した。夫の家庭への協力的関わりとしては「家事への援助」「夫婦間のコミュニケーション」「子どもとの交流」および，妻の精神的ストレスとして「集中力の欠如」「孤立感」「心的疲労感」「自己閉塞感」のそれぞれの因子を抽出した。夫の協力的関わりと妻の精神的ストレスを構成するそれぞれの要素の平均得点を求め，妻のストレスを基にして見た4群の夫婦関係を構成した。それは，父親の協力高・母親のストレス高，父親の協力高・母親のストレス低，父親の協力低・母親のストレス高，父親の協力低・母親のストレス低，の4群である。また，子どもの社会性を示す，社会生活指数（SQ）の差

表10-3 ●父親の家庭での協力（家事への援助）と母親の精神的ストレスおよび子どもの社会性の発達の差異 （尾形・宮下，1999）

各群	社会性　社会生活指数（SQ）
〈母親の集中力の欠如〉	
父親の家事への援助高・母親の集中力の欠如高（40組）	115.03（20.55）
父親の家事への援助高・母親の集中力の欠如低（34組）	125.79（16.12）｜*
父親の家事への援助低・母親の集中力の欠如高（31組）	112.52（19.25）｜*
父親の家事への援助低・母親の集中力の欠如低（41組）	120.27（20.24）
F値	3.18*
〈母親の孤立感〉	
父親の家事への援助高・母親の孤立感高　　（38組）	116.39（20.35）
父親の家事への援助高・母親の孤立感低　　（36組）	123.75（17.61）｜*
父親の家事への援助低・母親の孤立感高　　（27組）	110.44（19.02）｜*
父親の家事への援助低・母親の孤立感低　　（45組）	120.82（19.85）
F値	2.82*
〈母親の心的疲労感〉	
父親の家事への援助高・母親の心的疲労感高（37組）	118.05（20.51）
父親の家事への援助高・母親の心的疲労感低（37組）	121.89（18.08）
父親の家事への援助低・母親の心的疲労感高（30組）	116.90（15.34）
父親の家事への援助低・母親の心的疲労感低（42組）	116.95（23.03）
F値	0.52
〈母親の自己閉塞感〉	
父親の家事への援助高・母親の自己閉塞感高（43組）	115.05（20.10）
父親の家事への援助高・母親の自己閉塞感低（31組）	126.81（16.04）
父親の家事への援助低・母親の自己閉塞感高（34組）	114.59（17.00）
父親の家事への援助低・母親の自己閉塞感低（38組）	119.03（22.48）
F値	2.85*

注）数字は平均値，（　）内の数字は標準偏差　　*$p<.05$

異について分析を加えた。夫の協力的関わりの「家事への援助」「夫婦間のコミュニケーション」「子どもとの交流」それぞれに基づく結果を表10-3〜表10-5にまとめた。

表10-3〜表10-5から，父親の協力的関わりの「家事への援助」「夫婦間のコミュニケーション」「子どもとの交流」のそれぞれの得点が高く，母親の精神的ストレスの「集中力の欠如」「孤立感」「心的疲労感」「自己閉塞感」のそれぞれの得点が低い場合に子どもの社会生活能力が高く，逆に父親のこれらの得点が低く，母親の精神的ストレスの各得点が高い場合に子どもの社会生活能力が低いという結果が得られた。この結果は，父親が子育てに協力的に関わることにより母親の精神的ストレスが低くなる場合，子育てのための良好な環境が形成され，

表10-4 ●父親の家庭での協力（夫婦間のコミュニケーション）と母親の精神的ストレスおよび子どもの社会性発達の差異 (尾形・宮下，1999)

各群	社会性 社会生活指数(SQ)
〈母親の集中力の欠如〉	
夫婦間のコミュニケーション高・母親の集中力の欠如高 (25組)	120.04 (21.39)
夫婦間のコミュニケーション高・母親の集中力の欠如低 (38組)	123.18 (17.61)
夫婦間のコミュニケーション低・母親の集中力の欠如高 (46組)	110.61 (18.42) ⎤*
夫婦間のコミュニケーション低・母親の集中力の欠如低 (37組)	122.35 (19.75) ⎦
F値	3.94**
〈母親の孤立感〉	
夫婦間のコミュニケーション高・母親の孤立感高 (22組)	116.82 (22.03)
夫婦間のコミュニケーション高・母親の孤立感低 (41組)	124.68 (16.98)
夫婦間のコミュニケーション低・母親の孤立感高 (43組)	112.44 (18.78) ⎤*
夫婦間のコミュニケーション低・母親の孤立感低 (40組)	119.50 (20.43)
F値	2.91*
〈母親の心的疲労感〉	
夫婦間のコミュニケーション高・母親の心的疲労感高 (27組)	121.11 (19.54)
夫婦間のコミュニケーション高・母親の心的疲労感低 (36組)	122.56 (19.02)
夫婦間のコミュニケーション低・母親の心的疲労感高 (40組)	115.13 (17.16)
夫婦間のコミュニケーション低・母親の心的疲労感低 (43組)	116.52 (22.15)
F値	1.21
〈母親の自己閉塞感〉	
夫婦間のコミュニケーション高・母親の自己閉塞感高 (28組)	120.36 (20.76)
夫婦間のコミュニケーション高・母親の自己閉塞感低 (35組)	123.20 (17.87) ⎤*
夫婦間のコミュニケーション低・母親の自己閉塞感高 (49組)	111.69 (16.78) ⎦
夫婦間のコミュニケーション低・母親の自己閉塞感低 (34組)	121.82 (22.40)
F値	3.17*

注）数字は平均値，（　）内の数字は標準偏差　　**$p<.01$　*$p<.05$

表10-5 ●父親の家庭での協力（子どもとの交流）と母親の精神的ストレスおよび子どもの社会性の発達の差異 （尾形・宮下，1999）

各群	社会性 社会生活指数(SQ)
〈母親の集中力の欠如〉	
父親の子どもとの交流高・母親の集中力の欠如高(34組)	118.09 (21.49)
父親の子どもとの交流高・母親の集中力の欠如低(37組)	125.27 (18.15) ┐*
父親の子どもとの交流低・母親の集中力の欠如高(37組)	110.11 (17.74) ┘
父親の子どもとの交流低・母親の集中力の欠如低(38組)	120.34 (18.90)
F値	4.07 **
〈母親の孤立感〉	
父親の子どもとの交流高・母親の孤立感高　　(27組)	117.44 (22.49)
父親の子どもとの交流高・母親の孤立感低　　(44組)	124.52 (18.05) ┐*
父親の子どもとの交流低・母親の孤立感高　　(38組)	111.42 (17.68) ┘
父親の子どもとの交流低・母親の孤立感低　　(37組)	119.27 (19.57)
F値	3.20 *
〈母親の心的疲労感〉	
父親の子どもとの交流高・母親の心的疲労感高 (29組)	122.93 (19.48)
父親の子どもとの交流高・母親の心的疲労感低 (42組)	121.07 (20.55)
父親の子どもとの交流低・母親の心的疲労感高 (38組)	113.42 (16.33)
父親の子どもとの交流低・母親の心的疲労感低 (37組)	117.22 (21.33)
F値	1.65
〈母親の自己閉塞感〉	
父親の子どもとの交流高・母親の自己閉塞感高 (35組)	119.86 (21.87)
父親の子どもとの交流高・母親の自己閉塞感低 (36組)	123.75 (18.10) ┐*
父親の子どもとの交流低・母親の自己閉塞感高 (42組)	110.67 (14.49) ┘
父親の子どもとの交流低・母親の自己閉塞感低 (33組)	121.18 (22.26)
F値	3.51 **

注）数字は平均値，（　）内の数字は標準偏差　　** $p<.01$　　* $p<.05$

好ましい親子関係が形成され，そのために子どもの社会性の発達が良好になるものと考えられる。

　このように，家族システムの視点から見た場合，夫婦関係形成に父親が影響をもたらし，その夫婦関係が子育てという親子関係を良好なものとして子どもの発達・適応に大きく影響していることが理解できる。

5節　夫婦関係と家族機能

1. 家族機能とは

　家族にはそれぞれ家族としての特色がある。何かを決めるときに常に家族成員全員で話し合うことを特色とする「民主的」家族，家族成員が常に相互に自己主張による言い合いをしている「葛藤」を特色とする家族，家族の中で何かを決めるとき常にリーダーが存在し，その人の考えで決まるような「権威的」な家族，家族成員が何をしているのか互いに関心のない「放任」を特色とする家族など種々の特色があげられる。

　家族機能に関して，ミラー（1978）は，「一般生物体システム理論」の中で，「機能とはある程度の規則性をもってくり返される出来事のパターンである」と定義している。この考えを家庭状況にあてはめれば，「うちの家族では，～がよく起こる，～がくり返しなされる，と認知される事象の集まりであり家族が日常身体的心理的に動く過程での規則性を持った出来事のパターン」（渡辺，1989）とされる。

　家族機能は上述のように，家族の中でくり返し生じている状況をさすことばであり，家族成員一人ひとりの意志を尊重し一人ひとりの考えに基づいて話し合いを常に優先させている場合は「民主制」あるいは「民主的」な家族機能を有する家族と位置づけることができる。同様に，家族成員個々のことにお互いが常に無関心で，それぞれが勝手なことをしていることがくり返されるような家族では「放任」という家族機能を特色とする家族であるということができる。また，全体として，何か事にあたるときには家族成員がまとまっていくとか，普段から家族成員個々のコミュニケーションがとれており，メンバー相互のことが理解できているような場合は家族機能の「凝集性」を特色とする家族ということができる。

　この家族機能というのは，どのような家族なのかというように，家族としての特色を打ち出すものであるが，家族成員は家族機能そのものについては普段意識せず生活しており，家族機能そのものが家族としての特色を形成する中で，家族成員の行動や心理的な面に知らず知らずのうちに影響をもたらしていることも考えられる。たとえば，子育てにあたっている家庭で，食事後の後かたづけなどの

家事を夫が役割分担として当然のごとく毎日行なっている場合，夫婦間では相互の援助で家事などの役割分担は夫も当然行なうという民主的な家族としての雰囲気が形成されることとなる。この場合，当然のこととして家族内ではごく当たり前のこととして自然にくり返されることになり，他の家族成員が見ても何の違和感もなく自然な行為として受けとめることができるであろう。このことを，年上の長男が見ていて当然のことと思うようになれば，食事後の後かたづけや，食器洗いに抵抗感をもつことも少なくなり，父親と同様の行為をすることが可能性としては大であると考えられよう。

2．夫婦関係と家族機能

　また，家族機能の形成はすぐにはできるものではなく，家族成員個々の関わりによって形成されていくものととらえることもできる。とりわけ，子どもが幼い時期は，親から受ける影響が大きいと考えられるため，夫婦関係のあり方が家族機能の基本にあると思われる。これに関連する研究で，キズマン（Kizmann, 2000）は6歳〜8歳の男児を育てている40組の夫婦について，夫婦の葛藤が子どもに間接的にどのような影響をもたらすのかを調べた。そして，夫婦間で口論をした後では父親は息子に対する支持的な態度や息子を勇気づける態度が低く，民主的な態度も低くなること，さらには夫婦間の否定的態度は家族の否定的態度と関連することを指摘している。つまり，夫婦間の関係が家族としての特性，ことばを換えれば家族機能形成に関連していることになる。また，数井ら（1996）は母親の認知した夫婦関係の調和性が母親の認知した子どもの愛着の安定性と家族機能状態と関連性を有することを示しており，グライチとクラーク（Grych & Clark, 1999）は夫婦関係の質と父親の養育行動の質が家族機能形成に影響するとしている。

　家族機能形成に夫婦関係のあり方が影響することは上記の指摘のとおりであるが，それでは具体的に夫婦関係がどのように家族機能形成に影響するのであろうか。このことについて述べることにする。また，夫婦関係形成に父親の関わりが大きく影響することも指摘したとおりであるので，ここでは父親の関わりも含めて述べる。

　まず，夫婦関係のあり方が家族機能形成にどのような影響をもっているのかということについて，尾形（2003）は大学生185名（男子68名，女子117名）へ

の調査に基づいて検討した。

　夫婦関係については「夫婦間のコミュニケーションと相互の尊敬・依存」「夫婦間の許容的態度」「夫婦間の意見の不一致」，また家族機能については「家族に対する安心感と一体感」「遊離性」「家族の規律」のそれぞれの因子を抽出した。そこで，夫婦関係が家族機能形成に及ぼす影響力を検討したが，男子では「夫婦間の許容的態度」が「家族に対する安心感と一体感」形成に，「夫婦間の意見の不一致」が「遊離性」形成に強く関連することが示された。また女子では，「夫婦間のコミュニケーンと相互の尊敬・依存」が「家族に対する安心感と一体感」形成に強く関連していることが示された。また同様に，女子では「夫婦間の意見の不一致」が「遊離性」形成に関連することが示された。この結果は大学生という視点から見たものであり，家族の形成され始めた時期とは異なるものの，「夫婦間のコミュニケーンと相互の尊敬・依存」や「夫婦間の許容的態度」などの夫婦間の良好な関係は良好な家族機能形成に影響しており，「夫婦間の意見の不一致」のような心理的ずれのある夫婦関係は「遊離性」という好ましくない家族機能形成に強く関連していることが示された。

　また，尾形（2002）は4歳〜6歳の幼児とその家族138組について質問紙により，夫婦関係の状況と家族機能の状況との関連性について検討した。家族機能の測定は「家族機能自己記述尺度」（Bloom, 1985）により測定し，夫婦関係として「親和的関わり」「共通の趣味や話題による関わり」「父親に対する自分や家族への要望」の各因子を抽出し，相互の関係を検討した。

　その結果，夫婦関係の「親和的関わり」は「結合性」「表現性」「家族理想化」「民主性」「纏綿性」の家族機能形成に正の，「外的統制位置」「放任」「遊離性」に負の影響をもたらすことが示された。同様に夫婦関係の「共通の趣味や話題による関わり」は家族機能の「知的・文化的活動」「活動的レクレーション」「民主性」に正の，「遊離性」に負の影響をもたらすことが示された。また，「父親に対する自分や家族への要望」は「葛藤」「権威的」「纏綿性」形成に影響をもたらすことが示された。この結果は，「親和的関わり」や「共通の趣味や話題による関わり」などの心理的に一体感のある良好な夫婦関係を保つ場合には「結合性」「民主性」などの家族成員個々のコミュニケーションがとれ，家族としてまとまりのある凝集的な家族機能が形成され，逆に上記の好ましい夫婦関係が保たれない場合には「放任」や「遊離性」などの家族成員個々が相互にあまり関心をもたず，結びつ

きの弱い家族機能が形成されることを示すものである。さらに,「父親に対する自分や家族への要望」は夫の妻に対する関わりや家族への関わりが少ないことに対する要望であり,この要望が強くなるほど(夫の関心が家族に向かないほど)「葛藤」や「権威的」などの家族として一方向的な関わりに基づく柔軟性の欠如した家族機能や成員個々に葛藤の多い家族が形成されていることを示す。

　夫婦関係の状況が家族機能形成に大きく影響することは上述のとおりであるが,夫婦関係の状況を夫婦それぞれがどのように認識しているのかということは夫婦関係状況をより正確に把握するために必要である。このような視点から尾形(2004)は,夫婦がそれぞれ家族関係をどのようにとらえているのか,その一致度とずれの程度に基づいて家族機能形成について検討した。

　ここでは夫婦関係については父親と母親の評定をそれぞれ用い,家族機能は母親の評定による。夫婦関係に関しては父親の評定に基づき,「自分や家族への関心の要望」「対等な関係」「共通の趣味や話題による親和性」のそれぞれの因子を抽出した。夫婦関係それぞれについての認識のずれに関しては,父親と母親の認識の高低に基づいて,父親高・母親高群,父親高・母親低群,父親低群・母親高群,父親低・母親低群の4群を形成し,それぞれの群の家族機能の得点差を指標とした。その結果,「対等な関係」「共通の趣味や話題による親和性」それぞれの夫婦関係で父親母親ともに高い値で一致している場合,「結合性」「表現性」「家族理想化」「民主性」「纏綿性」などの家族として生き生きとして,まとまりのある家族機能に高い値が得られた。つまり,好ましい家族機能形成には「対等な関係」「共通の趣味や話題による親和性」による夫婦関係について,夫婦相互の認識が高い値で一致していることが基本的に重要であることが示されている(表10-6)。

　まとまりのある健全な家族を形成するためには,夫婦が相互に相手をよきパートナーとして認識していることが必要なのであろう。

　また,川島(2005)は中学生とその家族131組(女子65名,男子66名)を対象とした質問紙による調査から,夫婦間の葛藤状況において,親自身の葛藤の原因についての認識の仕方と子ども自身の認識の仕方が子どもの評定による家族機能形成にどのように影響をもたらすのかということにいて検討した。その結果,女子の場合,母親が夫や自分自身を責めるような原因帰属をすることが女子の夫婦間葛藤の際の夫婦関係評価を弱め,この低い夫婦関係評価と「家族に対する評

5節　夫婦関係と家族機能

表10-6 ●「夫婦関係」についての夫婦間の認知のずれと「家族機能」形成（尾形, 2004）

夫婦関係	（自分や家族への関心の要望）					（対等な関係）					（共通の趣味や話題による親和性）				
家族機能	①父高母高 (n=47)	②父高母低 (n=32)	③父低母高 (n=28)	④父低母低 (n=31)	(多重比較)	①父高母高 (n=42)	②父高母低 (n=27)	③父低母高 (n=36)	④父低母低 (n=33)	(多重比較)	①父高母高 (n=39)	②父高母低 (n=34)	③父低母高 (n=12)	④父低母低 (n=53)	(多重比較)
結合性						**18.43 (2.33)	17.37 (1.88)	17.92 (2.49)	16.18 (2.63)	①③>④	**18.59 (1.43)	18.06 (2.23)	17.58 (3.65)	16.45 (2.59)	①②>④
表現性						**17.01 (2.61)	15.15 (2.63)	17.22 (2.51)	14.42 (2.66)	①>②④, ③>④	**17.13 (2.71)	16.18 (2.61)	17.83 (2.33)	14.91 (2.74)	①③>④
葛藤															
知的・文化的態度	**10.85 (2.22)	11.50 (2.23)	11.14 (2.62)	9.48 (1.90)	①②③>④						**12.08 (2.22)	11.09 (2.38)	10.25 (1.29)	9.68 (2.05)	①③>④, ②>④
道徳リクリエーション															
秩序	**15.68 (2.74)	15.38 (3.02)	14.39 (2.87)	13.55 (2.06)	①②>④						**15.13 (2.54)	13.62 (2.51)	14.58 (1.78)	12.85 (2.83)	
家族社会性															
外的制御的位置						**9.52 (1.89)	10.56 (2.34)	9.69 (2.14)	11.27 (1.72)	④>①③	*9.38 (2.17)	10.26 (2.03)	10.00 (1.48)	10.77 (2.11)	④>①
家族理想化						**16.69 (2.43)	15.48 (2.29)	16.06 (2.48)	13.30 (3.01)	①②③>④	**16.31 (2.48)	15.92 (2.35)	16.25 (1.91)	14.42 (3.27)	④>①
放任						**11.24 (2.23)	12.37 (2.24)	12.50 (2.25)	13.27 (2.17)	③④>①, ④>②	*11.28 (2.37)	12.65 (2.00)	12.33 (1.56)	12.68 (2.50)	④>①
民主性						**15.60 (2.66)	13.85 (2.82)	14.78 (2.07)	12.94 (2.28)	①>②④, ③>④	**15.62 (2.70)	14.21 (2.66)	15.42 (1.73)	13.42 (2.37)	④>①
遊離性						**10.02 (2.45)	11.78 (1.99)	10.72 (2.09)	12.12 (2.23)	②④>①, ④>③	**10.13 (2.54)	10.94 (1.94)	10.50 (1.45)	11.92 (2.38)	④>①
権威的															
継続性						*14.83 (2.02)	14.00 (1.64)	14.11 (1.91)	13.15 (1.77)	①>④	*14.69 (1.91)	14.38 (1.99)	14.08 (1.68)	13.43 (1.86)	①>④

注：表中の数字は平均値，（　）の中の数値は標準偏差値を示す．**$p<0.01$, *$p<0.05$（なお，多重比較の有意水準はすべて$p<.05$）

価」「家族の凝集性」について低い評価とが関連していることが示された。つまり，女子においては女性としてのモデルである母親の夫婦間葛藤認知を介して両親の夫婦関係を評価し，その評価が本人の家族機能評価に関連している可能性を示唆している。同様に，男子の場合には，夫婦間葛藤が自分に原因があると考える場合に家族機能の「家族内コミュニケーション」を弱め，父親が夫婦間の葛藤が自分に原因があるとする場合は家族機能の「家族に対する評価」を高めることが示された。中学生の男女が夫婦間葛藤の場面をどのように捉えるかが家族機能形成にも影響するという示唆に富む報告である。

　以上の結果は，家族機能という家族全体の状況を形成する大きな要因の一つとして夫婦関係のあり方が大変重要な役割を果たすことを示したものである。夫婦関係のあり方は，そこで育つ子どもの発達・適応に何らかの影響をもたらすものであり，「夫婦関係」→「家族機能」→「子どもの発達・適応」という流れが存在するようである。

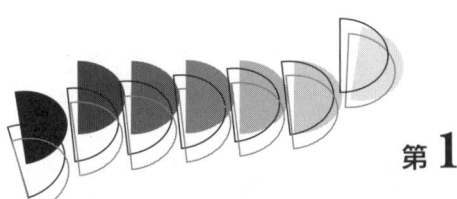

第11章 家族と父親の発達

1節 子育てと父親の成長発達

　青年期を終え，職業に就き後に結婚し家庭をもち，その家庭に子どもが誕生することにより，家族の変化とともに男性は夫，父親，そして職業人として変化していく。当然女性も，妻として，母親として，そして職業人として変化を遂げることになる。この人生の流れは，ライフサイクルの中での出来事であるが，とくに，父親に焦点を絞れば，職場での出世を含めた職業への取り組み，家庭では妻との関わり，そして子どもの誕生により子育てへの関わりによる子どもとの関係の展開など，多くの事柄と接しながら生活することになる。多くの事柄との関わりは必然的に関わった人に何らかの変化を引き起こすことになるが，とりわけ父親の場合にはどのようなことが生じているのであろうか。

　父親の発達的変化に関しては従来，生涯発達心理学の視点から多く扱われてこなかったのが現実である。父親として，あるいは壮年期男性の発達適応は，家庭に焦点が当てられるよりも，職業を通して語られることの方が多いように思われる。それは，男性・女性のジェンダー観に基づく，子育ての時期は女性は家事・育児，男性は仕事を中心として家庭を形成するという伝統的な考え方が根強かったからではないか。その結果，男性の関わる範囲としての仕事や職場が男性の発達・適応に多く影響すると考えていたのかもしれない。しかし，女性の生き方の変化や社会進出により，女性自ら職業をもちながら家庭生活を送る人も多くなっている現在，男性のみが仕事をするという時代ではなくなってきている。

1. 子育てと父親の人格的発達

　子どもの成長発達にともない，父親も何らかの形で家庭へ関わることになるが，とくに子育て家事に関わることが父親の変化にどのような影響をもたらすのであろうか。

　子育てという営みは女性一人に任せておけるものではなく男性も多く関わらなくてはならない時代に入っているのである。このような状況では，家庭の中での男性のあり方が改めて問われることとなる。

　しかし，研究の焦点は子どもの発達に集中しており，親の発達は比較的最近検討されるようになった。しかも，わが国ではきわめて少ないのが特徴として指摘されている（柏木，1993）。その中でも，子どもをもつことにより，子育てに関わり自分自身が成長できたとする親が多く，しかも学歴・年齢・夫の有無（母子家庭）を問わず，母親が父親以上にそのことを強く感じていることが指摘されている（柏木，1979；大日向，1988）。しかし，父親の多くも「自分が成長している」と述べている（牧野・中原，1990；山口，1993）。大前ら（1989）は，父親となることにより発達することとして，「視野の広がり」「家族意識」「子どもによる苦労」「子どもへ思い入れ」「家族役割・妻との絆」「責任感」の6因子を指摘しており，子ども・妻・家族への態度や感情面での発達が見られるとしている（表11－1）。

　また，山崎ら（1991）は父親が家事・育児を分担することで子育てへ関わることによって，父親の子どもについての理解を深めるだけでなく，共感性を高め，人間関係を広げることを指摘している（図11－1）。

　柏木と若松（1994）は，父親が親になることによって父親自身の発達的変化にどのような影響力がもたらされるのかということを調べた。これは親になる前と親になってからの自分の変化について問うものであり，3歳～5歳の幼児をもつ親（父親および母親）346対を対象とした調査研究を行なった。親の変化・発達に関する50項目から成る質問紙から，「柔軟さ」「自己抑制」「運命・信仰・伝統の受容」「視野の広がり」「生き甲斐・存在感」「自己の強さ」の6つの因子を抽出した。それぞれの平均得点を求めたところ，父親母親ともに各要素の成長が見られたが，この結果は母親の方がより高い値を示している。また，これに加えて父親の育児・家事への参加の程度により，「革新的・非伝統的性役割感」「男性の

表11-1 ●父親になることにともなう変化の次元 (大前ら, 1989)

1. 視野のひろがり	・いろいろな角度から物事を見るようになった ・小さいことにこだわらなくなった ・地球の環境問題に関心が増した　　　　　　　　　　　　など
2. 家族意識	・家庭というものをより意識するようになった ・自分の親の苦労がわかるようになった ・一人一人がかけがえのない存在だと感じるようになった。　　など
3. 子どもによる苦労	・子どもから解放されたいと思う ・子どもがいるとやりたいことが制約される ・自分の自由になる時間が減った　　　　　　　　　　　　　　など
4. 子どもへの思い入れ	・自分がこの世に存在した証だと思う ・子どもは自分の分身だと思う ・子どもを見ていると元気づけられる　　　　　　　　　　　　など
5. 家庭役割・妻との絆	・家事をよく手伝うようになった ・家の中で自分の役割をもつようになった ・夫婦の絆が強まった　　　　　　　　　　　　　　　　　　　など
6. 責任感	・仕事への責任感が増した ・倹約するようになった ・精神的にタフになった　　　　　　　　　　　　　　　　　　　　など

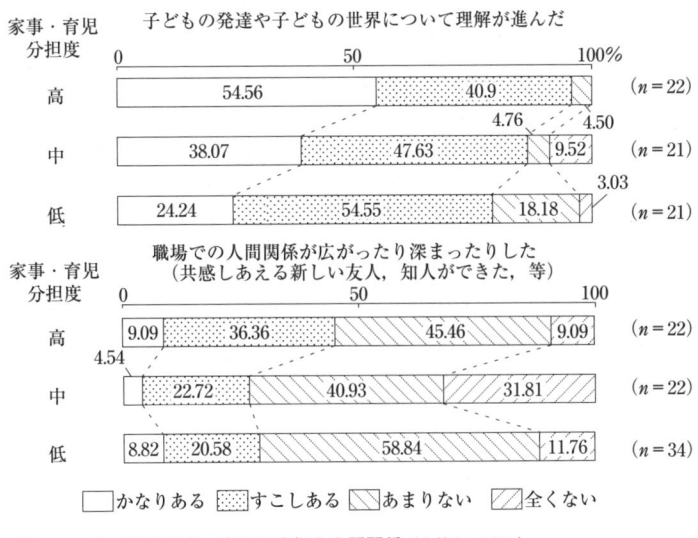

子どもの発達や子どもの世界について理解が進んだ

家事・育児分担度
- 高: 54.56 / 40.9 / 4.76 / 4.50 (n=22)
- 中: 38.07 / 47.63 / 9.52 / 4.76 (n=21)
- 低: 24.24 / 54.55 / 18.18 / 3.03 (n=21)

職場での人間関係が広がったり深まったりした
(共感しあえる新しい友人，知人ができた，等)

家事・育児分担度
- 高: 9.09 / 36.36 / 45.46 / 9.09 (n=22)
- 中: 4.54 / 22.72 / 40.93 / 31.81 (n=22)
- 低: 8.82 / 20.58 / 58.84 / 11.76 (n=34)

□かなりある　▨すこしある　▨あまりない　▨全くない

図11-1 ●父親の家事・育児の分担と人間関係 (山崎ら, 1991)

育児・家事参加」「女性の社会進出」についての父親自身の意識がどのように異なるのかということについて検討を加えた。そして，育児・家事への参加が高い父親の場合「革新的・非伝統的性役割感」「男性の育児・家事参加」「女性の社

進出」がそれぞれに高い値を示した。つまり，家事・育児への関わりを多くもつ父親ほど，家族のあり方についてより柔軟な考えをもつことが指摘できる。この結果は，父親は結婚して父親になることにより人格的変化を遂げ，しかも子育てに関わることにより家族のあり方に柔軟でより肯定的な視点をもつことができるようになることを示すものである。

　この結果に関連して，尾形と宮下（2000）は幼児を育てている162世帯を対象に，父親の子育てへの関わりが父親自身の人格的発達にどのような影響をもたらすのか検討した。49項目から成る父親の成長発達に関する質問紙（柏木・若松1994を参考とする）を使用し「視野の広がり」「柔軟性とたくましさ」「自己の存在感」「積極性」「自己の限界の認識」「自己統制力」の6つの因子を抽出した。また，父親の子育てへの関わりとして「家事への援助」と「子ども・妻とのコミュニケーション」の2つの要素を抽出した。次に，父親の子育てへの関わりと父親の人格的発達との関係を見たところ，「家事への援助」は「視野の広がり」「柔軟性とたくましさ」「自己の存在感」と有意な正の相関を示した。また，「子ども・妻とのコミュニケーション」への関わりは「視野の広がり」「柔軟性とたくましさ」「自己の存在感」「積極性」「自己の力の限界の認識」「自己統制力」などの人格的発達と有意な（あるいは傾向）正の相関をもつことが示された。この結果は，家事や，子ども・妻とのコミュニケーションによる子育てへの関わりが父親自身の人格的発達に強く関連することを改めて示している。

　このことは，子育ての時期は母親にかかる負担が大きいために手伝う，あるいは協力的に関わることにより，母親の負担の大変さを肌で感じ，改めて母親を見直すことが生じることが起因しているものと考えられる。それは，父親としての自分のいたらなさ，力の限界を感じたり，より積極的に関わりが必要であると前向きの姿勢に変化するなど意識の変化によるためであろう。

　上記の報告は，幼児を育てている家庭についての報告内容であるが，それでは児童の場合についてはどうであろうか。このことに関して，尾形と宮下（1999）は小学校1，2年生235世帯の父親について同様の調査を実施し，子育てへの父親の関わりに関しては「家事への援助」と「夫婦間のコミュニケーション」，また，父親の人格的発達に関する質問紙（柏木・若松1994を参考とする）から「自己主張と他者尊重」「自己の存在感と生き甲斐感」「自己統制力」「自己の力の限界の認識」「柔軟性とたくましさ」「社会についての関心」のそれぞれの因子を抽出

した。ここで，家族への関わりと父親の人格的発達との関連性を見たところ，「家事への援助」と「自己統制力」「自己の力の限界の認識」「柔軟性とたくましさ」「社会についての関心」と有意な（又は傾向）正の相関を示した。また，「夫婦間のコミュニケーション」は「自己主張と他者尊重」「自己の存在感と自己主張」「自己統制力」「柔軟性とたくましさ」「社会についての関心」と有意な（又は傾向）正の相関を示した（表11-2）。これらの結果は一貫して，父親が家事・育児，家族とのコミュニケーションを中心とする関わりによる子育てに関わることにより人格的な成長発達を遂げていることを示しており，しかも父親の子育てへの関わりは幼児のみならず，低学年児童の場合も父親自身の成長発達に重要な関連性をもつことを示すものである。

　父親の子育てへの関わりは，幼児・児童それぞれにおいて父親自身の人格的発達と強く関係しており，父親の成長発達は家庭でうながされるという視点は生涯発達心理学的視点から大変興味深い。

　また，竹内と上原（2004）は，父親の子育てへの関わりによる人格的発達の具体的な内容について，幼児の養育にあたっている111世帯の父親に自由記述により述べてもらい詳細な検討を加えている。それによれば，子どもの数による父親の変化の程度に差は見られなかったが，①子どもについて，「子どもを中心に考えるようになった」「子どもの視線でものごとを捉えるようになった」「子どもも自分の意思を十分にもっているので，意見を十分にきかなければならない」「子どもの思っていることを必死で分かろうとしている自分」というように，人格をもった子どもへの敬意が見られる。また「子どもが苦手だったが子どもが生まれてから苦手意識がなくなった」「他の子どもに対しても以前より大切に思うようになった」などの変化が見られる。②自分については，「何事も子どものために

表11-2 ●父親の家庭での協力と自身の成長発達との関係 (尾形・宮下, 1999)

父親の家庭での協力 \ 父親の成長発達	自己主張と他者尊重	自己の存在感と生き甲斐感	自己統制力	自己の力の限界の認識	柔軟性とたくましさ	社会についての関心
家事への援助	.104	.129	.181*	.139+	.182*	.170*
夫婦間のコミュニケーション	.148+	.242**	.200*	.135	.225**	.296*
子どもとの交流	-.011	.113	.076	-.031	-.016	-.101

注） **$p<.01$　*$p<.05$　+$p<.10$

と仕事にはりが出てきた」「少々の出世欲も出てきて今の仕事の責任を感じる」というように一家を支え，社会的役割遂行を達成しようとする意識の変化が見られる。また，子どもを軸に「環境問題への関心」「地域に対する責任」というような社会への関心の広がりも見られる。③親について，「これからの自分自身の人生何か使命感を得たような気がします」として，親としての責任や親としての自覚について記述があったことが示されている。

　子育てにあたることにより，父親としての意識の変化と同時に，社会人としての意識の変化などいくつかの側面の変化が指摘される。しかし，実際問題として，会社などに勤めている父親が子育てや家事のために育児休暇をとることは現実的にはそれほど進んでいない。スウェーデンやノルウェーではほとんどの男性が育児休業をとるのに比較して，日本ではきわめて低く，対象者の0.56％（2004年度）であり国が掲げる2014年度までに10％の目標にはほど遠い状態であることが指摘されている（朝日新聞，2006）。このことは，職場の勤務条件の改善や，男性の子育てに対する意識の改革などを含むきわめて重要な問題であり，これからの子育てのあり方を左右する問題である。

2．子育てと父親のストレス・コーピング

　子育てへ関わることにより，「自己統制力」などの成長が見られることが指摘されているが，ここではこのことに焦点を当てて，ストレス・コーピング（ストレス反応の低減の仕方）に焦点を当ててより具体的に見てみよう。

　尾形ら（2005）は，父親の子育てへの協力的関わりが父親のストレス・コーピングとどのような関連性を有するのか検討している。

　2歳〜6歳に幼児をもつ夫婦604組について調査したが，父親の協力的関わりついての質問紙については2因子（「子ども・妻とのコミュニケーション」「家事への援助」），父親のストレス・コーピングに関する質問紙については3因子（「堅実な努力」「他者への相談」「開き直り」）を抽出した。そこで，父親の協力的関わりと，ストレス・コーピングの要素間の関係を調べたところ，「子ども・妻とのコミュニケーション」は「堅実な努力」と有意な正の，「他者への相談」と有意な負の相関を示した。また「家事への援助」は「他者への相談」と有意な負の相関を示した。この結果から，父親が「子ども・妻とのコミュニケーション」と「家事への援助」に積極的に関わるほど他人に頼らず，しかも「子ども・妻との

コミュニケーション」をとるほど堅実に努力する面があることが示され，家族への関わりをもつ父親ほど健全なストレス・コーピングを身につけていることが示唆される。

表11-3 ●父親の協力的関わりと父親のストレス・コーピングとの関係 (尾形ら，2005)

父親の協力的関わり \ 父親のストレス・コーピング	堅実な努力	他者への相談	開き直り
子ども・妻とのコミュニケーション	.184**	-.417**	-.087
家事への援助	.083	-.400**	.006

注) **p<.01

家族への関わりは母親や子どもなどの家族成員との相互交渉の連続であり，対人間関係の連続といえる。家族成員であっても，それぞれ個性があり意見の食い違いや感じ方の違いなど多くの相違点があるであろう。自分と異なる特性を自分なりにとらえ，対応することは自己の変革を常に継続していることになる。このように考えれば，家族はまさに自己を成長させる場そのものであるといえる。

このように，家族の中に生じる種々の問題に対処する父親ほどいろいろと自己を調整する能力を高めることが示唆され，家族の中で成長発達する父親像が推測され家族のもつ機能が改めて示されていると思われる（表11-3）。

また，父親の発達・適応に関して，すでに第7章（表7-4）で触れたように，小学校児童をもつ父親が「子ども・妻とのコミュニケーション」を中心とする協力的関わりをもつほど，自身の自我同一性の発達が良好であることが示された。この結果は，家庭内の生活をくり返す中で，とくに家族成員とのコミュニケーションを深めることはお互いの意思疎通を図り，お互いの理解を深め，それと同時にお互いの感じていること，悩んでいることなど他の家族成員のことを理解することにつながることを示唆しているようである。

以上のように，父親の発達的適応に関しては，子育ての中でも多くの事実が明らかになってきており成人期の男性の発達・適応と家族との関連性には強いものがある。

つまり，女性の社会進出にともない，男性の家庭への関わりが余儀なくされつつある現代社会において，育児や家族へのコミュニケーションを中心とする関わりを展開する中で男性自身の人格的発達が増進されることは，人間の発達・適応をより幅広い視点からとらえるきわめて重要な視点であろう。

しかし，現実的な問題として父親の労働時間との関係で見ると，父親の育児への関わりはかなり厳しいものがある。松田（2002）は，父親の育児参加を子ども

の年齢，数，母親の年収，父親の帰宅時間などの要因について分析し，帰宅時間が17時〜20時台までの人の育児への関わりはほぼ一定の水準を保つのに対し，帰宅が21時以降になると父親の育児への関わりは急激に低下することを指摘している（図11-2）。この結果は，夫の家族役割分担，父親の子ども や家族との交流には父親個人の意識と努力では限界があることを示唆しているとも考えられる。つまり，労働時間の短縮などの具体的な政策的対応が必要となるのではないだろうか。

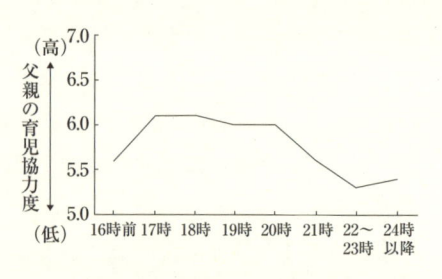

図11-2 ●父親の育児協力度と帰宅時間
（松田，2002）

2節 これから求められる父親像

既述のように，女性の生き方についての価値観の変化により女性の社会進出が進行している。そのため，共働き家庭もその数を増しており，システムとしての家族のあり方も従来のような家族成員個々の固定された役割分担に基づく機能も変化しつつある。

こういった変化の中，これから先父親にはどのようなことが求められるだろうか。子育てに協力的に関わることは当然必要なことではあるものの，次世代を担う子どもたちはどのように見ているのだろうか。

いま現在，親の養育を受けている子どもの視点に焦点を当てたとき，親の姿からどのような父親を理想と考えているのであろうか。自分の将来の親としての姿については現実的に毎日生活を共にしている親の姿がまずは一つのモデルとしてあり，そのモデルについての子どもの価値観が交錯して自分の考える父親像が形成されるものと推測される。これに関して，尾形（2006）は174名の大学生を対象とした調査を実施している。調査の視点は，父親の仕事への関わり，夫婦関係のあり方を基本として両変数が子どもの理想とする父親像形成にどのような影響をもたらすのかということについて学生へのアンケート結果を基に調べた。その結果，仕事への関わりを示す「仕事に対する家族の理解」（父親は家族や母親（妻）と一緒にいるときその時間を大事にし，仕事のことを家族に話し，家族もそれを

聞こうとする場合）では，子どもは父親に対して強い親和性を示したが，「仕事への没頭」（家族と一緒にいても仕事のことを中心に話をし，日曜日でも仕事のことが頭から離れずに一人でボーっとしているなど）では子どもは父親に対して親和性をもたないことが示されている。また，父親の仕事への関わりと夫婦関係との関連で理想とする父親像を検討したが，「父親の仕事に対する家族の理解」「夫婦相互の立場の尊重」がともに低い家庭では「子ども・妻に対する精神的支え」という理想的父親像が形成されにくいことが示されている。一方，「父親の仕事に対する家族の理解」「夫婦相互の立場の尊重」がともに高い家庭では「子ども・家族との交流」という理想的父親像が強く形成されることが示されている。さらに「仕事に対する家族の理解」が高く「夫婦相互の考えの相違」が低い家庭では，「子ども・家族との交流」を理想的父親像としてもち，「仕事に対する家族の理解」「夫婦相互の考えの相違」がともに高い家庭では，「リーダーとしての能力」を理想的父親とすることが示されている。しかも，基本的には家族を大事にし，仕事が順調にいっているときには家族と話をするものの，仕事がうまくいかないときにはいろいろと悩むことを特色とする「仕事上の悩み」と夫婦関係の「安定した夫婦関係」がともに高い場合には，「リーダーとしての能力」を理想とする父親像が強く見られた。

　上記の結果から理想的な父親像の形成にあたり，夫婦関係が安定しているかどうかが一つの鍵になっているようである。家庭と仕事の両方を大事にする父親像が浮かび上がってくるが，この結果はこれから求められる理想的な父親像を検討する際に一つの参考になると思われる。

　今後，理想とする父親像について研究が進められることが必要である。

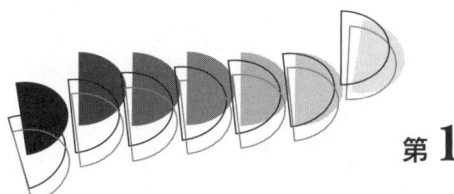

第12章

家族の発達

1節 家族の発達段階と発達課題

　家族システムは，父親母親，その子どもを基本的な家族成員として成り立っている。システムとしての家族は，父親母親の結婚を機にして成立し，子どもの誕生により新しいメンバーを迎え新しい発展を遂げていく。また，次子の出産により新たにメンバーを加え，家族の変化が進行する。さらに，子どもの発達にともない，家庭から保育園，幼稚園へ入り集団生活を始めるようになる。その後，子どもは義務教育の場である小学校へ入学し，今までとは異なる集団生活を始めることとなるが，父親母親は子どもの発達にともない，今まで以上に仕事に関わりをもつなど，いろいろな変化が生じることとなる。子どもが大学などの教育を終了し，就職して社会生活が開始されると徐々に家庭から独立するようになり，夫婦だけの生活が始まり新たな展開を広げることになる。子どもの結婚と孫の出産により，夫婦は老後の生活を迎えることとなる。

　家族成員のライフコースにともなう家族の変化は家族発達段階といわれる。家族の変化発達は父親母親の結婚から始まり子どもの出産，就学などの家族としての変化の時期を迎えるが，発達変化をどのような視点からとらえるかにより家族の発達段階の区分の仕方が異なる。家族の発達段階を区分するにあたり，心理臨床の立場から考察を加える場合が多いようであり，ここではこのような考えに基づいて家族の発達段階の区分法を紹介することにする。

▶(1) バーマンとライフによる7段階説

バーマンとライフ（Berman & Life, 1975）は夫婦と子どもから成る家族の発達について，夫婦療法に基づいて夫婦関係の発達段階を7つに分類した。

第1段階：18歳〜21歳。20代への移行期。出生家族から離れて，新しい環境の中での新しい関係へと進行する時期。

第2段階：22歳〜28歳。ヤング・アダルト期。対人関係での親密性を高め，職業に関するアイデンティティを形成していく。配偶者を見つけ結婚する時期でもある。依存と独立の葛藤，自己放棄と自由追及のジレンマが残る。

第3段階：29歳〜31歳。30代への移行期。結婚生活と職業生活に取り組む時期である。配偶者に対する疑問と対立，勢力や優劣の争いが生じやすく，子に対する親としての義務を夫婦で調節できないような場合問題が生じ深刻になりかねない。また，夫婦関係が健全である場合，夫妻ともそれぞれの親との心理的距離が遠くなる。

第4段階：32歳〜39歳。30代の夫婦。職業と結婚生活への関わりはいっそう深まり，長期の目標に向かって協力し合うようになる。子どもとの関係，仕事への関わり，友人との関係など生成的活動がさかんになる。その家族にふさわしい形での意思決定を進めるようになる。

第5段階：40歳〜42歳。40代への移行期。今までの生活の成功と失敗を評価し，これからの目標を定める時期。

第6段階：43歳〜59歳。中年の夫婦。生活を再方向づける時期にあたる。若さを失うことに対する怒りが，抑うつや衝動的な行動を引き起こしやすい。加齢にともない，退屈さのために親しい交友が低下する場合もある。子どもの自立を迎えることにより，夫婦関係はいっそう親しい状態になるか，心理的に離れていくかのいずれかに進みやすい。

第7段階：70歳以上。老年の夫婦。加齢，それにともなう病気，あるいは死についての意識や問題が生じる。夫婦が相互に助け合い，加齢にともなう老化の諸問題に立ち向かっていく。配偶者や友人との死別が抑うつ，挫折感，絶望感などを感じさせることが多くなる。

▶(2) カーターとマクゴルドリックによる6段階説

　カーターとマクゴルドリック（Carter & McGoldric, 1980）は，家族療法，家族教育に関する理論と実践に役立つ立場から家族の発達段階論を述べている。この段階説は，家族の発達の状況をより具体的にとらえたものであり，家族のライフステージを把握するための有効性が高い。

第1段階：親元を離れて生活しているが，まだ結婚していない若い成人の時期
　　　　a　心理的な移行期：親子の分離を受容する
　　　　b　発達に不可欠な家族システムの第二次変化
　　　　　・自己を出生家族から分化させる
　　　　　・親密な仲間関係の発達
　　　　　・職業面での自己の確立

第2段階：結婚による両家族の結合，新婚の夫婦の時期
　　　　a　心理的な移行期：新しいシステムへのコミットメント
　　　　b　発達に不可欠な家族システムの第二次変化
　　　　　・夫婦システムの形成
　　　　　・親の家族，友人との関係を再編成する

第3段階：幼児を育てる時期
　　　　a　心理的な移行期：家族システムへの新しいメンバーの受容
　　　　b　発達に不可欠な家族システムの第二次変化
　　　　　・子どもを含めるように，夫婦システムを調整する
　　　　　・親役割の取得
　　　　　・父母の役割，祖父母の役割などを含め，親の家族との関係を再構成する

第4段階：青年期の子どもをもつ家族の時期
　　　　a　心理的な移行期：子どもの独立を進め，家族の境界を柔軟にする
　　　　b　発達に不可欠な家族システムの第二次変化
　　　　　・青年が家族システムに出入りできるように親子関係を調整する
　　　　　・中年の夫婦関係，職業上の達成に再び焦点を合わせる
　　　　　・老後への関心をもち始める

第5段階：子どもの独立と移行が起こる時期

    a　心理的な移行期：家族システムからの出入りが増加するのを受容する
    b　発達に不可欠な家族システムの第二次変化
    ・2者関係としての夫婦関係の再調整
    ・親子関係を成人同士の関係に発展させる
    ・配偶者の親・兄弟や孫を含めての関係の再編成
    ・父母（祖父母）の老化や死への対応

第6段階：老年期の家族
    a　心理的な移行期：世代的な役割の変化の受容
    b　発達に不可欠な家族システムの第二次変化
    ・自分や夫婦の機能を維持し，生理的老化に直面する。また，新しい家族的社会的役割を選択する
    ・中年世代がいっそう中心的役割を取れるように支援する
    ・経験者としての知恵で若い世代を支援する。しかし，過剰な介入はしない
    ・配偶者，兄弟，友人の死に直面し，自分の死の準備を始める
    ・ライフレビュー（life review）による人生の統合を図る

　上記の諸説は，それぞれの特徴があるものの，基本的な流れは類似している。また，第2段階に関連して，夫婦の相互適応に困難が生じる要因としてカーターとマクゴルドリック（1980）は次のことを指摘している。

1）カップルが何らかの重要な対象喪失（肉親や親友を失う）の直後に出会い結婚する。
2）結婚の動機の中に自分の実家から距離をおきたい，あるいはそこを抜け出したいという願望が強くはたらいている。
3）それぞれの配偶者の家族的な背景がかなり異なっている。
4）カップルのお互いの兄弟数があまりに違う。
5）配偶者のそれぞれのどちらかが，実家からあまりに隔たりすぎているか，異常に親密すぎる。
6）経済的，情緒的にカップルが実家に依存する度合いが高い。
7）20歳以前あるいは30歳以後に結婚する。
8）6ヶ月よりも短い交際期間，あるいは3年以上の婚約期間を経て結婚する。

9）結婚が家族や友人の立ち会いなしで行なわれる。
10）妻が結婚以前あるいは結婚後1年以内に妊娠する。
11）どちらかの配偶者が，自分の兄弟や両親と極貧弱な関係しかもっていない。
12）どちらかの配偶者が，自分の子ども時代や青春時代をとても不幸な時代だったと考えている。
13）どちらかの実家の父母や兄弟の結婚生活のパターンが著しく不安定である。

これらの要因以外に，夫婦として収入，健康維持などの安定化を図っていくことが求められる。夫婦生活は，甘い華やかなものと考えられがちであるが，実際は，夫婦相互の努力により形成されていく面が強く，多くの解決すべき課題が含まれている。

また，第5段階に関連して，子どもが独立していくことは大人として成長を遂げていくことを意味する。この大人しての成長発達について，ハヴィガースト（Havighurst, 1953）は，大人として成長していくための発達課題とし，子どもが成人になるように援助する，社会の中で市民としての責任をもつ，人間としての配偶者との関係を作る，老いてゆく両親に適応するなどの事柄をあげており，家族成員との関わりを中心とした発達・適応が見られることを指摘している。まさに，家族成員への配慮やそれに基づく関わりなどがこの年代の人々の発達に大きく影響しているといえよう。

また，人生の晩年に相当する第6段階に関連して，家族システムの終焉を迎えるこの段階では配偶者などとの死別後，残された老人に対する援助を行なう際のポイントとして次のことが指摘されている（Shneidman, 1973）。

1）死にゆく患者に対する総合的ケアの中に，残されることになる家族も親しい関係をもち，その人たちを配慮する。
2）重症病棟で患者が亡くなったとき，遺族に対して死後できるだけ早期に，できれば死後72時間以内に援助を行なう。
3）遺族が面接を嫌うことはほとんどなく，大多数の人は積極的に治療者と会うものである。
4）残された者が死者に対して，いらだち，怒り，羨みなどの感情を抱いているかを探ることは必要であるが，最初の面接ではそのことに触れない。
5）治療者は現実の分析者として役割を果たす。それは，良心を代弁するより

も，理性によって静かに語ることが大切である。
6) 遺族の健康問題は重要であるので，肉体，精神の両面で病気の発生に十分注意する。

　上記の内容は，配偶者などの身内の者との死別に遭遇した老人への心理的な援助方法であり，老人の心の安定や適応を図るものである。このように，生涯人間は人間関係や家族関係の中で変化し続けるものである。

2節　家族機能と家族成員の発達的変化

1．家族機能と家族成員

　家族システムは家族としての特色を有する。たとえば，何かを決めるときに家族全員で意見を出し合って考えていく民主的な家族，家族成員が相互に頼り合って心理的に近い状況にある纏綿性の強い家族，家族成員相互に関心をもたずにバラバラな状況の遊離性の強い家族，父親などが権威をもって家族を思うままに動かそうとする権威的な家族などさまざまな特色が指摘できよう。

　家族としての特色を示す家族機能は，家族成員の関わり方によりそのありようが形成されるとされているが，家族の中で生活する家族成員はあまり意識もせずに生活し，知らず知らずのうちに家族機能の影響を受けて変化を遂げている側面もあるものと考えられる。

　この家族機能が家族成員の発達・適応に及ぼす影響について扱った研究は少ないが，最近徐々に検討されるようになってきた。

　その中でも，家族成員の自我同一性の発達に関する報告がなされている。たとえば，渡辺（1989）は，青年期の自我同一性と家族機能との関連性について大学学部学生と大学院生307名を対象に検討した。その結果，「同一性達成」と「表現性」「民主的家族形態」「知的文化的態度」「活動的レクリエーション」「宗教の強調」「家族社交性」の各家族機能に正の有意な相関が得られ，「外的統制位置」「遊離性」との間に負の有意な相関が得られた。また，「同一性の拡散」については「遊離性」「放任的家族形態」との間に正の有意な相関が得られた。また，「結合性」「表現性」「知的文化的態度」「宗教の強調」「民主的家族形態」の核家族機能との間には負の有意な相関が得られた。このように，まとまりのある健全な家族機能を

有する場合は自我同一性に見られるように好ましい発達に関連し，まとまりに欠け，健康的とはいえない問題のある家族機能を有する家族の場合に「同一性拡散」のような好ましくない発達と関連することが示されている。この結果は，自我同一性などを遂げつつある家族成員がいる家庭では家族そのものが健康な健全な方向に形成されるとも考えられるが，少なくとも家族成員の発達・適応に家族機能が大きく関連していることを示すものである。

　ジャクソンら（Jackson et al., 1990）は，家族凝集性，家族適応度などが青年の自我同一性探求にどのような影響力をもつのか検討し，男性では自我同一性探求度が高い者ほど，自己の家族の適応度が高いと認知していることが示された。しかし，女性の場合自我同一性の探求度が高い場合，家族の適応度が高いと認知しているグループと低いと認知しているグループの双方に分かれた。男性の場合には，家族の良好な状況が自分の自我同一性形成に強く関連することが示されている。これに類似した報告として，同一姓拡散は結合性の欠如している家族の男女に多く見られることが指摘されている（Willemesen & Waterman, 1991）。

　上記の一連の報告は，自我同一性形成に家族機能が強く関連していることを示すものであり，良好な健全な家族機能を有する家族ほど家族成員の自我同一性形成に積極的な関連性を有するということを共通して示している。

　家族が家族成員にとって精神的な拠り所となる場であり，自分のことを考えることができる場である場合，自我同一性などを始めとして自己の成長発達を促進するのにふさわしい場所となるのであろう。青年期は，家族以外に中学校，高校，大学などの教育機関の場で友人などとの関わり合いも多く，その関わり合いを通しての発達・適応も大きいと考えられるのだが，家庭のもつ比重も大きいのであろう。これは，家庭は子どもの発達・適応を促進する場として重要な位置を占めることになる。

　また，自我同一性形成のみならず，西出と夏野（1991）は，中学生とその家族267組に，子どもの抑うつ感との関連性について調べた。その結果「家族内コミュニケーション」「家族の凝集性」「家族に対する評価」の3つの家族機能についての評価が高い場合に子ども自身の抑うつ傾向が低いことが示された。藤森ら（1998）も前思春期の子どもの精神的健康度と両親の認知する家族機能との関連性を調べた。その結果，凝集性の低い家族の子どもは抑うつ傾向が高いという結果が得られた。思春期の頃の子どもの精神的健康に家族機能が強く関わり，しか

も凝集性の高いまとまりのある家族ほど子どもの精神的健康に積極的に影響していることが示唆されるのである。この結果は，自我同一性形成と類似した結果であり，家族機能の健全性や健康度が家族成員の子どもの発達・適応に重要な要因として存在することが改めて示唆されている。これに類して，菅原ら（2002）は，313世帯の児童をもつ家庭の調査から，父親と母親の愛情の強固さと家族機能の良好さが子どもの抑うつ傾向と関連することを示している。つまり，子どもの年齢が低い児童の場合でも明らかに家族機能が児童の精神的健康状況に影響することが示されているのである。

2．家族機能と子どもの共感性の発達

上記の結果は，一貫して家族機能機が家族成員である子どもの適応に影響を与えうる重要な要因であることを示すものである。

家族機能と家族成員である子どもの発達・適応についてさらに検討を加えよう。子どもの精神的機能の一つに社会性の発達があげられる。この社会性の能力を構成する要素の一つとして「共感性」がある。「共感性」は，単なる他者理解という認知的過程ではなく，認知と感情の両方を含む過程であり，他者の感情の代理的経験あるいは共有をも必ずともなうもの（澤田，1992）であり，他者との関係を深める重要なものである。

共感性の形成については，発達心理学の領域で母親との関係に焦点を当てる立場など親子関係の中で論じられることが多いようである。これは，子どもと接する時間の多い母親の影響が大きいからという視点に基づくからであろう。その一方で，父親との関係で論じられた報告が見られない。それのみならず，夫婦，親子関係を展開している家族の中での影響については多くは論じられていない。子どもの発達・適応は子どもが誕生してから母親，父親，家族全体との関わりなどをくり返し行なっている中で促進されるものとも考えられる。このような視点から，ここでは父親の影響力と家族機能の影響力について検討してみる。

第7章で触れたように，尾形と宮下（2000）は小学校児童とその両親308組を対象とした調査を行なった。2年生97名，4年生113名，6年生98名である。この調査の中で，父親の子育てへの協力的関わりが子どもの共感性に与える影響，家族内に存在する家族機能が子どもの共感性の発達に与える影響力について分析を加え，父親の協力的関わりの「子ども・妻とのコミュニケーション」「家事へ

の援助」ともに児童の共感性と強く関係し，とりわけ，小学校低学年である2年生に強くその関連性が見られた。

　父親の協力的関わりは，家族成員への配慮に基づく関わりであり，父親の相手を思いやる能力，ことばを換えれば「共感能力」に近いものと考えられる。このような視点に基づいて考えると，子どもの共感性は，従来指摘されているような母親との関係の中で形成されるとする立場と同時に，父親の影響力もあることが改めて示されたものといえる。しかも，子どもの共感性の発達が低学年児童に集中していることは，子どもの年齢が低い場合，家庭生活が中心のために，父親母親の影響力が強いことを示すものであろう。中学年，高学年になるにつれて父親の協力的関わりとの相関が見られなくなるのは，子どもの生活の環境の変化によるものと思われる。つまり，家庭中心から学校中心の生活に移行し，友人との関わりなどが強まり，親よりも学校の友人などの影響力が強くなるのではないだろうか。

　また，家族機能が子どもの共感性にどのような影響力をもつのかということについて調べたところ，小学校2年生の低学年児童により多くの関連性が見られた。具体的には，家族として健康で生き生きとしてまとまりのある内容を示す「結合性」「表現性」「知的・文化的活動」「活動的レクリエーション」「秩序」「家族社交性」「家族理想化」「民主性」で正の有意な相関が得られた。その一方で「外的統制位置」「放任」「遊離性」といった家族として専制的であり，まとまりに欠ける家族機能との間には不の有意な相関が得られた（表12-1）。この結果は低学年児童ほど家族機能の影響を受けやすいこと，しかも家族としてまとまりのある，生き生きとした健康な家族ほど子どもの共感性の発達には強い影響力をもつことを改め示唆するものである。家族としてまとまりのある，生き生きとしている家族は家族成員相互にコミュニケーションをとり，相互の意思を確認したり，相手を気遣ったりというように心理的やりとりが多いために，子どももこのような環境の中，自然と相手に対する心配り，相手の気持ちのことなど相手の考えや気持ちをずらすことなく受け取るなどの体験が多いために，共感性の基本が育つものと思われる。

　家族機能は家族成員がとくに意識しているものではなく，そのために個々の家族成員は知らず知らずのうちに影響を受けて変化している側面が強いようである。そのために，家族にはそれぞれの特色が形成されるのであろう。

表12-1 ●家族機能と子どもの共感性との関連 (尾形・宮下, 2000)

家族機能＼共感性	結合性	表現性	葛藤	知的・文化的活動	活動的レクリエーション	秩序	家族社交性	外的統制位置	家族理想化	放任	民主性	遊離性	権威的	繊細性
(全体)	.332**	.364**	-.003	.336**	.299**	.164*	.249**	-.272*	.209**	-.267**	.339**	-.322**	.052	.195*
(2年生)	.412**	.403**	-.053	.410*	.502**	.329**	.252*	-.322**	.309*	-.434**	.440**	-.430**	.097	.229
(4年生)	.326*	.332*	-.080	.112	.184	-.186	.402**	-.345*	.263	-.166	.293*	-.157	-.083	.214
(6年生)	.139	.273	.166	.414*	.139	.293	.018	-.002	-.131	-.092	.178	-.348**	.250	.062

注) **$p<.01$ *$p<.05$

　既述のように，夫婦関係のあり方が家族機能の特性を形成し，その家族機能が家族成員個々の発達的変化に影響をもたらすのであり，さらには家族成員の発達的変化が家族成員個々の変化，および家族機能形成にも影響を与えると考えられ，家族システムはダイナミックかつ循環的な変化をし続けるものといえる。

　私たち人間は，この世に誕生してから死にいたるまで，常に人と接しており，それも家族を中心とした人間関係の中で展開している。長い一生の中で，家族から得る影響は計り知れないものがある。

第13章 中年期から老年期へ

1節 中年期から老年期への変化

1．ライフサイクルにおける中年期と老年期の位置づけ

　発達心理学では長年の間，成熟や成長に焦点を当て青年期までの上昇的変化の過程を研究の対象としていたものが大勢を占めていた。ビューラー（Bühler, C.）やエリクソン（Erikson, E. H.）などの先駆者はいたものの誕生から死にいたるまでの変化を「発達」という概念でとらえるようになったのは比較的最近のことである。いわゆる生涯発達心理学といわれる成人期以降の変化を視野に入れた心理学の枠組みの確立である。

　エリクソンは人間の発達を社会的文化的影響の重要性を指摘したうえで人間の人生を8つの発達段階に分け，青年期に続く段階として「成人期（成人前期）」「中年期（成人中期）」「老年期（成人後期）」の3つの段階を設定し，最後の2つの段階については以下のような特徴をあげることができる。

　「中年期（成人中期）」の課題と危機として「生殖性 対 停滞」をあげ，重要な対人関係の範囲を「共同と分業における家族」としている。これは他者への援助に関心を向けることを課題とし，家族や子どもたちに対する養育・援助，職場では後続する者たちへの指導という形で現われてくると考えられる。この時期に与えられた危機的な課題を解決できずにいると，関心は自分自身にとどまり没入，

自己耽溺という状態に陥ると考えられる。

　人生最後の段階である「老年期（成人後期）」の課題と危機は「統合性 対 絶望」とされ，自分の人生をふり返ってそれを評価する時期と考えられている。もし自分の人生が意味あるものとして受容できるものであったならば，自我の統合を獲得でき「英知」という徳が現われる。しかし，この獲得に危機的な状況が迫った場合，死への恐怖や自分の人生を受け入れることができないという「嫌悪」という形で「絶望」が現われるようである。

　エリクソンだけでなく，孔子はすでに『論語』の「為政第二」の中で「子曰，吾十有五而志乎學，三十而立，四十而不惑，五十而知天命，六十而耳順，七十而從心所欲，不踰矩」と記している。これはライフサイクルおける中年期，老年期のあり方について，さらには「人」のあり方について大きな示唆を与えていると思わざるを得ない。

2．中高年の発達を考える

　成人期以降の発達的変化の研究は，発達変化のスピードが遅いことやその他のバイアスが多いことで研究対象としては難しい問題を抱えている。そして，中高年，とくに高齢者研究においてはそれまで問題にならなかった発達上の問題が表面化していくこともあり現実的なアプローチが不可欠になる。

　このような中で，中年期以降の研究では「エイジング（aging）」という概念が広く使われるようになっており，通常「加齢」「老い」という訳語があてられることが多い。「老化」や「衰退」といった意味で使われるのではなく，「成熟後に生起する有機体の変化の過程」とビレンとレナー（Birren & Renner, 1980）が定義しているように，成人期以降の病気や外的な影響による変化とは区別された，比較的規則的な変化を意味すると考えてよいであろう。むしろ，「エイジング」には人生後半の変化を自然なものとしてとらえようとする中性的なことばとしての性格が強いと考えられる。

　さらに中年期以降は，人生前半ではあまり問題にならない「死」という人生の終末に関する問題が表面化してくる。ユング（Jung, C. G.）が40歳頃を「人生の正午」と呼んだように人生の半分を過ごしたことを自覚し，中年期以降は自分自身の老いと死の自覚という有限性に直面していくことになる。

3. 中年期の特徴

　中年期とは具体的にどの時期をさしているのであろうか。法律上では「中高年齢者」として45歳から65歳未満と定めているものもある。また，30歳以上から老年期までの間を中年期と呼ぶ場合もある。現実的には40歳頃から65歳頃までの時期を「中年期」と呼ぶことが多いようである。

　身体的変化としては白髪や脱毛，しわの増加，中年太りといわれる体系の変化，視力の低下，体力の低下などがあげられる。これらは40歳頃から多くの人に自覚される生理的老化現象として現われてくるが，その個人差は大きく，とくに筋力の低下は日頃の運動量と大きく関係しているようである。

　以前は成人病と呼ばれていた肥満，心臓病，高血圧などの生活習慣病は中年期に多いとされてきた。近年では生活習慣との関係から必ずしも中年期特有の疾病とはいえなくなってきている。しかし，心臓機能低下や40歳頃から徐々に上昇する血圧などは中年期以降の変化としてとらえることができる。女性においては40歳代後半から閉経による更年期を迎え，更年期障害といわれるさまざまな心身症状が現われやすくなるが，これについても個人差が大きくすべての女性が不可避的に経験するものではないとされている。

　中年期には社会における関係性の変化が個人に大きな影響を与えることが多くなる。たとえば職業生活における地位の変化などによって責任が増大し，職場の人間関係の調整など新しい役割を担うことが求められることが多くなる。また家庭内においては職場への過剰適応などによって，親として夫としてあるいは妻としてその役割を十分果たせない状況に陥ることで家族の結びつきや帰属意識が薄らいでいく危険性も指摘されている。

4. 老年期の特徴

　老年期は一般的に65歳以上をさし，さらに65歳から74歳までを young-old，75歳以上を old-old と呼び2つの区分してとらえることが多くなってきている。さらに85歳以上を oldest-old として細分化する考え方も広まりつつある。その背景には現代のような長い高齢期を一つの発達段階としてとらえることに限界がきていることがあげられるであろう。

　老年期の特徴として「老性徴候」から「老性自覚」への変化があげられる。中

年期以降の生理的変化を「老性徴候」としてとらえるようになるが、決してこれは自らを「老人」として認めることではない。橘（1971）が報告しているように自らを老人として認めることと老いを感じることは必ずしも等しいものではない。しかし、日本人の場合、多くの人が実際に自らを老人として認めていくのはおおよそ70歳ぐらいではないかといわれている。

　老年期の発達的変化については後述するが、老年期は「喪失の時代」といわれるように喪失体験の増加が顕著になる時期である。とくに身体面、精神面、社会面の変化によってその喪失を自覚することが多くなる。たとえば身体面では生理的機能や健康の喪失を、精神面では配偶者や同胞の死の経験など人間関係の喪失を、社会面では職業や家庭での中心的地位からの引退という喪失をあげることができる。さらに、これらの喪失は回復が難しいものが多く、新たに獲得するものよりも喪失するものの方が多いのもこの時期の特徴といえる。

2節　中年期・老年期の発達課題

1. 発達課題とは何か

　発達課題（developmental task）とは単なる各発達段階における発達の特徴の記述ではなく、社会や文化から要請され期待される発達の水準であり、各発達段階で習得されなければならない課題をさしている。発達課題は単にその段階にだけ定められた課題や目標ではなく、前段階の課題達成が次段階の課題達成のためのレディネスとなっている。しかし、課題達成が失敗するとその後の課題達成にも困難を生じるとされている。

　発達課題を論じた代表的なものとしてハヴィガースト（Havighurst, R. J.）の理論がある。ハヴィガーストの理論は各発達段階において達成すべき課題を示す考え方で、乳幼児期・児童期・青年期・壮年初期・中年期・老年期の6つの段階を設定し、教育的な視点からそれぞれの段階に、身体的な成熟、個人をとりまく社会の要求、自我や人格をつくっている個人的価値と抱負を源として6つから10の課題を設定している。とくに中年期から老年期にかけては身体的には衰えに対する自覚と死に対する適応や、社会的な使命としての子どもたちへの援助も課題として示されている。

さらに発達課題を代表する理論としてエリクソンの考え方をあげることができる。エリクソン自身は発達課題を論じているわけではないが、心理社会的発達理論と呼ばれるエリクソンの考え方は各段階に設定された課題の達成と危機という形で示され、課題達成が次の段階の発達に影響を及ぼすという意味では発達課題を論じているといってもよいであろう。

発達課題に関するこれらの理論は必ずしも現代社会を想定したものではなく、ハヴィガーストの考え方は1930年代アメリカの中産階級における子どもたちの理想的な発達像を示したものであり、いわば教育目標を示したものと思われる。また、エリクソンの理論は精神分析学に基づくエリクソン自身の発達観というべきものであるが、社会からの要請された理想的発達像を反映したものでもある。このように発達課題は、その時代の文化、発達観や子ども観を反映したものであり、その普遍性には限界があることも考慮しなければならない。

2. 中年期の発達課題

青年期、成人期を過ぎると、精神的にも落ち着きが見られる中年期へと移っていく。中年期は人生でもっとも安定した時期であるとする考え方が存在する。しかし、人生の前半期から後半期への転換期であり、発達的には頂点から下降に向かう時期でもある。現実にはさまざまな場面で中年期にある人たちは"板挟み"の状態にあり、とても安定しているとはいいがたい。このような危機的な状況における中年期の課題とはどのようなものであろうか。

ユングは、40歳頃を「人生の正午」と呼び、中年期の課題として若さや能力の減少という事実を受容し、人生目標をふり返って再検討すること、人生を正しく見直し、内面的な生活を重視することをあげた。エリクソンは、中年期の心理・社会的危機として「生殖性 対 停滞」をあげ、その課題は次世代を担う人たちへの援助や世話、指導を行なっていくことであり、その社会的責任を負うことだとしている。ハヴィガーストは中年期の課題として、①大人としての市民的社会的責任を達成すること、②一定の経済的生活水準を築き、それを維持すること、③10代の子どもたちが信頼できる幸福な大人になれるように援護すること、④大人の余暇活動を充実させること、⑤自分と配偶者が人間として結びつくこと、⑥中年期の生理的変化を理解し、これに適応すること、⑦年老いた両親に適応すること、の7つをあげている。

これらの理論はその表現には違いが見られるものの，それまでの人生を省みることと次世代への橋渡しとして役割を担うことが課題として表現されている。また暦年齢によってその発達が一定の順序で進むという立場も共通している。

これに対してエリクソンの成人段階を拡張してとらえたペック（Peck, 1968）は，中年期（成人中期）の課題として，①英知を基本とした精神面に力を置く「英知の尊重 対 体力の尊重」，②異性を性的対象ではなく，個々の人格，仲間として認識する「社会的人間関係 対 性的人間関係」，③他者に柔軟に関われるような，対人関心が柔軟で情緒的に関与できる能力をもつ「備給的柔軟性 対 備給的貧困さ」，④自分のやり方に固執しない精神的な柔軟性をもつ「精神的柔軟さ 対 精神的固さ」，の4つをあげている。これら4つの課題は暦年齢から分離されたものとして考え，個々人によって異なった順序で通過することがあることも強調している。

3．老年期の発達課題

老年期はライフサイクルの最終段階ではあるが，それ以前の発達段階との連続性の中で存在し，決して老年期は独立した段階ではない。それまでのライフサイクルの統合や，死に向かって残された時間をどのように受け止めていくか，多くの課題を抱えているのが老年期でもある。

中年期に続けてハヴィガーストは老年期の課題として，①肉体的な強さと健康の衰退に適応すること，②引退と減少した収入に適応すること，③配偶者の死に遭遇すること，④自分と同年輩の老人たちと明るい親密な関係を確立すること，⑤肉体的生活を満足に送れるよう準備態勢を確立すること，の5つをあげている。しかし，ハヴィガーストの発達課題は前述した通り，その時代の社会から期待される理想像を教育目標として述べたものであり，その普遍性や一般性には限界があるといわれている。

エリクソンは老年期（成人後期）を第8段階とし，その心理・社会的危機として「統合 対 絶望」をあげ，それまでの自我同一性の積み重ねの結果として得られる統合の重要性を指摘している。さらにペックはさらに老年期を，①多様な価値ある活動を確立することが重要であるとする「自我分化 対 仕事－役割没入」，②老化していく身体を超越し創造活動や人間関係を楽しむべきとする「身体超越 対 身体没入」，③死の訪れと未来への貢献を悟る「自我超越 対 自我没入」の3

つに分け，それに挑戦していかなければならないとしている。

　ニューマンら（Newman et al., 1975）はエリクソンの「統合 対 絶望」の危機を乗り越えるための3つの発達課題を提起している。第1に，喪失した役割に代わる新たな役割の獲得とそれをスムーズに行なうためのエネルギーが必要とする「新しい役割の獲得と活動へのエネルギーを再方向づけること」である。第2は，すべての人生における出来事をあるがままに受容するという「老年期をライフサイクルの最後の時期として，それまでの人生をいかに評価し，受け入れることができるか」である。そして第3に，人生の終わりを意味する「死に対する見方の発達」である。このように，老年期を安定した時期としていくためには自分自身の人生をありのままに受け入れていくとともに，「死」を自然な発達のプロセスとして受け止めることが不可欠なようである。

4．家族と発達課題

　発達課題は個々人だけの課題だけではなく，家族との関係に言及しているものや世代間の相互作用について触れているものも多い。家族と発達課題という視点を拡大して考えるならば，ヒル（Hill, R.）が提唱した概念である家族発達（family development）に関するさまざまな段階論について触れることができる。家族心理学の分野で家族発達の諸段階を最初に示したのはヘイリー（Haley, 1973）である。ヘイリーは豊かな人間的な生活が可能となるように発達を促進させるという考え方から家族発達段階を，婚約期，新婚期，子の誕生・育児期，中年夫婦期，親子分離期，老年夫婦期の6段階に分けている。

　興味深いモデルの一つにカーターとマクゴルドリック（Carter & McGoldrick, 1980）の家族療法および家族教育に関する家族発達段階論がある。すでに，第12章1節で触れたように，親の元を離れた青年が独立し，結婚生活に基づく子育てや，子どもの成長発達とともに親として変化を遂げると同時に，それにともなうシステムとしての家族の変化も進行していく。そして，最終的には子どもの独立を迎える中で，老化や死に対応しつつ，後進の世代への支援や家族的社会的役割を選択することを求められ，ライフ・レビュー（life review）による人生の統合を課題として取り組むことになる。

　結局，結婚，子どもの誕生，その成長，独立を経て，やがて夫婦のどちらかの死で終結にいたる一連の出来事と，それぞれの段階ごとに達成すべき課題が示さ

れている。それは，前段階の課題達成は後の段階への移行と課題達成に影響を及ぼすとする視点に基づいたものであり，家族は変化・発達するものであるとしている。

この考え方に対して，個人発達モデルを家族システムのモデルに適応したにすぎないという指摘があるのも事実である（Combrink-Graham, 1985）。

3節　家族関係の変化と中年期以降の変化

1．定年退職と子どもの独立

(1) 定年退職と家族関係

中年期から老年期にかけて男性を中心として起こる定年退職というライフイベントは，それまでの生活に劇的な変化をもたらす。それは単に「職業からの引退」ということではなく「人間関係の変化」や「家庭での地位の変化」という社会的側面での変化や喪失を示すものとなる。

人間関係においては職業からの引退で，仕事に関する対人関係は疎遠になり希薄化することが当然のこととして現われてくる。それだけではなく職業からの引退によって「経済的基盤」が低下し，それまで家庭を支えてきた「大黒柱」としての立場から引退も余儀なくされる。このような状況にあっても有効に余暇を使うことができる人であるならば，老年期の自身のあり方について模索することも可能であろう。しかし，日本人の職業スタイルは，現在大きく変化しつつあるとはいえ，企業人として会社に忠誠をつくして働き，職業生活に過剰適応してしまった人にとって定年退職は自分の拠り所を失なうことにつながる。

このような中，家族関係を考えるうえで中年期以降の夫婦関係の動向が注目されている。その一つに中高年層の離婚の増加傾向が指摘され，妻側からの離婚の申し立てが圧倒的に多いという特徴をもっている。結婚期間が30年〜35年の離婚件数においても昭和50（1975）年では566件であったものが平成15（2003）年には7,032件と12.4倍（平成16年度は6,758件で前年度比274件減少している）と最高になっている（厚生労働省，2004）。全体としての増加率が2.4倍であることを考えると結婚期間が30年〜35年の離婚件数の増加率は突出している。婚姻期間が30年〜35年というと年齢的には男性では60歳頃，女性では55歳頃と

なり，定年退職の時期と重なることとなる。
　夫が職場に過剰適応し，家庭生活を犠牲にし家族や夫婦間のコミュニケーションを怠った結果として離婚や家庭内離婚が家族関係の一つの形態をなすとするならば，定年退職はその転機の一つとして考えてもおかしくない。さらに，伝統的な日本の家族形態における性的役割分業の行き詰まりも見られ，女性の社会進出と多様なライフサイクルが認められる現代においては，定年退職後の男性の家族との関わり方も変化を求められている。

▶(2)　子どもの独立と家族関係
　中年期以降のライフイベントの一つに「子どもの独立」がある。子どもは成長とともに家族との関係を変化させ，夫婦が中年世代になると子どもは独立して巣立っていく。とくに青年期の子どもには親からの心理的自立という発達課題があり，心理的自立にともなうさまざまな心理的葛藤にも直面する。親側も自身の子育ての結果として現状に対峙することが求められ，さらに自分自身もこれまでの人生の再評価を迫られることになる。
　子どもの独立というイベントは，母親が子育ての主たる責任を負っている現代の状況を考えると，母親の役割から開放され自身の自立への転機となる。しかし，子どもの成長や育児・世話を生きがいにしてきた女性にとって子どもの独立は自身の存在理由の喪失につながり，心理的空白状態である「空の巣（empty nest）症候群」と呼ばれる状態に陥ることもあるといわれる。しかし，「空の巣症候群」のような危機的状況が必ずしも起こるわけではなく，むしろ子どもの独立を契機に仕事や趣味を開始する女性も見られ，新しい可能性の始まりとして受け止められている。さらにこの傾向は高学歴者や有職者という現代的な生活スタイルを選択した女性に多いようである。
　中年期の親と青年期の子どもの関係は，互いの「自己」をめぐる課題が強調される。とくに母親は子どもとの日常的な関わりを通してライフサイクルの連鎖中で自己の問い直しという課題に取り組むことになる。

2．家族との死別

▶(1)　死についての態度
　平成16（2004）年の日本人の平均寿命は男性が78.64歳，女性が85.59歳と延

長しライフサイクルの変化をもたらした（厚生労働省：平成16年簡易生命表による）。しかし，「死」は人にとって避けて通ることができない宿命であるとともに，恐怖や不安の対象として存在している。死に対する恐怖は，生物としての自己保存本能の現われであるとされている。このような死に対する態度も発達段階とともに変化していくことも知られている。

エリクソンの心理社会的発達段階をもとに，ニューマン夫妻（Newman & Newman, 1975）は死についての発達を次の4つに段階に分けてとらえている。①青年期（〜22歳）までは自分自身の死については現実的なものではなく，青年後期において自己の同一性を獲得していく中で大きな恐怖として認識されるようになる。②成人前期（23歳〜30歳）では親密な人との関係が形成される時期であり，親密な人の死や自分の死が引き起こす他者に対する責任意識が現われる。③成人中期（31歳〜50歳）では自分の人生が半分過ぎてしまったことを認識し，両親や年長者の死を通じて死を現実的にとらえるようになる。④成人期後期（51歳〜）では自分の人生をあるがままに受け入れ，死を人生周期の当然の帰結として恐怖を感じることなく受け入れることができるようになる。

さらに死に直面した場合の態度について，どのような心理的プロセスを経て死を迎えるかについてキューブラー・ロス（Kübler-Ross, 1969）の研究が知られている。彼女は約200人の臨死患者に対するインタビューを通して最終期の心理的メカニズムを5つの段階からとらえている。病気や余命について告げられた衝撃の後，病気や死について認めようとしない「否認」の段階がまず訪れる。しかし現状が否認しきれなくなると，自分の病気や死が間近であることに対する怒りや健康に対する羨望，恨みが現われてくる「怒り」の段階になる。「怒り」の段階の後には，死という出来事を回避したい，生き永らえさせてほしいという願望から神や運命に対して「取り引き」を申し出る段階となる。そして怒りの感情が静まり，否認や取り引きの失敗を経て抑うつや絶望に見舞われる「抑うつ」の段階へといたる。最期の段階としては，自分の死という運命に対して怒りも抑うつもない「受容・解脱」の段階にいたるとされている。

▶ (2) 死への対応と家族

「死」は普段から準備を必要とされる問題ではあるが，健康な状態が維持されている状況においては，とくに自分の死についての考えは深まらないのが実状で

あろう。むしろ死について考えさせてくれるイベントは身近な人の死であり，残されたものとして死を経験することの方が多いといえる。

中年期以降，前述したように「死」は現実的なものとしてとらえるようになってくるが，その死は周囲の人々にもさまざまな影響を与える。とくに家族を失うことは加齢による自然死であろうと，病気による死であろうと大きな悲嘆をともなう。大切な肉親を失う体験は家族にとって厳しい試練であり，この喪失体験は残された人々に一連の情緒的反応を引き起こすといわれている。

デーケン（Deeken, 1986）はこの反応を「悲嘆のプロセス」とし「精神的な打撃と麻痺状態」から「立ち直りの段階」まで12の段階のモデルを提唱している。死別による感情は「悲しみ」が中心となるが後悔や罪の意識などさまざまな感情が交錯することが多く，この悲嘆から多くの人は立ち直るのに1年を要するといわれている。しかし，悲嘆のプロセスは死の受容と同じように個人によって大きく異なり，すべての人が同じようなプロセスを経るわけではない。

老年期においてもっともストレスフルなイベントとして配偶者の死をあげることができる。何年も連れ添ってきた配偶者を失った衝撃を克服することは困難であることは経験的に理解される。日常生活で非常に大きな喪失感をともない，家族と生活していたとしても心理的孤立状態に陥ることもある。さらに心理的孤立だけではなく，配偶者との死別後は心身の病気への感受性が高まることが指摘されている。このような配偶者との死別による悲嘆は，その死の直後の数週間から数ヶ月にわたる危機の時期を迎え，ときには援助が必要な場合もある。とくに社会的に孤立しやすい高齢者の場合は注意が必要とされる。この時期を経て残された人たちは，自分なりの解決と新たなアイデンティティの確立に向かっていくとされる。

わが国においては死別に対する癒しには時間的経過が大切であるという考え方が一般的である。しかし，時だけが死別による悲嘆を緩和するのではない。当然その個人の内面的な要因も大きく関与するが，もっとも重要な外的要因としてあげられるのは，家族や親族，友人など周囲の人たちが提供するソーシャル・サポート・システムであろう。とくに死別直後においては家族のサポートが重要な意味をもつのに対して，時間経過とともに友人や隣人によるサポートが重要になるといわれている。さらに配偶者だけでなく，死別後の家族に対するビリーブメント（bereavement）ケアに対しても今後期待されるところが多く，家族を含めたケ

アの重要性の認識が今後の課題であるともいえる。

3．中年期以降の精神的特徴

▶(1) 中年期の精神的特徴と精神的危機

　中年期は社会や家族との関係の中でさまざまな危機を迎える。ペックの発達課題と危機にも論じられているように，体力，性的能力，対人関係，思考などさまざまな側面からの危機をあげることができる。現実的にも中年期に特有のライフイベントの発生が知られている。

　中年期のライフイベントとして，昇進などに代表されるポジティブなものと病気や配偶者の死，空の巣などに代表されるネガティブなものがあるが，それぞれのイベントは個人の内的な問題と外的な問題の相互的な影響によって強いストレスとなる場合もあれば，ストレスを感じさせないものにもなりうる。たとえば配偶者の死は強いストレスを感じさせるイベントと位置づけられているが，その死を40歳の時に経験するか，80歳の時に経験するかでは受け止め方がまったく異なり，そのイベントが個人のライフステージのどの段階で起こるかが危機的状況に大きく影響すると考えられている。

　このストレスという事柄から中年期の精神的危機をとらえるならば，代表的なものに「自殺」をあげることができる。平成15（2003）年の特定年齢別自殺死亡率（厚生労働省，2005）を見ると中年男性の自殺率が目立っており，その背景に現代社会の急激な変化の影響を見ることができる（図13-1）。中年期の遺書が残されていた自殺で男性の自殺動機は「経済・生活問題」がトップになっていることからも，仕事や金銭面での問題を抱えていることがうかがえる。女性の場合は「健康問題」が自殺動機のトップとなっている。

　さらに男性の場合は前述の「職業への過剰適応」もさまざまな意味において精神的な負荷をもたらす。職場への過剰適応は，家族を犠牲にし夫婦間のコミュニケーション不足を引き起こすことで離婚の危機にもつながり，さらには配置換えや昇進によって不適応を起こしたり，新たな役割を担うことへの重圧によって簡単に挫折してしまうことにもつながるといわれる。この不適応は中年期特有のものではないが，うつ病やアルコール依存などの精神障害という形で表現されることがあり，自殺へと結びつきやすい。

　フリードマンとローゼンマン（Friedman, & Rosenman, 1974）は，仕事にお

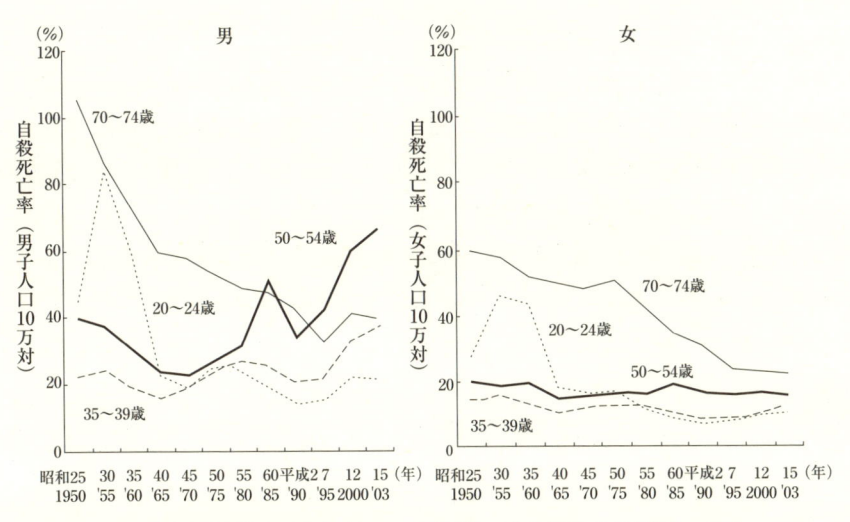

図13-1 ●性・特定年齢別自殺死亡率（人口10万人対）の年次推移（厚生労働省，2005）

いても余暇においても達成意欲が旺盛で，攻撃的で競争心が高く，時間に追い立てられるような特徴のある人を「タイプA」と呼んだ。このタイプは冠状動脈疾患との関係が見いだされており，いわゆるモーレツ社員の突然死の背景を過剰適応の一つとしてとらえている。

(2) 老年期の精神的特徴と老年観

　老年期の適応という視点から精神的特徴を考えるならば，高齢者が社会からどのような受け止め方をされているかという問題がある。それは生理的な老化によって社会的・経済的な活動が低下し，社会的な自立性が奪われ，社会や他者への依存性を増大させるという現実的な問題を，社会がどのようにとらえているかを考えることが必要であること示唆している。

　日本人における老年観は時代とともに変化してきた。前近代においては「老病は自然なり」の覚悟をもって老病と対峙し，老いや死は必然的なものとしてとらえられていた。近代にいたっては「養老」の精神を掲げる者が多く，老人を敬愛の対象としてとらえていたようである（新村，1991）。しかし，現代では依存性の増大によって高齢者の生活適応をネガティブにとらえてしまう傾向が強い。とくに高齢者や高齢者問題に関心がない場合は，高齢者のイメージをネガティブにとらえる傾向がある（保坂・袖井，1988）。このような社会からの高齢者に対す

るイメージが，高齢者自身に影響を与えていることも否定できない。

　事実，心の老化に影響する要因をとらえていくと，経済的な問題から起こる生活維持の困難さや，家族形態の変化を象徴するような高齢者世帯や高齢者の一人暮らし世帯の増加，人間関係の希薄化など，現代社会特有の問題ともいえるものが多い。しかし，高齢者の精神的特徴を依存性の増加という現象だけでとらえるのではなく，高齢者を支援する社会福祉や地域社会のネットワークも視野に入れた考察と対応が必要であり，さらには若齢者に加齢に関する早期教育が不可欠と考えられる。

4節　老年期の発達的変化

1．身体・生理的変化と特徴

▶ (1) 老いの自覚

　成人期以降の身体的変化は加齢にともない「老化」「衰退」といった下降的変化に転ずる。この下降的変化を自覚するのは中年期以降に顕著となり，やがてそれによって「老いの徴候」として本人自身が「老い」を自覚し始める。しかし，前述したようにこれは老いの自覚であり「老人」としての自覚ではない。自らを老人として自覚（老性自覚）するのはおおよそ70歳頃といわれ，前期老年期以降になる。

　この「老いの徴候」は身体的側面，精神的側面，社会的側面のさまざまな現象から自覚されるが，中年期以降とくに身体的な側面での変化がそのきっかけとなることが多いようである。たとえば，老眼，歯牙脱落，禿頭白髪，体力や性欲の低下，月経停止のような具体的徴候があげられる。一般に50歳未満においてはこのような身体的変化により老いの自覚が始まるが，50歳を過ぎる頃からはそれ以外の要因によって影響を受けることが多くなるといわれる。

▶ (2) 身体面の変化

　身体面の変化を考えるうえで基本的な問題として，加齢による身体器官の機能低下をあげることができる。身体機能の低下は決して回避することができないものではあるが，1984年にWHOが高齢者の健康について「生死や病気の有無で

はなく，生活機能が自立していること」と定義しているように，日常生活機能（ADL）の維持が重要な課題となっている。とくに移動能力は身体機能は QOL（Quality of Life）と大きく関係しており，その低下が生活の支障となる可能性は高い。たとえば歩行が困難な状態になれば単に移動が困難になるだけではなく，排泄や脱着衣に困難を生じ他者の援助や介助を必要となるという現実が訪れることになる。

また，ある年齢になると身体面の不調を訴えることが多くなり，ある種の病気の罹患が増加していく。いわゆる高齢者特有の病気にかかりやすくなる。腰痛など骨格系の障害や，高血圧や心臓疾患などの循環器系の障害をはじめとして緑内障や白内障などがその例としてあげることができる。これらの病気や障害は身体的問題だけにとどまらず，介護，保健医療の問題，さらには精神的・心理的問題とも密接に関係していることはいうまでもない。さらには高齢者を取り巻く人間関係や家族の問題と切り離して考えることは困難である。

▶ (3) 生理的な変化

生理的老性徴候は前述したように，老眼，歯牙脱落，禿頭白髪，体力や性欲の低下のような具体的な徴候が現われる。とくに感覚器官は高齢者を取り巻くさまざまな環境や状態の認知と結びついており，その機能低下は日常生活に大きな影響をもたらす。

感覚には，古くから五感といわれる視覚・聴覚・嗅覚・味覚・皮膚感覚の他に，運動感覚や前庭感覚，内臓（有機）感覚がある。前者が個人の外部状態に関する感覚であるのに対して，後者は個人の身体内部の状態に関する感覚である。しかし，私たちは世界に存在する刺激をすべて意識的に感知しているわけではなく，とくに外部情報に関する感覚は，感覚を起こす刺激と受容器と呼ばれる身体の特定の部位が結びついて感覚として認知している。この受容器の機能低下や病気による影響などが感覚の低下に結びついていく。

加齢による機能低下が顕著な感覚としては視覚，聴覚があげられる。視覚は 40 代〜50 代にかけて遠視が見られるようになり，加齢にともなって見える範囲（視野）も狭くなっていく。このような老人性の視力低下は，網膜の毛細血管の変化や水晶体の弾力性の低下，白内障などによって見られることが多い。聴力は老年期になると可聴範囲が狭くなり，高い音（3000Hz 以上）と小さな音が聞こ

えにくくなる。聴力の衰えは自覚しにくく周囲の人たちによって聴覚の低下を指摘され気づくことも多いようである。視覚や聴覚の衰えは単に生理的な衰えということだけではない。視覚の衰えは生活活動が縮小や生活意欲が減退につながることが多く，聴覚の衰えは，人と話をする楽しみ自体を奪うなど他者とのコミュニケーションを困難にし，さらに危険回避の遅れにつながっていく。

嗅覚や味覚については，無臭覚症や甘酸辛苦の感度の閾値が高くなるなど感覚が鈍くなるなどの衰えが見られる。これらは生活習慣によるものもあるが，身体器官の老化の影響が考えられる。皮膚感覚（痛み）については統一した見解はまだ見られていないようである。

▶ (4) 身体・生理的変化と家族

加齢にともなう身体・生理的変化と家族の関係は，高齢者介護の問題として論じられることが多いようである。身体的能力の低下や高齢者特有の病気への罹患率の増加はいわゆる「寝たきり」や「認知症」という典型を連想させ，その介護に対する重圧感が家族に大きな負担になっているといわれる。わが国の「寝たきり高齢者」「認知症高齢者」は 2010 年にはそれぞれ約 170 万人，約 208 万人ともいわれ依然増加傾向にあり，さらに核家族化，小家族化はこのような介護問題に大きな影響をもたらしている。介護保険制度の導入により大きく変化したとはいえ，高齢者の介護は家族の責任としてとらえられることも多い。

家族介護の問題は伝統的な家制度や規範が失われていなければ存在しなかったというような主張も時に見られるが，医療技術や介護技術の進歩，平均寿命の延長などを考えるとそう単純なものとはいいきれない。現在にいたっても住宅条件や家族の介護知識や技術は決して高い水準にあるとはいえず，介護観に関しては過剰な安全確保など誤ったものが多く見られるとの主張も見られる。これらは残存能力の低下を誘発しいわゆる廃用萎縮を起こす結果となり，さらに介護状態を悪化させ家族の負担も増加させてしまうことになる。

このような中で寝たきりとなる過程で重要な影響をもたらすと指摘されている「閉じこもり」の問題が注目されている。「閉じこもり」とは，身体に障害があって外出ができない（タイプ1：要介護状態の閉じこもり），あるいは身体的な問題を抱えているわけではないが外出しようとしない（タイプ2：生活自立状態での閉じこもり）など，「日常生活における活動範囲が屋内にほぼ限られている状態」

で社会的な接触を断っている高齢者をさし，若齢者の「ひきこもり」とは区別されている（新開，2005）。とくにタイプ2の「閉じこもり」は高齢者の心身機能の低下から安全のために家族が外出や屋外での作業を制止するなど家族の過剰保護などが一つの要因となっているといわれ，家族の高齢者への安全に対する配慮が逆に高齢者自身のADLを低下させている一例としてとらえることができる。

高齢者にとって家族は生活・生存を維持するための基盤であり，その果たす役割は大きいと考えられる。家族という関係や家庭という環境が身体的・生理的機能の低下予防の機能について今後研究が進むことが期待される。

2. 知的側面の変化と特徴

▶ (1) 知能のとらえかた

知能に関する理論は数多く見られるが，生涯発達の視点から老年期まで含め，知能を構造化しているものにホーン（Horn, J. L.）とキャッテル（Cattell, R. B.）の理論がある。ホーンらは知能を神経系の機能の基で決定される流動性知能と，経験の積み重ねによって獲得される結晶性知能という質的に異なる2つの知能に分類している。流動性知能は25歳頃をピークとして加齢とともに下降していくのに対し，結晶性知能は加齢とともに上昇する可能性について述べている。

▶ (2) 知能の加齢変化

知能の加齢による変化は，1950年代頃から中・高齢者の研究が行なわれる中で明らかになっていった。その頃の高齢者の知能研究においては横断的な研究方法を用いることで若齢者との比較が行なわれ，加齢とともに知能低下が起きるということが加齢変化としてとらえられていた。これは横断的な研究を行なうことで現われるいわゆる古典的な加齢パターンといわれているもので，この知能低下の傾向が調査対象者の加齢によるものなのか，コホートの影響によるものなのか明確に示すことができないという問題点を残していた。

ところが縦断的な研究を行なったシャイエ（Schaie, 1980）は後期高齢期になれば顕著な知能低下は見られるが，横断的研究で見られた年齢とともに知能が低下するという傾向は見いだすことができなかったとしている。しかし，これにより直ちに加齢による知能低下が否定されるわけではない。それは，長年にわたって調査対象者を追跡することによって起こる不可避な彼らの脱落（知能が低い人

の方が脱落しやすい傾向が認められる）や，練習効果などによって実際以上に高い値が出てしまうという縦断的研究の短所も考慮しなければならない。

　シャイエはこの横断的研究と縦断的研究のそれぞれの長所を生かすべく両者を総合的に検討することにより，知能の加齢変化を明らかにしようとする系列法を開発している。シャイエの研究では「語の意味」と「語の流暢性」の加齢変化の結果が，ホーンらが指摘した流動性知能と結晶性知能の加齢変化に一致している。これは結晶性知能については身体機能等の低下が顕著でない限りある年齢までは上昇していくことを意味している。

▶(3)　記憶のメカニズム

　一般的な記憶のメカニズムは，記銘（符号化）－保持（貯蔵）－想起（検索）というプロセスをたどると考えられている。また記憶を保持という観点からシステムとしてとらえると，感覚記憶，短期記憶，長期記憶の3つの貯蔵装置から成り立っていると考えられている。

　感覚記憶は感覚器官を通して入力された情報が感覚情報としてきわめて短い時間だけ保持されるもので，その情報に注意を向けて短期記憶貯蔵庫に移行させないとすぐに消えてしまう。短期記憶貯蔵庫に入った情報は数秒から十数秒保持されるが，保持される情報量も限界がありリハーサルなどを通して長期記憶貯蔵庫に移行させないと短期記憶貯蔵庫には留まることができない。長期記憶貯蔵庫に入った情報は長期記憶として長期間保持されることになる。そして長期記憶貯蔵庫に保持された情報は必要に応じて想起され再び短期記憶貯蔵庫に移行し，作動記憶（ワーキングメモリー）として活用される。

▶(4)　記憶の加齢変化

　認知症に代表される脳の器質的変化によって起こる記憶障害などを除いて，記憶のプロセスは加齢によってどのような影響を受けるのであろうか。

　記銘，保持というプロセスにおいては加齢の影響はさほど大きくないと考えられている。ボトウィニックとストランド（Botwinick & Storandt, 1974）による短期記憶の実験では，数字の桁数の記憶では20代～50代が6.7桁～6.2桁程度，60代では5.5桁，70代では5.4桁の平均記憶容量をもっていることが確認されている。記銘における情報処理速度の低下が影響していると考えられるが，一般に

いわれているほど感覚記憶や短期記憶が低下しているとは考えにくい。また，長期記憶においても，加齢の影響は少なく，とくに一般的知識のような意味記憶や物事の手続きに関する手続き記憶などは加齢による低下は見られない。

　むしろ長期記憶貯蔵庫から短期記憶貯蔵庫に移行する想起（検索）というプロセスにおいて加齢の影響が明らかにうかがえる。「再認」においてはその差は見られないが記憶情報の正確な検索が求められる「再生」では高齢者の方が明らかに劣っているのである（Schonfeld & Robertson, 1966）。ただし，再生において簡単な手がかりが与えられると当初見られた年齢の影響も少なくなるという報告もあるが，後期高齢期には身体機能ならびに脳機能自体の低下によって記憶機能もかなり影響は受け，記憶の低下は顕著になると考えられる。

▶ (5)　知的機能と家族の関係

　知的機能は生来的な資質，個人の生活史や生活経験の違いによって個人差となって現われる。とくに教育歴に代表されるように教育に関わっている年数が長いほど知的能力は維持される傾向があるとする研究は数多い。さらに健康状態も重要な変数として知的機能の維持に影響している。さらにシャイエ（1996）は成人期を通して結婚生活が充実していることや，刺激的な環境にあることなどの要因を指摘している。

　家族関係が知能にどのような影響について直接論じたものは多くないようである。認知症の予防に関する研究において興味深い結果が報告されているものがある。本間（2003）によればスウェーデンで行なわれた社会的な交流頻度と認知症の発症率との関係を調べた疫学的研究で，一人暮らしで，友人が訪ねてくる頻度が週に1度もない，家族が訪ねてくる頻度も週に1度もないという条件の人たちでは，認知症の年間発症率は1,000人中160人であったが，家族と同居していて，しかも，友人が週に1度以上訪ねてくる，子どもも週に1度以上訪ねてくるという条件の人たちでは，1,000人中20人の発症率にすぎなかったとしている。これは，知的機能の維持には社会的なつながりや人間関係の豊かな生活が重要な意味をもっており，認知症予防の可能性を示唆していると思われる。

3. 心理的・人格的変化と特徴

▶(1) 加齢にともなうパーソナリティの変化

　加齢にともないパーソナリティが変化するとよくいわれているが，本当に変化をするものなであろうか。高齢者のパーソナリティの変化を否定的な見地でとらえることが支持される傾向にあったことも事実であろう。その背景には高齢者のパーソナリティを「高齢者」「老人」ということばからステレオタイプなイメージとしてとらえていたと考えられる。たとえば多くの研究者が他の年齢層に比べて「慎重」であったり「硬い」という特性をあげているが，社会的ステレオタイプな考え方によって作られたものであるという意見もある。ボトウィニック(1977) は，物事の選択において若齢者はリスキーさに面白さを感じることがあるが，高齢者は危険をおかさなくてもよい選択肢があればそれを選ぶことが「慎重」という特性につながるとしている。しかし，同時に必ずリスクを負わなければならない場合には高齢者も若齢者も選択するリスクの量には差がなく，高齢者が必ずしも慎重であるとはいえない，とも述べている。

　一方，コスタとマクレイ（Costa & McCrea, 1980）は成人期から老年期までの縦断的研究で，性格における「神経症性」「外向性」「経験の開放性」の3特性において変化よりも安定性が示されていることを見いだしている。「神経症性」は不安・抑うつ・敵意・衝動性・自意識などを含む特性であり，「外向性」は愛着・活動性・主張性・肯定的な情動を，そして「経験の開放性」は空想性・感情性・思考性・価値性・審美性などを含む特性である。

　また，ラチマン（Lachman, 1989）は加齢によるパーソナリティへの影響として安定性と可変性をあげ，外向性や神経症性に代表されるように加齢の影響を受けにくい安定的な側面の存在と，自己に対する態度や自己概念のような加齢に対して変化する側面の存在を指摘している。

　変化の方向性という視点から，老年期の性格の変化を長島（1977）は3つのタイプからとらえている。円熟型は若い頃の性格傾向が目立たなくなるタイプであり，いわゆる「角が取れて丸くなる」傾向を示すものである。拡大型は若い頃の性格の特徴が加齢によってより顕著になっていくものとしている。たとえば，慎重だった人が融通が利かなくなったり，内向的だった人がより内向的になったりする場合がそれにあたる。反動型は若い頃の性格傾向とは逆の傾向を示すもので

あり，倹約家だった人が浪費家に転じたり，気難しかった人が物わかりがよくなる場合がこれにあたる。

▶(2) 老年期の性格類型

高齢者のパーソナリティ類型は，老年期の適応性との関係で論じられることが多い。高齢者の適応性については活動理論と離脱理論という対立する2つの理論の存在が知られている。活動理論では老年期に高い活動性を保つことは適応への成功につながるとしている。それに対して離脱理論では社会や役割からの離脱は避けられないものであり，基本的に離脱は高齢者に望ましいものと考えている。これらは高齢者の適応を単一的な方向でとらえているという問題はあるが高齢者のパーソナリティと適応を規定する要因を示唆するものであろう。

ライチャードら（Reichard et al., 1962）は老年期の適応に関する調査を行ない，その結果を5つの性格類型にまとめている（表13-1）。

表13-1 ●老年期の性格類形（1）（Reichard et al., 1962 より作成）

1) 円熟型	自分の過去や現在を受容的にとらえ，未来に対する展望も現実的な統合されたパーソナリティをもつ。年をとることを当然とし，加齢のよい面を生かすことができる。
2) 安楽椅子型	他者に対する依存という全般的な受動性に特徴づけられる。野心はなく引退を喜んでおり，責任や努力をともなう役割を免れ，現実に十分に満足している。
3) 装甲型	強い防衛的態度で老化による不安に対処する。若いときの活動水準を維持し続けようとし，年をとることのよさを認めようとしない。
4) 憤慨型	自分の過去や老化の事実を受け入れることができず，その態度が他者に対する敵意や攻撃というかたちで現われる。年をとることに強い反感をもち，死を恐れている。
5) 自責型	自分の過去を失敗とみなし自責的な態度をとる。自分には価値がないというような後悔や自己批判，抑圧の感情に支配され，死を不満足な人生からの解放と感じる。

ただし，この5つのタイプにすべての人が分類されるわけではなく，いくつかの複合型である中間的な人の方が多いとされている。さらに，ライチャードはこれらのタイプは高齢期になって形成されるものではなく，彼らの性格の特徴は一貫した傾向をもち，忙しさに必要を感じる人はそれまで忙しくしてきた人であり，他者を攻撃する人は以前からその傾向にあった人であり，性格の特徴は人生を通じ変化が少ないと考えたようである。

一方，ニューガーテンら（Neugarten et al., 1968）は高齢者を対象とした7年間にわたる調査を行ない，パーソナリティ傾向と社会的役割活動，人生満足感の

表13-2 ●老年期の性格類型（2）(Neugarten et al., 1968 より作成)

1) 再統合型	広範囲な活動に従事している有能な人であり，老年期で失った活動を別の新しい活動で代替することができる。
2) 集中型	人生満足感が高く，自分の役割や活動を選択しそこにエネルギーや時間を費やす。
3) 離脱型	人生満足感が高く統合されたパーソナリティのもち主であるが，自ら好んで役割コミットメントから離れていく。
4) 固執型	老化を脅威と考え中年期の活動を維持しようとする。その時点では高い満足感と中等度以上の活動性を維持している。
5) 緊縮型	老いに対する防衛は強いが，その脅威に対して自分の活動や役割を減らすことで対処するタイプで満足感は高い。
6) 依存型	他者の援助によって生活をし，強い依存欲求をもっている。自らの情緒的欲求に応じてくれる人がいれば自分を維持できる。
7) 鈍麻型	役割活動，人生満足感も低く受動性が顕著な特徴をもっており，多くのことに期待しなくなっている。
8) 不統合型	社会のなかでかろうじて自らを保っているが，心理機能，情動の統制，思考過程などが減退している。

3変数から8つのタイプを見いだしている（表13-2）。

ニューガーテンらはこのような性格パターンの記述から，パーソナリティ傾向が加齢パターンや役割活動，人生満足度を予測するための中心的な次元であるとみなしている。

▶ (3) 高齢者のパーソナリティと家族

パーソナリティの変容に影響する要因として「社会とのつながりの喪失」があげられるが，これは単に社会からの引退・離脱ということだけではなく，対人関係の範囲が縮小し，家族以外の対人関係が希薄化していくことも意味している。社会や役割からの引退や離脱を自我の解放ととらえ活動の方向を広げていく人もいるというが，引退や離脱によって家庭内における役割の変化にともない家庭内の各種権限の縮小なども見られるなど家族間の力動が変化し，内向的なパーソナリティへと変化していく傾向が認められるという。

どこに誰と住んでいるかという住居環境や住居形態などは高齢者に限らずパーソナリティに影響を与えていることは容易に想像することができるが，とくに高齢者にとってゆったりと安心して暮らせるか，そこにある人間関係が円満であるかなどはパーソナリティに影響する大きな要因と考えられる。長島(1990)はパーソナリティの変化に影響する要因として生活環境的な要因をあげている。自分の

希望が受け入れられず強いられた環境で生活すれば，誰もが諦めを感じたり無力感をもち，パーソナリティの変容が見られる。これは生活空間として「家」の存在や暖かな雰囲気に包まれた「家族」の重要性を表わしていると考えられる。

さらに，佐藤（1988）は適応（生活の満足度）に対するパーソナリティという個人的要因（生活の志向性）の影響を検討した研究において，「仕事」「家庭」「余暇・社会活動」の3つの生活領域に限定した評価を行ない，家族における満足度（適応）では「家族とともに喜びを分かちあいたい」というような人に対する親和性が規定要因になっているという結果を導いている。

一般的に，高齢者が幸福感をもてる条件として，同一の子ども夫婦と継続的に同居すること，世帯員が多く生存している子どもの数が多いこと，同居している子どもとの会話や別居している子どもとの接触が多いこと，子ども同士の仲がよいことなどがあげられている。このことからもわかるように家族関係が円満であることが高齢者の幸福感の重要な要因であるとともに，孤立や孤独が高齢者の生活に不安や脅威をもたらすことを示唆している。

高齢者のパーソナリティと家族の関係についての研究は，現時点では十分なものとはいえない。しかし，家族との関係が高齢者のパーソナリティに影響を与えていることは否定することはできないようである。

引用・参考文献

●第1章

Brockington, I. F. 1996 A portfolio of postpartum psychiatric distress. *Motherhood and Mental Health.* New York: Oxford University Press, Pp.135-199. 岡野禎治 1999 産後精神障害の記録簿（portfolio） 岡野禎治（監訳） 母性とメンタルヘルス 日本評論社 Pp.69-124.

Cutrona, C. E. 1983 Causal attributions and perinatal depression. *Journal of Abnormal Psychology,* 92, 161-172.

Davies, D. P., & Abernethy, M. 1976 Cigarette smoking in pregnancy, association with maternal weight gain and fetal growth. *Lancet,* 1, 383-384.

Drotar, D., Baskiewicz, A., Irvin, N., Kennell, J., & Klaus, M. 1975 The adaptation of parents to the birth of an infant with a con-genital malformation: A hypothetical model. *Pediatrics,* 56, 710-717.

海老原亜弥・秦野悦子 2004 保育園・幼稚園児を育てる母親の育児負担感－ストレッサー，コーピング，ソーシャルサポートの関係－ 小児保健研究，63, 660-666.

Gelder,M., Gath,D.,& Mayou,R. 1994 *Concise Oxford textbook of psychiatry.* New York: Oxford University Press.

Goldberg, S. 1977 Social competence in infancy : A model of parent-infant interaction. *Merrill-Palmer Quarterly,* 23, 163-177.

Himmelberger, D. U., Brown, B. W., & Cohen, E. N. 1978 Cigarette smoking during pregnancy and the occurrence of spontaneous abortion and congenital abnormality. *American Journal of Epidemiology,* 108, 470-479.

廣瀬一浩・星 真一・森山修一・富山三雄・白川修一郎 2001 産褥期のストレス－睡眠障害とマタニティブルーズ－ ペリネイタルケア, 20, 32-37.

本城秀次・水野里恵・阿曾みよ子・永田雅子・五藤弓枝・幸 順子・西出隆紀 1994 子どもの気質と母親の育児不安 日本教育心理学会第36回総会発表論文集，11.

細川啓子 1990 母親になることへのゆらぎ 日本家族心理学会（編） 現代家族のゆらぎを越えて 金子書房 Pp.151-167.

細川啓子 1991 母性の発達変容過程の研究（4）－家族関係における産褥婦の母性性獲得について－ 家族心理学研究, 5, 53-65.

岩田銀子・渡辺明日香・柳原真知子・三田村 保・森谷きよし 2000 妊娠とストレスによる気分の変化とソーシャルサポートの関連－SBIソーシャル・サポートを用いて－ 看護総合科学研究会誌, 3, 20-26.

Jaakkola, J. J., Jaakkola, N., & Zahlsen, K. 2001 Fetal growth and length of gestation in relation to prenatal exposure to environmental tobacco smoke assessed by hair nicotine concentration. *Environ Health Perspect,* 109, 557-561.

Jones, K. L., & Smith, D. W. 1973 Recognition of the fetal alcohol syndrome in early infancy. *Lancet,* 2, 999-1001.

神崎秀陽 2002 研修医のための必須知識 マタニティーブルーズ 産褥精神病日本産科婦人科学会雑誌, 54, 207-213.

Kelsey, J. L., Dwyer, T., Holford, T. R., & Bracken, M. B. 1978 Maternal smoking and congenital malformations: an epidemiological study. *Journal of Epidemiology and Community Health,* 32, 102-107.

Kendell, R. E. 1984 Day-to-day mood changes after childbirth : Further data. *British Journal of Psychiatry,* 145, 620-625.

Kleinman, J. C., Pierre, M. B., Madans, J. H., Land, G. H., & Schramm, W. F. 1988 The effects of maternal smoking on fetal and infant mortality. *American Journal of Epidemiology,* 127, 274-282.

小林 登 2000 育つ育てるふれあいの子育て 風濤社

三澤寿美・片桐千鶴・小松良子・藤沢洋子 2004 母性発達課題に関する研究（第2報）－妊娠期にあるはじめて子どもをもつ女性の気持ちに影響を及ぼす要因－ 山形保健医療研究, 7, 9-21.

水野里恵 1998 乳児期の子どもの気質・母親の分離不安と後の育児ストレスとの関連－第一子を対象にした乳幼児期の縦断研究－ 発達心理学研究, 9, 56-65.

水谷 徹・今野義孝・星野常夫 2000 障害児の出生前診断の現状と問題点 文教大学教育学部紀要, 34, 25-36.

中田洋二郎 1995 親の障害の認識と受容に関する考察－受容の段階説と慢性的悲哀－ 早稲田心理学年報, 27, 83-92.

名取光博・山崎サク 2004 母子看護1：母性看護 医学芸術社

仁志田博司 2005 周産期に児を失った家族の心のケア 特集 産後うつ病の評価と介入から－育児支援に向けての新たな展開－ 基礎的解説編 妊娠・出産・育児に関連するメンタルヘルス 母子保健情報, 51, 26-32.

西海ひとみ・喜多淳子 2004 第1子早期における母親の心理的ストレス反応（第1報）－育児ストレス要因との関連による母親の心理的ストレス反応の特徴－ 母性衛生, 45, 188-198.

尾形和男・宮下一博　1999　父親の協力的関わりと母親のストレス，子どもの社会的発達および父親の成長　家族心理学研究，13, 87-102.
岡野禎治　1998　マタニティーブルーズ　武谷雄二（編）　新女性医学体系 24：正常分娩　中山書店　Pp. 287-300.
岡野禎治　2000　死産に関連した精神及び心理学的側面　産科及婦人科，7, 93-800.
岡野禎治　2003　産後に発生する精神障害　日本医師会雑誌，5, 763-766.
岡野禎治　2004　産褥期における心理的変化と精神疾患　ペリネイタルケア，23, 32-36.
岡野禎治・野村純一・越川法子　1991　Maternity Blues と産後うつ病の比較文化的研究　精神医学，33, 1051-1058.
小此木啓吾　1979　対象喪失−悲しむということ−　中公新書
Portmann, A.　1951　Biologische fragmente zu einer lehre vom menschen. Basel : Schwabe. 髙木正孝（訳）　1961　人間はどこまで動物か−新しい人間像のために−　岩波書店
両角伊都子・角川陽子・草野篤子　2000　乳幼児をもつ母親の育児不安に関わる諸要因−子ども虐待をも視野に入れて−　信州大学教育学紀要，99, 87-98.
佐々木純一　2003　マタニティーブルーズ　日本母性衛生学会（監修）　ウィメンズヘルス事典−女性のからだとこころガイド−　中央法規出版　Pp.300-302.
瀬戸正弘・眞鍋えみ子　2004　初妊婦の抑うつ・不安に影響を与える心理社会的要因の研究−ソーシャル・サポートと不合理な信念を中心として−　心理教育相談研究，3, 33-45.
新道幸恵・和田サヨ子　1990　母性の心理社会的側面と看護ケア　医学書院
菅原ますみ・北村俊則・戸田まり・島　悟・佐藤達哉・向井隆行　1999　子どもの問題行動の発達− Externalizing な問題傾向に関する生後 11 年間の縦断的研究から−　発達心理学研究，10, 32-45.
Thomas, A., & Chess, S.　1977　Temperament and development. New York : Brunner Mazel.
津田茂子・田中芳幸・津田　彰　2004　妊娠後期における妊婦の心理的健康感と出産後のマタニティーブルーズとの関連性　行動医学研究，10, 81-92.
安田智子　2001　妊娠期の母親についての心理学的研究−育児意識・夫婦関係・周囲のサポートとの関連から−　追手門学院大学心理学論集，9, 29-41.
Zhang, J., Savitz, D. A., Schwingl, P. J., & Cai, W. W.　1992　A case-control study of paternal smoking and birth defects. International Journal of Epidemiology, 21, 273-278.

● 第 2 章

Ahrens, R.　1954　Beitrage zur entwicklung des physiognamie und mimerkennes. Zeitschrift fur Experimentelle und Angewandte psychologie, 2, 412-454.
Bower, T. G. R.　1974　Development in infant. Freeman. 岡本夏木・野村庄吾・岩田純一・伊藤典子（訳）　1979　乳児の世界　ミネルヴァ書房
Bower, T. G. R.　1989　The rational infant. Freeman.
Bower, T. G. R., Brouglth, J. M., & Moore, M. K.　1970　The coordination of visual and tactual input in infants. Perception and Psychophysics, 8, 51-53.
Burnside, L. H.　1927　Coordination in the locomotion of infants. Genetic Psychology Monographs, 2, 283-341.
Bushnell, I. W. R.　1998　The Origins of face perception. In F. Simon & G. Butterworth (Eds.) The Development of sensory, motor and cognitive capacities in early infancy. UK : Psychology Press. Pp. 69-86.
Bushnell, I. W. R., Sai, F., & Mullin, J. T.　1982　Neonatal recognition of the mother's face. British Journal of Developmental Psychology, 7, 3-15.
Dennis, W., & Najarian, P.　1957　Infant development under environmental handicap. Psychological Monographs, 7, 1-7.
Ellis, H. D., Young, A. W., & Markhan, R.　1987　The ability of visually impaired children to read expressions and recognize faces. Journal of Visual Impairment & Blindness, 17, 485-486.
Fantz, R. L.　1961　The origin of form perception. Scientific American, 204, 66-72.
Fantz, R. L.　1963　Pattern vision in newborn infants. Science, 140, 296-297.
Field, T. M., Cohen, D., Garcie, R., & Collins, R.　1983　Discrimination and imitation of facial expression by term and preterm neonates. Infant Behavior and Development, 6, 485-489.
Gibson, E. J., & Walk, R. D.　1960　The visual cliff. Scientific American, 202, 64-71.
Held, R., & Hein, A.　1963　A movement-produced stimulation in the development of visually-guided behavior. Journal of Comparative and Physiological Psychology, 56, 872-876.
James, W.　1892　Psychology : Briefer course. Henry Holt. 今田　寛（訳）　1992　心理学（上・下）岩波文庫
勝部篤美　1980　身体と運動能力の発達　久世妙子・山下富美代・水山進吾・勝部篤美・住田幸次郎・繁田　進　発

達心理学入門〔新版〕 有斐閣 Pp.33-66.
Klinnert, M. D., Campos, J. J., Sorce, J. F., Emde, R. N., & Svejda, M. 1983 Emotion as behavior regulators : Social referencing in infancy. In R. Plutchik & H. Kellerman (Eds.) *Emotion : Theory, research and experience.* Academic Press. Pp.57-86.
Lindsay, P. H. & Norman, D. A. 1977 *Human information processing : An Introduction to psychology.* 2nd Edition. Academic Press.
Meltzoff, A. N., & Borton, R. W. 1979 Intermodel matching by human neonates. *Nature,* **282**, 403-404.
Meltzoff, A. N., & Moore, M. K. 1977 Imitation of facial and manual gestures human neonates. *Science,* **198**, 75-78.
宮丸凱史 1975 幼児の基本的運動技能における Motor Pattern の発達1－幼児の Running Pattern の発達過程－ 東京女子体育大学紀要，**10**, 14-25.
宮丸凱史 1980 投げの動作の発達 体育の科学，**30**, 465-471.
仲谷洋平・藤本浩一（編） 1993 美と造形の心理学 北大路書房
Pollak, S. D., & Tolley-Schell, S. A. 2003 Selective attention to facial emotion in physically abused children. *Journal of Abnormal Psychology,* **112**, 323-338.
桜井伸二・宮下充正 1982 子どもにみられるオーバーハンド投げの発達 *Japanese Journal of Sports Sciences,* **1**, 152-156.
Shirley, M. M. 1931 *The first two years : A study of twenty-five babies.* University of Minnesota Press.
Steiner, J. 1979 Human facial expression in response to tasts and smell stimulation. In H. Reese & L. P. Lipsitt (Eds.) *Advances in Child Development and Behaviour,* **13**, 257-295.
鳥居修晃 1977 視覚の世界 光生館
渡部 叡・坂田晴夫・長谷川 敬・吉田辰夫・畑田豊彦 1975 視覚の科学 写真工業出版社
Williams, J. R., & Scott, R. B. 1953 Growth and development of Negro infants. Ⅱ. Motor development and its relationship to child rearing practices in two groups of Negro infants. *Child Development,* **24**, 103-121.
八木明宏 1997 知覚と認知 培風館
Zelaso, P. R., Zelaso, N. A., & Kolb, S. 1972 *Walking in the newborn. Science,* **177**, 1058-1059.

●第3章

Ahrens, R. 1954 Beitrage zur entwickung des physiognomie-und mimerkennes. *Zeitschrift fur Experimentelle und Angewandte psychologie,* **2**, 412-454.
Bates, E., Thal, D., Finlay, B., & Clancy, B. 2002 Early language development and its neural correlates. In S.J. Segalowitz & I. Rapin (Eds.) *Handbook of Neuropsychology 2nd Vol.8 Part Ⅱ.* New York : Elsevier Science Publishing Company. Pp. 1-39.
Bernstein, B. 1972 Social class, language, and socialization. In P.P.Giglioli (Ed.) *Language and social context.* Harmondsworth, England: Penguin Books.
Bloom, L. 1993 *The transition from infancy to language.* New York : Cambridge University Press.
Bloom, L., & Lahey, M. 1978 *Language Development and Language Disorders.* New York: Wiley and Sons, Inc.
Bridges, K. M. B. 1932 Emotional development in early infancy. *Child Develpoment,* **3**, 324-341.
Bruner, J. S. 1983 *Child's talk leaning to use language.* New York : Oxford University Press. 寺田 晃・本郷一夫（訳） 1988 乳幼児の話しことば コミュニケーションの学習 新曜社
Buckley, B. 2003 *Children's communication skills: from birth to five years.* New York: Routledge. 丸野俊一（監訳） 2004 0歳～5歳児までのコミュニケーションスキルの発達と診断 北大路書房
Carey, S. 1982 Semantic development : State of the art. In E. Wanner & L. R. Gleitman (Eds.) *Language acquisition : The State of the art.* Cambridge: Cambridge University Press. Pp. 347-389.
Cole, P. 1986 Children's spontaneous expressive control of facial expression. *Child Development,* **57**, 1309-1321.
Elliot, G. B., & Elliot, K. A. 1964 Some pathological, radiological and clinical implications of the preccious development of the human ear. *Laryngoscape,* **74**, 1160-1171.
Fenson, L., Dale, P. S., Reznick, J. S., Bates, E., Thal, D. J., & Pethick, S. J. 1994 Developmental trends and variability in the acquisition of communicative skills. Variability in early communicative development. *Monographs of the Society for Research in Child Development,* **59**, 32-60.
藤永 保 2001 ことばはどこで育つか 大修館書店
深井善光 2003 小児の心の発達 小児心身症対策の推進に関する研究班（編） 子どもの心の健康問題ハンドブック平成14年度厚生科学研究費助成金（子ども家庭総合研究事業） Pp. 6-10.
福田佳織 2004 母親の被養育経験と乳児への敏感性との関連 家族心理学研究，**18**, 85-98.

Garnica, O. 1977 Some prosodic and paralinguistic features of speech to young children. In C. S. Snow & C. A. Ferguson (Eds.) *Talking to children.* Cambridge : Cambridge University Press. Pp. 63-88.
濱　治世　2001　感情・情緒（情動）とは何か　濱　治世・鈴木直人・濱　保久（著）感情心理学への招待　サイエンス社　Pp.1-62.
濱　治世　2001　感情・情緒（情動）の発達　濱　治世・鈴木直人・濱　保久（著）感情心理学への招待　サイエンス社　Pp.175-202.
Havighurst, R.J. 1953 *Human development and education.* Longmans, Green. 荘司雅子（訳）1958　人間の発達と教育　牧書店
Havighurst, R.J. 1972 *Developmental tasks and education.* David McKay. 児玉憲典・飯塚裕子(訳) 1997　ハヴィガーストの発達課題と教育－生涯発達と人間形成－　川島書店
今井和子　1996　子どもとことばの世界－実践から捉えた乳幼児のことばと自我の育ち－　ミネルヴァ書房
伊藤克敏　1990　こどものことば－習得と創造－　勁草書房
伊藤智啓　2000　幼児期の発達と危機管理　岡堂哲雄（編）パーソナリティ発達論－生涯発達と心の危機管理－　金子書房　Pp. 38-50.
Johanson, B., Wedenberg, E., & Westin, B. 1964 Measurement of tone response by the human fetus. *Acta Otlaryngol,* **57**, 188-192.
金村美千子　1998　乳幼児の言葉　同文書院
川上清文　1989　乳児期の対人関係　川島書店
小林　登　2000　育つ育てるふれあいの子育て　風濤社
Kopp, C. B. 1989 Regulation of distress and negative emotions : A developmental View. *Developmental Psychology,* **25**, 343-354.
子安増生　1997　子どもが心を理解するとき　金子書房
三神廣子　2003　本が好きな子に育つために－文字の習得と読書への準備－　萌文書林
村井潤一・飯高京子・若葉陽子・林部英雄（共編）1976　ことばの発達とその障害　第一法規
無藤　隆　1995　言葉と認識による世界の構築　無藤　隆・久保ゆかり・遠藤利彦（著）発達心理学　岩波書店 Pp. 15-35.
中村　誠　1978　日本人・アメリカ人乳幼児における言語発達の比較　F.C.パン（編）発達と習得における言語行動　文化評論出版　Pp.69-80
西野美佐子　1998　幼児後期以降の子どものことば　後藤宗里（編著）子どもに学ぶ発達心理学　樹村房　Pp. 86-96.
荻野美佐子　2002　言語とコミュニケーション　岩立志津夫・小椋たみ子（編著）言語発達とその支援　ミネルヴァ書房　Pp. 30-34.
大日向雅美　1988　母性の研究　川島書店
大坪治彦　2004　増えていく言葉の数　無藤　隆・岡本祐子・大坪治彦（編）よくわかる発達心理学　ミネルヴァ書房　Pp.32-33.
Perner, J. 1985 "John thinks that Mary thinks that…" Attribution of second-order beliefs by 5-to 10-year-old children. *Journal of Experimental Child Psychology,* **39**, 437-471.
Saarni, C. 1999 *The development of emotional competence.* New York : Guilford Press.
Salk, L. 1973 The role of the heartbeat in the relations between mother and infant. *Scientific American,* **228**, 24-29.
佐藤眞子　1996　乳幼児期の人間関係の発達的意義　佐藤眞子（編）乳幼児期の人間関係　培風館　Pp. 1-24.
柴田治呂　1990　赤ちゃんのことば－覚える・話す・考える－　ZΩION社
Stark, R.E. 1986 Prespeech segmental feature development, In P. Fletcher & M. Garman (Eds.) *Language Acquision ; studies in first language development.* Cambridge : Cambridge University Press. Pp.149-173.
高野清純・林　邦雄（編）1975　図説児童心理学事典　学苑社
Tinbergen, N. 1951 *The study of instinct.* Clarendon Press.
Tomasello, M., & Farrar, M. J. 1986 Joint attention and early language. *Child Development,* **57**, 1454-1463.
Wells, G. 1985 Preschool literacy-related actives and success in school. In D. R. Olson, N. Torrence & A. Hildyard. (Eds.) *Literacy, language, and learning.* Cambrige University Press.
Wells, G. 1987 The learning of literacy. B. Fillion, C. Hedley & E. DiMaretino. (Eds.) *Home and school.* Ablex.
White, B.L., & Watts, J.C. 1973 *Experience and environment.* (*vol.1*) Englewood Cliffs, N.J.: Prentice-Hall.
Wimmer, H. & Perner, J. 1983 Beliefs about beliefs : Representation and constraining function of wrong beliefs in young children's understanding of deception. *Cognition,* **13**, 103-128.

●第４章

Ainsworth, M. D. S., Bell, S. M., & Stayton, D. F. 1977 Infant- mother attachment and social development : 'Socialization' as a product of reciprocal responsiveness to signals. In M. P. M. Richards (Ed.) *The integration of a child into a social world*. Cambridge : Cambridge University Press. Pp. 99-135.

Ainsworth, M. D. S., Blehar, M. S., Waters, E., & Wall, S. 1978 *Patterns of attachment: A psychological study of the strange situation*. Hillsdale : Lawrence Erlbaum.

Ainsworth, M. D. S., & Eichberg, C. G. 1991 Effect on infant-mother attachment of mother's unresolved loss of an attachment or other traumatic experience. In C. M. Parkes, J. Stevenson-Hinde & P. Marris (Eds.) *Attachment across the life cycle*. London: Routledge. Pp. 160-183.

Bowlby, J. 1969 *Attachment and loss : Vol.1 Attachment*. New York: Basic Books. 黒田実郎・大羽蓁・岡田洋子・黒田聖一（訳） 1997 母子関係の理論：Ｉ 愛着行動（三訂版） 岩崎学術出版社

Bowlby, J. 1973 *Attachment and loss: Vol.2 Separation*. New York: Basic Books. 黒田実郎・岡田洋子・吉田恒子（訳） 1977 母子関係の理論：Ⅱ 分離不安 岩崎学術出版社

Bremner, J.G. 1994 *Infancy*. Oxford UK : Blackwell Publishers. 渡部雅之（訳） 1999 乳児の発達 ミネルヴァ書房

Crockenberg, S. 1981 Infant irritability, maternal support and social support influence on the security of infant-mother attachment. *Child Development*, **52**, 857-869.

Elkonin, D. B. 1978 *Psikhologiia igry*. Mascow: Pedagogika. 天野幸子・伊集院俊隆（訳） 2002 遊びの心理学 新読書社

Ellis, S., Rogoff, B., & Comer, C. C. 1981 Age segregation in children's social interactions. *Developmental Psychology*, **17**, 399-407.

遠藤利彦 2005 アタッチメント理論の基本的枠組み 数井みゆき・遠藤利彦（編著） アタッチメント ミネルヴァ書房 Pp.1-23.

Fantz, R. L. 1961 The origin of form perception. *Scientific American*, **204**, 66-72.

Field, T., Woodson, R., Greenberg, R, & Cohen, D. 1982 Discrimination and imitation of facial expressions by neonates. *Science*, **218**, 179-181.

Grossmann, K., Grossmann, K. E., Spangler, G., Suess, G., & Unzer, L. 1985 Maternal sensitivity and newborn orientation responses as related to quality of attachment in northern Germany. In I. Bretherton & E. Waters (Eds.) Growing points in attachment theory and research. *Monographs of the Society for Research in Child Development*, **50**, 223-256.

繁多 進 1987 愛着の発達－親と子の結びつき－ 大日本図書

Hay, D. F., Nash, A., & Pederson, J. 1986 Interaction between six-month-old peers. *Child Development*, **54**, 557-562.

櫃田紋子・浅野ひとみ・大野愛子 1986 乳幼児の社会性の発達に関する研究６－乳児の社会的行動その２－ 日本教育心理学会第26回総会論文集, 470-471.

井上健治 1992 人との関係の拡がり 木下芳子（編） 対人関係と社会性の発達 金子書房 Pp.1-28.

柏木惠子 1974 青年期における性役割の認知Ⅲ－女子学生青年を中心として－ 教育心理学研究, **24**, 1-11.

柏木惠子 1988 幼児期における「自己」の発達 東京大学出版会

川井 尚・恒次欽也・大藪 康・金子 保・白川園子・二木 武 1983 乳児－仲間関係の縦断的研究(1)－ 初期の発達的変化 小児の精神と神経, **23**, 35-42.

川上清文 1989 乳児期の対人関係－その縦断的研究と社会的ネットワーク理論－ 川島書店

数井みゆき 1996 赤ちゃんにとって母親のやさしさとは 正高信男（編） 別冊発達19 赤ちゃんウォッチングのすすめ ミネルヴァ書房 Pp. 63-71.

数井みゆき 1998 対人関係の発達 後藤宗里（編著） 子どもに学ぶ発達心理学 樹村房 Pp. 103-115.

Kestenbaum, R., Farber, E. A., & Sroufe, L. A. 1989 Individual differences in empathy among preschoolers : Relation to attachment history. *New Directions for Child Development*, **44**, 51-64.

King, C. A., & Kirschenbaum, D. S. (Eds.) 1992 *Helping young children develop social skills: The social growth program*. California: Brooks/Cole Publishing. 佐藤正二・前田健一・佐藤容子・相川 充（訳） 1996 子ども援助の社会的スキル－幼児・低学年児童の対人行動訓練－ 川島書店

木下芳子・斉藤こずゑ・朝生あけみ 1986 幼児期の仲間同士の相互交渉と社会的能力の発達－３歳児におけるいざこざの発生と解決－ 埼玉大学紀要教育科学, **35**, 1-15.

LaFreniere, P. J., & Sroufe, L. A. 1985 Profiles of peer competence in the preschool : Interrelation between measures, influence of social ecology and relation to attachment history. *Developmental Psychology*, **21**, 56-68.

Lieberman, A. F. 1977 Preschoolers' competence with a peer: Relations with attachment and peer experience.

Child Development, **48**, 1227-1287.
Levy, T.M., & Orlans, M. 1998 *Attachment, Trauma, and Healing : Understanding and Treating Attachment Disorder in Children and Families*. New York : Child Welfare League of America. 藤岡孝志・ATH研究会（訳） 2005 愛着障害と修復的愛着療法－児童虐待への対応－ ミネルヴァ書房
Lewis, M. 1987 Social development in infancy and early childhood. In J. D. Osofsky (Ed.) *Handbook of infant development 2nd*. New York: Wiley. Pp. 419-492.
Lorenz, K. 1965 *Über tierisches und menschliches Verhalten*. München/Zurich : Neuausgabe. 丘 直通・日高敏隆（訳） 1989 動物行動学2 思索社
Main, M, 1991 Metacognitive knowledge, metacognitive monitoring, and singular (coherent) vs. multiple (incoherent) model of attachment : Findings and direction for future work. In C. M. Parkes, J. Stevenson-Hinde & P. Marris (Eds.) *Attachment across the life cycle*. London: Routledge. Pp. 127-159.
Main, M., & Solomon, J. 1990 Procedures for identifying infants as disorganized / disoriented during the Ainsworth strange situation. In M. Greenberg, D.Ciccheti & M.Cummings (Eds.) *Attachment during the preschool years*. Chicago : University of Chicago press. Pp.121-160.
Meltzoff, A. N., & Moore, M. K. 1977 Imitation of facial and manual gestures by human neonates. *Science*, **198**, 75-78.
中野 茂 1985 発達心理学的遊び研究はどのような問題点と可能性を含んでいるか－理論的考察－ 藤女子大学短期大学研究紀要，**23**, 43-65.
岡本依子・菅野幸恵・塚田-城みちる 2004 エピソードで学ぶ乳幼児の発達心理学 新曜社
尾崎康子 2003 愛着と気質が母子分離に及ぼす影響－2，3歳児集団の継続的観察による検討－ 教育心理学研究，**51**, 96-104.
Parten, M. B. 1932 Social participation among pre-school children. *Journal of Abnormal and Social Psychology*, **27**, 243-269.
Renken, B., Egeland, B., Marvinney, D., Mangelsdorf, S., & Srouf, L. A. 1989 Early childhood antecedents of aggression and passive-withdrawal in early elementary school. *Journal of Personality*, **57**, 257-281.
Troy, M., & Sroufe, L. A. 1987 Victimization among preschoolers : Role of attachment history. *Journal of the American Academy of Child and Adolescent Psychiatry*, **26**, 166-172.
Wachs, T. D., & Desai, S. 1993 Parent-report measures of toddler temperament and attachment : Their relation to each other and to the social microenvironment. *Infant Behavior and Development*, **16**, 391-396.
Waters, E., Wippman, J., & Sroufe, L. A. 1979 Attachment, positive affect, and competence in the peer group : Two studies in construct validation. *Child Development*, **50**, 821-829.
Zeanah, C. H., & Boris, N. W. 2000 Disturbances and disorders of attachment in early childhood. In C. H. Zeanah (Ed.) *Handbook of infant mental health 2th*. New York: The Guilford Press. Pp. 353-368.

●第5章

朝日新聞 2006a 体外受精事実婚カップルも－学会指針改定：「結婚の多様化追認」 4月23日付
朝日新聞 2006b 学校選択制・県内導入16市町－自由選択，希望偏りも・初めから理由を限定 4月15日付
朝日新聞 2006c 全国調査40年ぶり実施へ－「学力低下」批判で復活 4月20日付
Benesse教育開発センター 2005 第1回子ども生活実態基本調査報告書 http://benesse.jp/berd/center/open/report/kodomoseikatu_data/2005/index.shtml
小泉 仰・慶應義塾大学価値意識研究会（編） 1984 子どもたちから見た世界－家庭・自己・友人・学校－ 勁草書房
教育トゥデイ 1998 学校の悲鳴が聞こえる「学級崩壊の危機の中で」 4月11日付
文部科学省初等中等教育局 2005a 生徒指導上の諸問題の現状について（概要） 日本子ども家庭総合研究所 2006 日本子ども資料年鑑 KTC中央出版
文部科学省初等中等教育局 2005b 生徒指導上の諸問題の現状について 日本子ども家庭総合研究所 2006 日本子ども資料年鑑 KTC中央出版
Newsweek（ニューズウィーク日本版） 2004 阪急コミュニケーションズ 6月16日号
埼玉大学教育学部 2006 大学・地域・学校連携型特別支援教育の推進 埼玉大学教育学部・現代GP推進本部
東京都幼稚園・小・中・高・心障性教育委員会 2005 2005年調査 児童・生徒の性

●第6章

Boden, M.A. 1979 *PIAGET*. London : Fontana Paperbacks. 波多野完治（訳） 1980 ピアジェ 岩波現代選書

引用・参考文献 | 211

Bower, T.G.R.　1979　*HUMAN DEVELOPMENT*. San Francisco：W.H.Freeman and Company. 鯨岡俊（訳）
　1982　ヒューマン・ディベロプメント－人間であること・人間になること－　ミネルヴァ書房
Damon, W.　1983　*Social and Personality Development*. New York : W.W.Norton & Company, Inc.　山本多喜司（編訳）　1990　社会性と人格の発達心理学　北大路書房
Furth, H.G.　1980　*THE WORLD OF GROWN-UPS. CHILDREN'S CONCEPTIONS OF SOCIETY*. New York: Elsevier North Holland, Inc.　加藤泰彦・北川歳昭（編訳）　1988　ピアジェ理論と子どもの世界　北大路書房
Goswami, U.　1998　*Cognition in Children*. London : Psychology Press Ltd.　岩男卓実・上淵　寿・古池若葉・富山尚子・中島伸子（訳）　2003　子どもの認知発達　新曜社
芳賀　純　1978　現代心理学におけるピアジェの位置　現代思想4　特集＝ピアジェ現代心理学入門　青土社　Pp74-81.
浜田寿美男　1983　認知と情意の発達　波多野完治（監修）　ピアジェ理論と自我心理学　国土社　Pp.9-46.
Hartup, W.W.　1979　The Social Worlds of Childhood. *American Psychologist*, **34**, 944-950.
波多野完治　1980　訳者解説　Boden,M.A.　1979　*PIAGET*. London : Fontana Paperbacks.　波多野完治（訳）ピアジェ　岩波現代選書
波多野完治（監修）　1984　ピアジェの発生的認識論　国土社
平山　諭・鈴木隆男（編著）　1994　発達心理学の基礎Ⅱ　機能の発達　ミネルヴァ書房
市川　功　2002　ピアジェ思想入門－発生的知の開拓－　晃洋書房
飯島婦佐子・高橋一公・佐藤真路　1989　幼児期の社会性のトピックス　明星大学心理学年報, **7**, 8-18.
子安増生　2001　認知発達の理論　中島義明（編）　現代心理学［理論］辞典　朝倉書店　Pp.428-448.
Piaget, J.　1952　*LA PSYCHOLIGIE DE L'INTELLIGENCE*. Paris : LibrairieArmand Colin. 波多野完治・滝沢武（訳）　1989　知能の心理　みすず書房
Piaget, J., & Inhelder.B.　1948　F.J.Langdon & J.L.Lunzer (trans.)　1956　*The Child's Conception of Space*. London : Routledge & Kegan Paul Ltd.
Piaget, J., & Inhelder.B.　1966　*La Psychologie de l'Enfant*. Paris: Presses Universitaires de France. 波多野完治・須賀哲夫・周郷　博（訳）　1969　新しい児童心理学　白水社
Random House, Inc.（Ed.）　1975　*Psychology Today; Introduction : Third edition*. New York: Random House, Inc. 南　博（監訳）藤永　保（訳）　1976　図説現代の心理学2　人間性の発達　講談社
高橋惠子　1983　対人関係の発達からみたピアジェ理論　波多野完治（監修）　ピアジェ理論と自我心理学　国土社　Pp.77-99.
梅本堯夫・大山　正（編著）　1992　心理学への招待　こころの科学を知る　サイエンス社
Youniss, J.　1980　*Parents and Peers in Social Development : A Sullivan-Piaget Perspective*. Chicago : University of Chicago Press.

●第7章

Erikson, E.H.　1964　*Insight and responsibility*. New York : Norton.　鑪　幹八郎（訳）　1971　洞察と責任　誠信書房
Hurlock, E.B.　1973　*Adolescent development*. New York : McGraw-Hill.
前田重治　1985　図説臨床精神分析学　誠信書房
宮下一博　1995　青年期の同世代関係　落合良行・楠見　孝（編）　自己への問い直し－青年期－　金子書房　Pp.155-184.
尾形和男・宮下一博　1999　父親の協力的関わりと母親のストレス，子どもの社会性発達および父親の成長　家族心理学研究, **13**, 87-102.
尾形和男・宮下一博　2000　父親の協力的関わりと子どもの共感性および父親の自我同一性　家族心理学研究, **14**, 15-27.
岡本祐子　1999　女性の生涯発達とアイデンティティ　北大路書房
鑪　幹八郎　1983　米国における精神分析研究の現況　相談心理学研究, **16**, 48-56.
鑪　幹八郎・山本　力・宮下一博（共編）　1995　アイデンティティ研究の展望Ⅰ　ナカニシヤ出版

●第8章

朝日新聞　2006　体外受精事実婚カップルも－学会指針改定：「結婚の多様化追訳」　4月23日付
坂西友秀・岡本祐子　2004　いじめ・いじめられる青少年の心（シリーズ荒れる青少年の心）　北大路書房
Dowling, C.　1981　*The Cinderella Complex : Women's Hidden Fear of Independence*. Philippines：Summit Books. 木村治美（訳）　1982　シンデレラ・コンプレックス　三笠書房

家庭総合研究会（編）　1990　昭和家庭史年表　1926-1989　河出書房新社
Kiley, Dan　1983　*THE PETER PAN SYNDROME*：*Men who have never gown up.* New York：Dodd, Mead & Company.　小此木啓吾（訳）　1984　ピーター・パンシンドローム　詳伝社
小泉　仰・慶應義塾大学価値意識研究会（編）　1984　子どもたちから見た世界－家庭・自己・友人・学校－　勁草書房
内閣府国民生活局総務課調査室　2003　平成15年度国民生活白書－デフレと生活－　若年フリーターの現在（いま）　国立印刷局　http://www5.cao.go.jp/seikatsu/whitepaper/h15/honbun/index.html
内閣制度百年史編纂委員会　1985　歴代内閣総理大臣演説集　大蔵省印刷局
News week（ニューズウィーク日本版）　2004　おかしいぞ！　日本の結婚　阪急コミュニケーションズ　6月16日号
日本青年団協議会　2005　第50回全国青年問題研究集会レポート集
日本青年団協議会　2006　第51回全国青年問題研究集会レポート集
小此木啓吾　1979　モラトリアム人間の時代　中央公論社
埼玉県総務部青少年課　2001a　平成13年度「埼玉県青少年の意識と行動調査」報告書
埼玉県総務部青少年課　2001b　平成13年度「埼玉県青少年の意識と行動調査（その2）」報告書
佐々木　毅・鶴見俊輔・富永健一・中村正則・正村公宏・村上陽一郎（編）　1991　戦後史大事典　三省堂
清水將之　1983　青い鳥症候群　弘文堂
山田昌弘　1999　パラサイト・シングルの時代　筑摩書房

●第9章

Casanova, G.M., Domanic, J., McCanne, T.R., & Milner, J.S.　1992　Physiological responces to non-child-related stressors in mothers at risk for child abuse. *Child Abuse and Neglect*, **16**, 31-44.
Chan, Y.C.　1994　Parenting stress and social support of mothers who physically abuse their children in hon kong. *Child Abuse & Neglect*, **19**, 261-269.
千öç悠子・堀口貞夫・水野清子・望月武子・曽根秀子・佐藤禮子・中野恵美子　1990　夫婦立ち会い分娩の経験別にみた育児への関わりについて（3）　平成2年度日本総合愛育研究所紀要, **26**, 63-73.
Fleming, A.S., Ruble, D.N., Flett, G.L., & Wagner, V.V.　1990　Adjustment in the first-time mothers : Relations between mood content during the early postpartum mothers. *Denelopmental Psychology*, **26**, 137-143.
花沢成一　1992　母性心理学　医学書院
林道義　1996　父性の復権　中公新書
Hopkins, J., Marucs, M., & Cambell, S.B.　1984　Postpartum depression : A critical review. *Psychological Bulletin*, **95**, 498-515.
稲村　博・小川捷之（編）　1982　共働き　共立出版
岩男寿美子・斉藤浩子・福富　護（編）　1991　単身赴任－家庭と職業のはざまで－　有斐閣
柏木恵子・若松素子　1994　「親となる」ことによる人格発達－生涯発達的視点から親を研究する試み－　発達心理学研究, **5**, 72-83.
河合隼雄　1976　母性社会日本の病理　中央公論社
小嶋秀夫　1988　親となる心の準備　繁田　進・大日向雅美（編）　母性　新曜社　Pp.75-96.
小嶋秀夫　1991　母となる過程の理解　我妻　曉・前原澄子（編）　助産学講座3　母性の心理・社会学　医学書院　Pp.80-111.
厚生省　1998　平成10年版厚生白書　少子化社会を考える－子どもを産み育てることに「夢」をもてる社会を－　大蔵省印刷局
Lamb, M.E.　1975　The relationships between infants and their mothers and fathers. Unpublised doctoral dissertation, Yale University.
Langan-Fox, J., & Poole, M.E　1995　Ocupational stress in Australian business and professional women. *Stress Medicine*, **11**, 113-122.
牧野カツコ　1983　働く母親と育児不安　家庭教育研究所紀要, **4**, 67-76.
正高信男　2002　父親力　中公新書
Mercer. R.T.　1995　*Becoming a Mother*. Springer.
Mitcherlich, A.　1963　*Auf dem Weg zur vaterlosen Gesellscaft.* Indeen zur Soziaplsychology, Verlag, Munchen: R. Piper & Co. 小宮山　実（訳）　1972　父親なき社会－社会心理学的思考－　新泉社
永久ひさ子　1995　専業主婦における子どもの位置と生活感情　母子研究, **16**, 50-57.
大日向雅美　1999　子育てと出会うとき　日本放送出版協会

尾形和男・宮下一博　2000　父親と家族-夫婦関係に基づく妻の精神的ストレス，幼児の社会性の発達及び夫自身の成長発達-　千葉大学教育学部研究紀要，**48**, 1-14.
尾形和男・宮下一博　1999　父親の協力的関わりと母親のストレス，子どもの社会性発達および父親の成長　家族心理学研究，**12**, 87-102.
岡野禎治　2003　産後に発生する精神障害　日本医師会雑誌，**5**, 763-766.
大日向雅美　1988　母性の研究-その形成と変容の過程：伝統的母性観への反証-　川島書店
Parsons, T.　1954　The father symbol. An appraisal in the light of psychoanalytic and sociological theory. In L. Bryson, L. Finkelstein, R.M. MacIver & R.Mckeon（Eds.）*Symbols and Values*, New York：Narper & Row.
Robinson, B.W., & Barret, R.L.　1986　*The developing father-emerging roles in contemporary society*. New York：Guilford Press.
澤田忠幸　2005　妊娠を契機とした男女の人格発達-夫婦関係，性役割，子どものイメージとの関係-　家族心理学研究，**19**,105-114.
竹内和子・上原明子　2004　子どもを育てることによる変化1-幼稚園児の父親の自己知覚-　日本発達心理学会第15回大会発表論文集,446.
東京都生活文化局女性青少年部女性計画課　1998　東京女性白書'98-意識・家庭と男女平等-　東京都
上原明子・竹内和子　2004　子どもを育てることによる変化2-幼稚園児の母親の自己知覚-　日本発達心理学会第15回大会発表論文集,447.
上原明子・竹内和子　2005　親であることを実感した時2-幼稚園児の母親の回答から-　日本発達心理学会第16回大会発表論文集,617.
山入端愛子・我那覇郁子・東山盛幹子・友寄明子・島袋真登美・大城民子　1986　「夫参加のお産」を試みて　助産婦雑誌，**40**,50-53.
Whipple, E.E., & Stratton,C.W.　1991　The role of parental stress in physically abusive familes. *Child Abuse & Neglect*, **15**, 279-291.

● 第10章

Anderson, R.E.　1968　Where's Dad？ Paternal deprivation and deliquency. *Archives of General Psychiatry*,**18**, 641-649.
Belsky, J. 1984 The determinants of parenting：A process model. *Child Development*, **55**, 83-96.
Belsky, J., Crnic, K., & Gable, S.　1995　The determinants of coparenting in families with toddler boys：Spousal differences and daily hassles. *Child Development*, **66**, 629-642.
Belsky, J., & Isabella, R.A.　1988　Maternal, infant, and social-contextual development of attachment security. In J. Belsky & T. Nezworski（Eds.）*Clinical implications of attachment*. Hillssdale, NJ：Erlbaum. Pp.41-94.
Block, J.H., Block, J., & Gjerde, P. F.　1986　The personality of children prior to divorce：A prospective study. *Child Development*, **57**, 827-840.
Bloom, B.L.　1985　A factor analysis of self-report measures of family functioning. *Family Process*, **24**, 225-239.
Buehler, C., Anthony, C., Krishnakumar, A. S., Stone, G.,. Gerard, J., & Pemberton, S.　1997　Interpersonal conflict and youth problem behaviors：A meta-analysis. *Journal of Child and Family Studies*, **6**, 233-247.
Chase-Lansdale, P.L., Cherlin, A.J., & Kiernahn, K.E.　1995　The long-Term effects of parental divorce on the mental health of young adults：A developmental perspective. *Child development*, **66**, 1614-1634.
Crockenberg, S.B.　1981　Infant irritability, mother responsiveness, and social support influences on the security of infant-mother attachment. *Child Development*, **52**, 857-865.
Cummings, E.M.　1994　Marital conflict and children's functioning. *Social Development*, **3**, 16-36.
Deal, J. E., Halverson, C. F. Jr., & Wampler, K. S.　1989　Parental agreement on child-rearing orientations: Relations to parental, marital, and characteristics. *Child Development*, **60**, 1025-1034.
Durrett, M.E., Otaki, M., & Richards, P.　1984　Attachment and the mother's perception of support from the father. *International Journal of Behavioral Development*, **7**, 167-176.
Emery, R. E.　1982　Interparental conflict and the children of discord and divorce. *Psychological Bulletin*, **92**, 310-330.
Goldberg, W.A., & Easterbrooks, M.A.　1984　Role of marital quality in toddler development. *Developmental Psychology*, **20**,504-514.
Grych, J.H., & Clark, R.　1999　Maternal employment and development of the father-infant relationship in the first year. *Developmental Psychology*, **35**, 893-903.
Grych, J., & Fincham, F.　1990　Marital conflict and children's adjustment：A cognitive- contexual framework.

Psychological Bulletin, **108**, 267-290.
原 孝成・江崎明子・弦巻千文・石橋英子・田嶋朋子 1998 父親の育児態度が母親の満足度に及ぼす影響 日本発達心理学会第9回大会発表論文集, 348. *Psychological Bulletin*, **92**, 310-330.
Hardy, D.F., Power, T.G., & Jaedicke, S. 1993 Examining the relation of parenting to children's coping with everyday stress. *Child Development*, **64**, 1829-1841.
Hetherington, E.M. 1972 Effects of father absence on personality development in adolescent daughters. *Developmental Psychology*, **7**, 313-326.
Hetherington, E.M., & Clingempeel, W. G. 1992 Coping with marital transitions. *Monographs of Society for in Child Development*, **57**, 2-3.
Howes, P., & Markman, H. J. 1989 Marital quality and child functioning : A lougitu dinal investigation. *Child Development*, **60**, 401-409.
平山聡子 2001 中学生の精神的健康とその父親の家庭関与との関連-父母評定の一致度からの検討- 発達心理学研究, **12**, 99-109.
Jenkins, J., & Smith, M. 1993 Marita disharmony and children's behavioural problems-aspects of a poor marriage that affect children adversely. *Journal of Child Psychology and Psychiatry and Allied Disciplines*, **32**, 793-810.
Jouriles, E., Murphy, C., & O'Leary, K. 1989 Interspousal aggression, marital discord and child problems. *Journal of Consulting and Clinical Psychology*, **7**, 453-445.
亀口憲治 1992 家族システムの心理学 北大路書房
川島亜紀子 2005 家族成員による夫婦間葛藤の認知と子どもの家族機能評価との関連-中学生とその家族を対象に- 発達心理学研究, **16**, 225-236.
数井みゆき・無藤 隆・園田菜摘 1996 子どもの発達と母子関係・夫婦関係-幼児を持つ家族について- 発達心理学研究, **7**, 31-40.
Kizmann, K. M. 2000 Effects of marital conflict on subseguent triadic family interractions and parenting. Developmental Psychology, **36**, 3-13.
Lindahl, K.M., Howes, P.W., & Markman, H.J. 1988 Exploring links between marital communication, parent-child interactions, and the development of empathy. Poster presented at the Meeting for the Association for Advancement of Behavior Therapy, New York.
Mac Martin, J. 1995 *Perso nality psychology*. Sage Publication.
牧野カツコ 1982 乳幼児を持つ母親の生活と<育児不安> 家庭教育研究所紀要, **3**, 34-56.
Minuchin, S. 1974 *Families and family therapy*. Cambridge : Harvard University Press.
Miller, J.G. 1978 *Living systems*. New York : McGraw-Hill.
Nakagawa, M., Teti, D.M., & Lamb, M.E. 1992 An ecological study of child-mother attachments among Japanese sojourners in the United States. *Developmental Psychology*, **28**, 584-592.
尾形和男 2002 「父親の子育てへの関わり」についての夫婦間の認知のずれと夫婦関係,家族機能及び父親の変化との関連 群馬社会福祉短期大学研究紀要, **5**, 63-87.
尾形和男 2003 父性についての研究-父親の存在感と夫婦関係及び家族機能形成- 学校法人昌賢学園論集, **1**, 83-101.
尾形和男 2004 子育てへの父親の協力的関わり,夫婦関係と家族機能との関連-夫婦の認知のずれに基づく分析的研究- 学校法人昌賢学園論集, **2**, 93-116.
尾形和男 2005 母親の養育行動に及ぼす要因に関する再考-父親の家事への援助 家族とのコミュニケーションを中心とする分析- 学校法人昌賢学園論集, **3**, 71-86.
尾形和男・宮下一博 1999 父親の協力的関わりと母親のストレス,子どもの社会性の発達および父親の成長 家族心理学研究, **12**, 87-102.
尾形和男・宮下一博 2002 「父親の協力」に対する夫婦間の認識のずれと夫婦関係及び家族成員の適応との関連 千葉大学教育学部研究紀要, **50**, 9-19
大日向雅美 1999 子育てと出会うとき 日本放送出版協会
岡堂哲雄 1991 家族心理学講義 金子書房
岡本祐子 1996 育児における女性のアイデンティティ様態と家族関係に関する研究 日本家政学会誌, **47**, 849-860.
Oltman, J.E., & Friedman, S. 1967 Parental deprivation in psychiatric conditions Ⅲ. In personality disorders and other conditions. *Diseases of the Nervous System*, **28**, 298-303.
Palazzoli, M.S., Boscolo, L., Cecchin, G., & Prata, J. 1978 *Paradox and Counterparadox. : A New Model in the Therapy of the Family in the Schizophrenic Transaction*. New York : Jason Aronson.
佐藤達也・菅原ますみ・戸田まり・島 悟・北村俊則 1994 育児に関するストレスとその重症度との関連 心理学研究, **64**, 409-416.

庄司順一　1992　小児虐待　小児保健研究,51,341-350.
菅原ますみ　1999　子育てをめぐる母親の心理　東　洋・柏木惠子（編）社会と家族の心理学　ミネルヴァ書房
菅原ますみ・八木下暁子・詫摩紀子・小泉智恵・菅原健介　1998　夫婦関係と子どもの発達（4）－夫婦関係と子どもの抑うつ傾向との関連－　日本発達心理学会第9回大会発表論文集,361.
諏訪きぬ・戸田有一・堀内かおる　1998　母親の育児ストレスと保育サポート　川島書店
高橋直美　1998　両親間および親子間の関係と子どもの精神的健康との関連について　家族心理学研究,12,109-123.
田中祐子・中澤　潤・中澤小百合　1996　父親の不在が母親の心理的ストレスに及ぼす影響　教育心理学研究,44,156-165.
宇都宮　博　2005　女子青年における不安と両親の夫婦生活に関する認知－子どもの目に映る父親と母親の結婚生活コミットメント－　教育心理学研究,53,209-219.
渡辺さちや　1989　青年期における家族機能－凝集性を中心に－　思春期・青年期問題と家族　家族心理学年報7　金子書房
Weiraub, M., & Wolf, B.M.　1983　Effects of stress and social supports on mother-child interractions in single-and two-parent families. *Child Development*, **54**, 1297-1311.
Zill, N., Morrison, D.R., & Coiro, M.J.　1993　Long-term effects of parental divorce on paren-child relationships, adjustment and achievement in young adulthood. *Journal of Family psychology*, **7**, 91-103.

●第11章

朝日新聞　2006　育児・家事は2人力合わせて－夫の役割十分ですか－　6月11日付
柏木惠子　1979　母親の母性意識について－一般の母親と母子寮の母親との比較を通して－　母子研究,2,22-33.
柏木惠子　1993　父親の発達心理学－父性の現在とその周辺－　川島書店
柏木惠子・若松素子　1994　「親となる」ことによる人格発達－生涯発達的視点から親を研究する試み－　発達心理学研究,5,72-83.
牧野暢男・中原由里子　1990　子育てにともなう親の意識の形成と変容：意識調査　家庭教育研究所紀要,12,11-19.
松田茂樹　2002　父親の育児参加促進策の方向性　国立社会保障・人口問題研究所（編）少子社会の子育て支援　東京大学出版会　Pp.313-330.
尾形和男　2006　現代青年の捉える理想的父親像－父親の仕事，夫婦関係との関連を基にして－　日本発達心理学会第17回大会発表論文集,499.
尾形和男・宮下一博　1999　父親の協力的関わりと母親のストレス，子どもの社会性発達および父親の成長　家族心理学研究,12,87-102.
尾形和男・宮下一博　2000　父親と家族－夫婦関係に基づく妻の精神的ストレス，幼児の社会性の発達及び夫自身の成長発達－　千葉大学教育学部研究紀要,48,1-14.
尾形和男・宮下一博・福田佳織　2005　父親の協力的関わりと家族成員の適応－母親役割・妻役割達成感，子どもの攻撃性，父親のストレス・コーピングとの関係－　家族心理学研究,19,31-45.
大日向雅美　1988　母性の研究－その形成と変容の過程：伝統的母性観への反証－　川島書店
大前聡子・田中美穂・樋口晶子・三村伸子　1989　父親の心理　東京女子大学卒業論文（未発表）
竹内和子・上原明子　2004　子どもを育てることによる変化1－幼稚園児の父親の自己知覚－　日本発達心理学会第15回大会発表論文集,446.
山口典子　1993　子どもの相互作用が父親の精神的成長に及ぼす影響　白百合女子大学修士論文（未公刊）
山崎喜比古・坂野純子・林　千冬・大石剛子・大沼章子・子園美明・小林千浩・田中裕治・中村正敏・林　百合・平野孝和・牧野健一・村上貴秀　1991　調査報告書　家事・育児を分担する男性の新しいライフスタイルとコンフリクト　東京大学医学部保険社会学教室

●第12章

Berman, E.M., & Life, H.I.　1975　Marital therapy from a psychiatric perspective, *American Journal of Psychiatry*, **132**, 583-592.
Carter, E.A., & McGoldrick, M.　1980　*The family life cycle: a framework for family therapy*. New York: Gardner.
藤森秀子・真栄城和美・八木下暁子・菅原ますみ　1998　家族関係と子どもの発達（2）－家族関係と子どもの精神的健康について－　日本心理学会第62回大会発表論文集,272.
Havighurst, R.J.　1953　*Human development and education*. Longmans. Green.　荘司雅子（訳）1958　人間の発達課題と教育　牧書房　Pp.26-33,45-57,124-172,276-284,286-293,295-301.
Jackson, E.P., Dunham, R.M., & Kidwell, J.S.　1990　The effects of gender and family cohesion and adaptabilty on

identity status. *Journal of Adolescent Reseach*, 5, 161-174.
亀口憲治　1992　家族システムの心理学　北大路書房
西出隆紀・夏野良司　1997　家族システムの機能状態の認知は子どもの抑鬱感にどのような影響を与えるか　教育心理学研究, 45, 456-463.
尾形和男・宮下一博　2000　父親の協力的関わりと子どもの共感性および父親の自我同一性－家族機能も含めた検討－　家族心理学研究, 14, 15-27.
岡堂哲雄　1991　家族心理学講義　金子書房
岡堂哲雄　1992　家族心理学入門　培風館
澤田瑞也　1992　共感の心理学　そのメカニズムと発達　世界思想社
Shneidman, E.S.　1973　*Death of Man*. New York : New York Times Book.
菅原ますみ・八木下暁子・詫摩紀子・小泉智恵・瀬地山葉矢・菅原健介・北村俊介　2002　夫婦関係と児童期の子どもの抑うつ傾向との関連－家族機能および両親の養育態度を媒介として－　教育心理学研究, 50, 129-140.
渡辺さちや　1989　家族機能と自我同一性地位の関わり－青年期の自我の自立をめぐって－　家族心理学研究, 3, 85-95.
Willemsen, E.W., & Waterman, K.K.　1991　Ego identity status and family environment : A correlational study. *Psychological Reports*, 69, 203-212.

● 第13章

Birren, J.E., & Renner, J.　1980　Concepts & issue of mental health and aging. In J.E.Ireen & R.B.Sloane（Eds.）*Handbook of mental health and aging*. Englewood Cliffs, NJ : Prentice-Hall. Pp.3-26.
Botwinick, J., & Storandt, M.　1974　*Memory, related functions and age*. Springfield, IL : Charles C. Thomas.
Botwinick, J.　1977　Intellectual abilities. In J.E.Birren & K.W.Schaie（Eds.）*Handbook of the psychology of aging*. New York : Van Nostrand Reinhold. Pp.580-605.
Carter, E.A., & McGoldrick, M.（Eds.）1980　*The family life cycle : a framework for family therapy*. New York : Gardner.
Combrink-Graham, L.　1985　Adevelopmental model for family system. *Family Process*, 4（2）2, 358-374.
Costa, P.T., & McCrae, R.R.　1980　Still stable after all these years : Personality as a key to some issue in aging. In P. B.Baltes, & O.G. Brim（Eds.）*Life-span development and behavior*（vol.3）. New York : Academic Press. Pp.65-102.
Deenken, A.　1986　悲嘆のプロセス－残された家族へのケア－　メヂカルフレンド編集部（編）　死への準備教育　第2巻　死を看取る　メヂカルフレンド社　Pp.255-274.
Friedman, M., & Rosenman, R.H.　1974　*Type A behavior and your heart*. New York: Random House Inc.
藤田綾子　2000　高齢者と適応　ナカニシヤ出版
Haley, J.　1973　*Uncommon therapy : the psychiatric techniques of Milton H. Erickson*. New York : Norton.
平山　諭・鈴木隆男（編著）　1993　発達心理学の基礎 I　ライフサイクル　ミネルヴァ書房
本間　昭　2003　痴呆の発症遅延は可能か－その根拠と仕組み－　日本痴呆ケア学会誌, 2（2）, 130-131.
保坂久美子・袖井孝子　1988　大学生の老人イメージ－SD法による分析－　社会老年学, 27, 22-33.
蘭牟田洋美　2006　閉じこもり老人への心理的介入（資料）　第2回老年心理学研究会資料
井上勝也（編）　1997　最新介護福祉全書8　老人の心理と援助　メヂカルフレンド社
厚生労働省　2005　自殺死亡統計の概況　人口動態統計特殊報告
厚生労働省　2006　人口動態統計2004年度版
Kubler-Ross, E.　1969　*On death and dying*. New York : Macmillan. 鈴木晶（訳）1985　死ぬ瞬間－死とその過程について－　読売新聞社
Lachman, M.E.　1989　Personality and aging at the crossroad : Beyond stability versus change. In K.W.Schaie & C.Schooler（Eds.）*Social Structure and Aging : Psychological Process*. Hillsdale : Lawrence Erlbaum Associates. 167-189.
南　博文・やまだようこ　1995　講座　生涯発達心理学5　老いることの意味－中年・老年期－　金子書房
長島紀一　1977　性格の円熟と退行　加藤正明・湯沢雍彦・清水　信（編）　老年期　有斐閣
Neugarten, B.L., Havighurst, R.J., & Tobin, S.S.　1968　Personality and patterns of aging. In B.L.Neugarten（Eds.）*Middle Age and Aging*. Chicago. The University of Chicago Press. Pp.173-176.
Newman, B.M. & Newman, P.R. 1975　*Development through life: A psychosocial approach*. Homewood : Dorsey Press. 福富　護・伊藤恭子（訳）1980　生涯発達心理学　川島書店
無藤　隆・高橋惠子・田島信元（編）1990　発達心理学入門 II　青年・成人・老人　東京大学出版会

尾形和男（編著）　2003　これからの福祉心理学　北大路書房
岡堂哲雄　1991　家族心理学講義　金子書房
Peck, R.C.　1968　Psychological developments in the second half of life. In B.L.Neugarten（Eds.）*Middle age and aging*. Chicago : University of Chicago Press. Pp.88-92.
Reichard, S. Livson, F., & Petersen, G.　1980（Original 1962）　*AGING AND PERSONALITY A Study of Eighty-Seven Older Man（Reprint Edition）*. New York : Arno Press Inc.
Santrock, J,W.　1985　*ADULT DEVELOPMENT AND AGING*. Dubuque,IA.: William.C. Brown Publishers. 今泉信人・南　博文（編訳）　1992　成人発達とエイジング　北大路書房
佐藤眞一・井上勝也・長田由紀子・矢冨直美・岡本多喜子・巻田ふき・林　洋一　1988　中高年者の「仕事」「家庭」「余暇・社会活動」の満足度；尺度の作成と検討　老年社会科学, **10**（1）,120-137
Schaie, K.W.　1996　Intellectual development in adulthood. In J.E. Birren, & K.W. Schaie（Eds.）*Handbook of the Psychology of Aging,4th ed*. San Diego : Academic Press. Pp.266-286.
Schaie, K.W.　1980　Intelligence and problem solving. In J.E. Birren, & R. Sloane（Eds.）*Handbook of mental health and aging*. Englewood Cliffs, NJ: Prentice-Hall. Pp.262-284.
Schonfeld, D., & Robertson, B.A.　1966　Memory storage and aging. *Canadian Journal of Psychology*, **20**, 228-236.
新開省二　2005　閉じこもり研究の現状と課題－閉じこもりに対して地域保健活動をどう展開するか－　秋田県公衆衛生学雑誌, **2**（1），1-6.
新村　拓　1991　日本における老人観と死生観の変遷　老年精神医学雑誌, **2**（8），986-991.
菅原まゆみ　2005　ライフコース研究の新しいかたち　遠藤利彦（編著）　発達心理学の新しいかたち　誠信書房　Pp.260-293.
社会福祉士養成講座編集委員会（編）　2003　介護福祉士養成講座7　老人・障害者の心理　中央法規出版
橘　覚勝　1971　老年学　誠信書房
谷口幸一（編著）　1997　成熟と老化の心理学　コレール社
山本利和（編）　1999　発達心理学　培風館
山下富美代（編著）　2002　図解雑学　発達心理学　ナツメ社
山下富美代・井上隆二・伊田政則（編著）　1999　こころの科学　前野書店

事項索引

▼あ
愛着　59, 120
愛着関係　53
アイデンティティ　95, 97, 98
青い鳥症候群　114
アルコール関連神経発達障害（ARND）　3
アルコール関連先天異常（ARBD）　3
安全基地　57
アンドロジニー　129

▼い
育児ストレス　11
依存的／抑制的探索の愛着障害　58
一語文　36
ECT　14

▼え
エイジング　182
ADHD　71
ADL　197
液量の保存　89
LD　71
円環的因果律　135
延滞模倣　86

▼お
奥行き知覚　19, 21
重さの保存　89

▼か
ガーグイング　43
外傷後ストレス障害（PTSD）　16
可逆的　88
学習　30
過小外延　44
過剰外延　44
数の保存　89
家族機能　155, 156, 176
家族機能自己記述尺度　157
家族システム　133, 134
家族療法　173
空の巣症候群　189

かわいらしさ反応　39
感覚運動期　80, 81
感覚運動的知能　81
感覚記憶　198
桿体細胞　18

▼き
記銘　198
客体的自己　99
客体の永続性　87
QOL　195
吸啜反射　25, 27
叫喚　43
共感性　178
共同遊び　66
共鳴動作　55
均衡化　79

▼く
クーイング　43
具体的操作期　80, 92

▼け
警戒／過剰服従の愛着障害　58
形式的操作期　80
言語獲得装置（LAD）　42
言語的自己感　47
原始反射　25, 26, 30
原始模倣　55

▼こ
構成主義　84
国民総生産（GNP）　113
心の理論　47
ごっこ遊び　66
コホート　197
コミットメント　151, 173
昏迷　13

▼さ
再生　199
再認　199

作動記憶（ワーキングメモリー） 198
　サブシステム 134, 135
3ヶ月微笑 41
3K 115
産後うつ病 13-15, 125
産褥期 13, 15, 124, 125
産褥精神病 13, 15, 16, 125
三無主義 113

▼し
CDS 42
シェマ 27, 79, 82, 83, 85, 88
自我 96-98
視覚的断崖 21
自我超越 186
自我分化 186
自我没入 186
Sheehan症候群 14
子癇 13
子宮内発達遅滞（IUGR） 3
自己意識 46
自己概念 97, 99
自己危害の愛着障害 58
自己像 46
自己中心性 86-88
仕事－役割没入 186
自殺念慮 15
実用的知能 82
児童虐待 138
自動歩行 25
社会的参照 55
社会的注視 55
社会的ネットワーク理論 67
社会的微笑 41, 55
ジャルゴン 43
主観的自己感 47
樹状突起 26
主体的自己 99
出生前検査 4, 5
象徴的思考段階 81
情緒（情動） 48
情緒的コンピテンス 49
情動的離脱の非愛着障害 58
神経細胞 26
神経繊維 26
新生自己感 47
身体超越 186

身体没入 186
心的シェマ 84
シンデレラ・コンプレックス 114
親密性 103
心理社会的危機 101

▼す
錐体細胞 18
髄鞘化 26
水平のずれ 89
ストレス・コーピング 166
ストレンジ・シチュエーション法（SSP） 57

▼せ
成熟 30
生殖性 181
精神障害 13
生得的触発機構（IRM） 39
生理的早産 1
生理的微笑 40, 54
世代性 106
前概念 85
前操作期 80, 84
前操作的思考 84
選択的微笑 41
先天異常 3
せん妄 13

▼そ
想起 198
操作 88
喪失体験 16
ソーシャルサポート 7, 11
ソーシャル・サポート・システム 191

▼た
ダーウィン反射 25
第一次円環反応 82
胎芽 2
第三次円環反応 82
胎児 2, 4
胎児性アルコール症候群（FAS） 3
胎児性アルコールスペクトラム障害（FASD） 3
対象の保存 83
第二次性徴 96
第二反抗期 100

脱中心化　88
短期記憶　198

▼ち
父親像　120
中核的自己感　47
長期記憶　198
超自我　98
調節　79
直観的思考段階　81,85

▼て
停滞　181
停滞性　106
転導思考　87

▼と
同一視　37
同一性　37,101,103
同一性拡散　101,103
同化　79
道具的　120
統合　187
統合失調症　14
統合性　107,182
道徳的写実主義　92
閉じこもり　197
突発性錯乱状態　13

▼な
内的ワーキングモデル（IWM）　58,63
喃語　36,43,44

▼に
ニート　104,115
日常生活機能（ADL）　195
乳幼児突然死症候群（SIDS）　16
認知症　196

▼は
パス解析　139
パスダイアグラム　140-142
発生的認識論　93
発達課題　33,35,184
発達段階　33
母親像　120
母親役割　8

バビンスキー反射　25
パラサイト・シングル　114,115

▼ひ
ピーター・パンシンドローム　114
ひきこもり　100,115,197
１人遊び　66
微笑反応　27
非対称性緊張性頸反射　25,26
表出的　120
表象　85
ビリーブメント　191

▼ふ
夫婦サブシステム　135
夫婦システム　173
父性　128
フリーター　114
分類　90

▼へ
平行（並行）遊び　66
ベビーシェマ　39
変換　88

▼ほ
歩行反射　30
保持　198
母子分離　63
母性　124
母性行動　39
保存　89

▼ま
マザリーズ（母親語）　42
マタニティブルーズ　8,13,14,125

▼み
見通し学習　86

▼む
無痙攣性電撃療法　16
無差別的愛情表出の非愛着障害　58

▼も
モラトリアム　113
モロー反射　25-27

▼や
薬物療法　16
役割逆転の愛着障害　58

▼ゆ
誘発微笑　41

▼よ
幼児図式　53

▼ら
ライフ・レビュー　187

▼り
離巣性　1
留巣性　1

▼る
類の乗法　90

▼れ
連合遊び　66

▼ろ
老性自覚　194

人名索引

▼あ
アーレンズ（Ahrens,R.） 24,41
アイヒベルク（Eichberg,C.G.） 60
アンダーソン（Anderson,R.E.） 148

▼い
イースターブロックス（Easterbrooks,M.A.） 150
イザベラ（Isabella,R.A.） 150
伊藤克敏 44
伊藤智啓 44
稲村 博 121
イネルデ（Inhelder,B.） 86,91
井上健治 64
今井和子 45
岩男寿美子 132
岩田銀子 7

▼う
ウィップル（Whipple,E.E.） 121
ウィマー（Wimmer,H.） 47
ウィラウ（Weiraub,M.） 150
ウィリアムズ（Williams,J.R.） 30
ウィルミゼン（Willemesen,E.W.） 177
上原明子 127,128,165
ウェルズ（Wells,G.） 38
ウォーク（Walk,R.D.） 21
ウォーターズ（Waters,E.） 65
ウォーターマン（Waterman,K.K.） 177
ウルフ（Wolf,B.M.） 150

▼え
エインズワース（Ainsworth,M.D.S.） 57,59,60
海老原亜弥 11
エミリー（Emery,R.E.） 157
エリオット（Elliot,G.B.） 41
エリクソン（Erikson,E.H.） 95,98,101,181,185,186
エリコニン（Elkonin,D.B.） 66
エリス（Ellis,H.D.） 24
エリス（Ellis,S.） 63
遠藤利彦 53

▼お
大坪治彦 44
大日向雅美 40,122,126,127,150,162
大前聡子 162,163
オーランズ（Orlans,M.） 58
尾形和男 11,105,106,139-142,144-148,152-154,156-159,164-166,168,178,180
岡堂哲雄 135,136,148,149
岡野禎治 13,14,15,16,125
岡本祐子 104,114,144
岡本依子 67
小川捷之 121
荻野美佐子 42
小此木圭吾 9
尾崎康子 63
オルトマン（Oltman,J.E.） 148

▼か
カーター（Carter,E.A.） 173,187
カーチェンバウム（Kirschenbaum,D.S.） 65
カイリー（Kiley,D.） 114
カサノバ（Casanova,G.M.） 121
柏木惠子 68,127,162,164
数井みゆき 61,62,150
勝部篤美 31,32
カトローナ（Cutrona,C.E.） 14
金村美千子 45
カミングズ（Cummings,E.M.） 151
亀口憲治 143,148,149
川井 尚 66
河合隼雄 120
川上清文 65
川島亜紀子 158
神崎秀陽 14

▼き
キズマン（Kizmann,K.M.） 156
喜多淳子 11
木下芳子 67,68
ギブソン（Gibson,E.J.） 21
キャッテル（Cattell,R.B.） 197
キューブラー・ロス（Kubler-Ross,E.） 190

キング（King,C.A.） 65

▼く
クラーク（Clark,R.） 156
グライチ（Grych,J.） 151
グライチ（Grych,J.H.） 156
クリンゲンピール（Clingempeel,W.G.） 148
クリンネート（Klinnert,M.D.） 24
クレイマン（Kleinman,J.C.） 3
グロスマン（Grossmann,K.） 60
クロッケンバーグ（Crockenberg,S.B.） 60,150

▼け
ケステンバウム（Kestenbaum,R.） 63
ケリー（Carey,S.） 44
ケルシー（Kelsey,J.L.） 3
ゲルダー（Gelder,M.） 13
ゲルニカ（Garnica,O.） 42

▼こ
小泉 仰 74
コール（Cole,P.） 50
ゴールドバーグ（Goldberg,S.） 11
ゴールドベルグ（Goldberg,W.A.） 150
小嶋秀夫 124
コスタ（Costa,P.T.） 200
コップ（Kopp,C.B.） 50
小林 登 4,42
子安増生 48
コンブリンク・グラハム（Combrink-Graham,I.） 188

▼さ
サーニ（Saarni,C.） 49
西海ひとみ 11
桜井伸二 32
佐々木純一 16
佐藤眞一 203
佐藤眞子 46
澤田忠幸 129
澤田瑞也 178

▼し
ジーナ（Zeanah,C.H.） 58
ジェームス（James,W.） 17
ジェンキンス（Jenkins,J.） 151
柴田治呂 45

清水將之 114
シャーリー（Shirley,M.M.） 28
シャイエ（Schaie,K.W.） 197-199
ジャクソン（Jackson,E.P.） 177
ジャレー（Jalley,E.） 80
シュネイドマン（Shneidman,E.S.） 175
庄司順一 138
ジョハンソン（Johanson,B.） 42
ジョリレス（Jouriles,E.） 151
ジラソー（Zelaso,P.R.） 30
ジル（Zill,N.） 149
新道幸恵 5,8,9,12,15,16
新村 拓 193

▼す
菅原ますみ 138
スコット（Scott,R.B.） 30
スコンフェルド（Schonfeld,D.） 199
スターン（Stern,D.） 46
ステイナー（Steiner,J.） 23
ストランド（Storandot,M.） 198
スピッツ（Spitz,R.） 43
スミス（Smith,M.） 151
スロウフ（Sroufe,L.A.） 63
諏訪きぬ 137

▼せ
瀬戸正弘 7

▼そ
袖井孝子 193
ソロモン（Solomon,J.） 57

▼た
ダウリング（Dowling,C.） 114
高野清純 34
竹内和子 127,128,165
鑪 幹八郎 95,102
橘 覚勝 184
田中祐子 149

▼ち
チェイス・ランスデール（Chase-Lansdale,P.L.） 149
チェス（Chess,S.） 11
千賀悠子 129,130
チャン（Chan,Y.C.） 121

人名索引

チョムスキー（Chomsky,N.） 42

▼つ
津田茂子 7

▼て
ディーセイ（Desai,S.） 60
ディール（Deal,J.E.） 150
デイモン（Damon,W.） 92
ティンバーゲン（Tinbergen,N.） 39
デーケン（Deeken,A.） 191
デニス（Dennis,W.） 30
デュレ（Durrett,M.E.） 150

▼と
トーマス（Thomas,M.） 11
トマセロ（Tomasello,M.） 42
鳥居修晃 21
トレイ・シェル（Tolley-Schell,S.A.） 25
トロイ（Troy,M.） 63
ドローター（Drotar,D.） 16

▼な
ナカガワ（Nakagawa,M.） 150
長島紀一 200
中野 茂 67
中原由里子 162
永久ひさ子 121
中村 誠 44
ナジャリアン（Najarian,P.） 30
夏野良司 177

▼に
西出隆紀 177
仁志田博司 9
ニューガーテン（Neugarten,B.L.） 201,202
ニューマン（Newman,B.M.） 187,190
ニューマン（Newman,P.R.） 190

▼は
バークレイ（Berkeley,G.） 19
パーソンズ（Parsons,T.） 120
ハータップ（Hartup,W.W.） 92
ハーディ（Hardy,D.F.） 150
パーテン（Perten,M.B.） 66
パーナー（Perner,J.） 47
バーマン（Berman,E.M.） 172

ハーロック（Hurlock,E.B.） 96
バーンスタイン（Bernstein,B.） 38
ハヴィガースト（Havighurst,R.J.） 35,36,175,184,186
バウワー（Bower,T.G.R.） 21,24
秦野悦子 11
波多野完治 80
バックレイ（Buckley,B.） 43-45
花沢成一 124,130
浜田寿美男 80
濱 治世 48,51
林 邦雄 34
林 道義 122
原 孝成 143
パラツォーリ（Palazzoli,M.S.） 135
バレー（Barret,R.L.） 128,129,133
坂西友秀 114
繁多 進 57

▼ひ
ピアジェ（Piaget,J.） 19,79-81,84-87,91,93
櫃田紋子 66
ヒメルバーガー（Himmelberger,D.U.） 3
ビューラー（Buehler,C.） 151
ビューラー（Buhler,C.） 181
平山聡子 150,151,157
ヒル（Hill,R.） 187
ビレン（Birren,J.E.） 182
廣瀬一浩 14

▼ふ
ファース（Furth,H.G.） 84,93
ファーラー（Farrar,M.J.） 42
ファンツ（Fantz,R.L.） 18,19,52
フィールド（Field,T.M.） 23,55
フィンチャム（Fincham,F.） 151
プール（Poole,M.E.） 121
フェンソン（Fenson,L.） 44
深井善光 46
藤永 保 45
藤森秀子 177
ブッシュネル（Bushnell,I.W.R.） 22,23
フリーダム（Friedam,S.） 148
ブリッジス（Bridges,K.M.B.） 48
フリードマン（Friedman,M.） 192
ブルーナー（Bruner,J.S.） 42
ブルーム（Bloom,L.） 44

ブルーム（Bloom,B.L.）　157
フレミング（Fleming,A.S.）　125
ブレムナー（Bremner,J.G.）　55
フロイト（Freud,S.）　98
ブロッキントン（Brockington,I.F.）　13
ブロック（Block,J.H.）　149

▼へ
ヘイ（Hey,D.F.）　66
ベイツ（Bates,E.）　44
ヘイリー（Haley,J.）　187
ヘイン（Hein,A.）　22
ヘザリングトン（Hetherington,E.M.）　148
ペック（Peck,R.C.）　186
ベルスキー（Belsky,J.）　144, 150
ヘルド（Held,R.）　22

▼ほ
ホウズ（Howes,P.）　150
ボウルビィ（Bowlby,J.）　53, 56, 58
ボートン（Borton,R.W.）　22
ホーン（Horn,J.L.）　197
保坂久美子　193
細川啓子　10
ボトウィニック（Botwinick,J.）　198, 200
ホプキンス（Hopkins,J.）　125
ポラック（Pollak,S.D.）　24
ボリス（Boris,N.W.）　58
ポルトマン（Portmann,A.）　1
ホワイト（White,B.L.）　37
本城秀次　11
本間　昭　199

▼ま
マークマン（Markman,H.J.）　150
マーラー（Mahler,M.S.）　46
マイン（Main,M.）　57, 60
前田重治　98
牧野カツコ　121, 137
牧野暢男　162
マクゴルドリック（McGoldrick,M.）　173, 187
マクマーチン（MacMartin,J.）　138
マクレイ（McCrea,R.R.）　200
正高信男　120
松田茂樹　167, 168
眞鍋えみ子　7

▼み
ミード（Mead,G.）　99
三神廣子　45
三澤寿美　5
水谷　徹　4
水野里恵　11
ミチャーリッヒ（Mitcherlich,A.）　120
ミニューチン（Minuchin,S.）　134
宮下一博　11, 32, 101, 105, 106, 145, 146, 152-154, 164, 165, 178, 180
宮丸凱史　30, 31
ミラー（Miller,J.G.）　135, 155

▼む
ムーア（Moore,M.K.）　23, 57
無藤　隆　47
村井潤一　43

▼め
メーシー（Mercer,R.T.）　129
メルツォフ（Meltzoff,A.N.）　22, 23, 55

▼も
両角伊都子　11

▼や
安田智子　7
山入端愛子　129
山口典子　162
山崎喜比古　162, 163
山田昌弘　114

▼ゆ
ユーニス（Youniss,J.）　92
ユング（Jung,C.G.）　99, 182, 185

▼ら
ライチャード（Reichard,S）　201
ライフ（Life,H.I.）　172
ラチマン（Lachman,M.E.）　200
ラフレニア（LaFreniere,P.J.）　63
ラム（Lamb,M.E.）　120
ランガン・フォックス（Langan-Fox,J.）　121
ランケン（Renken,B.）　64

▼り
リーバーマン（Lieberman,A.F.）　64

リンズィ（Lindsay,P.H.）　20
リンダール（Lindahl,K.M.）　150

▼る
ルソー（Rousseau,J.J.）　19

▼れ
レイ（Lahey,M.）　44
レヴィ（Levy,T.M.）　58
レナー（Renner,J.）　182
レビス（Lewis,M.）　65

▼ろ
ローゼンマン（Rosenman,R.H.）　192
ローレンツ（Lorenz,K.）　39，53
ロバートソン（Robertson,B.A.）　199
ロビンソン（Robinson,B.W.）　128，129

▼わ
若松素子　127，162，164
和田サヨ子　5，8，9，12，15，16
渡辺さちや　176
渡部　叡　20
ワチス（Wachs,T.D.）　60
ワッツ（Watts,J.C.）　37

執筆者一覧

福田佳織	東洋学園大学人文学部専任講師	1章, 3章3節・4節・5節, 4章
山村　豊	立正大学心理学部専任講師	2章, 3章1節・2節
坂西友秀	埼玉大学教育学部教授	5章, 8章
高橋一公	身延山大学仏教学部助教授	6章, 13章
宮下一博	千葉大学教育学部教授	7章
尾形和男	編者	9章, 10章, 11章, 12章

■編者紹介

尾形和男（おがた・かずお）
1952 年　　青森県に生まれる
　　　　　 千葉大学教育学部卒業
　　　　　 東京学芸大学大学院教育学研究科修士課程修了
現　在　　群馬社会福祉大学社会福祉学部教授　博士（教育学）
専門領域　発達心理学　福祉心理学
主著・論文
　　　　父親の育児と幼児の社会生活能力―共働き家庭と専業主婦家庭の比較―
　　　　　教育心理学研究, 43, 335-342. 1995 年
　　　　「講座　子どもの発達・教育・臨床Ⅰ」発達心理学と子どもの成長（共著）
　　　　　八千代出版社　1996 年
　　　　父親の協力的関わりと母親のストレス，子どもの社会性発達および父親
　　　　　の成長（共著）　家族心理学研究, 13, 87-102. 1999 年
　　　　子どものパーソナリティと社会性の発達（共著）北大路書房　2000 年
　　　　父親の協力的関わりと子どもの共感性および父親の自我同一性―家族機
　　　　　能も含めた検討―（共著）　家族心理学研究, 14 (1),15-27. 2000 年
　　　　心の発達と教育の心理学（共著）保育出版社　2001 年
　　　　心理学とジェンダー（共著）　有斐閣　2003 年
　　　　これからの福祉心理学（編著）　北大路書房　2003 年
　　　　家族のための心理学（共著）　保育出版社　2005 年
　　　　父親の協力的関わりと家族成員の適応―母親役割・妻役割達成感，子ど
　　　　　もの攻撃性，父親のストレス・コーピングとの関係―（共著）　家族
　　　　　心理学研究, 19, 31-45. 2005 年
　　　　　　　　　　　　　　　　　　　　　　　　　　　　　　　　　他

家族の関わりから考える生涯発達心理学

2006年8月21日　初版第1刷印刷
2006年9月1日　初版第1刷発行

定価はカバーに表示してあります

著　者　　尾形　和男

発行所　（株）北大路書房

〒603-8303
京都市北区紫野十二坊町12-8
電話　(075) 431-0361(代)
FAX　(075) 431-9393
振替　01050-4-2083

Ⓒ2006

印刷・製本／(株)大洋社
落丁・乱丁本はお取り替えいたします

ISBN4-7628-2520-4
Printed in Japan